詩禪・狂禪・女禪
中國禪宗文學與文化探論

黃敬家 著

臺灣 學生書局 印行

詩禪・狂禪・女禪
中國禪宗文學與文化探論

目　次

第一章　導　論

　　佛教在中土有長遠的發展軌跡，並在傳播的過程融合中國文化思維，創立具中國文化特質的佛教宗派，尤其是禪宗，對唐代以後的文學藝術產生深遠的影響。本書是禪宗與中國文化交互激盪所產生的文學成果和文化現象的一個側面觀察和分析，也就是以禪宗在中國發展的歷程，考察其在文學方面所激發的火花，以及所衍生的文化現象作為研究重心，而不是在探討佛教典籍或佛教內容真諦的究竟義諦。

　　書名標題「詩禪」、「狂禪」、「女禪」，分別代表本書主要聚焦的三種禪門人物。「詩禪」是指晚清著名詩僧八指頭陀，他因嗜詩而苦吟如狂，一生心血盡在於詩歌創作中，可說是中國詩僧文化傳統的壓卷代表人物，然而在現有的清代詩學或詩僧研究成果中，尚未見到深入的研究成果。「狂禪」是指在佛教義學和宗派蓬勃發展的唐代，出現於市井民間的禪門狂僧，他們以各種神異表演，展現與傳統高僧截然不同的行化之道，由於其瘋癲行徑和不合戒儀，過去幾乎未曾受到學界的關注。以及為了呼應近年來宗教學研究，對於性別議題的關注，特別重視女性修道者的歷史身影的挖

掘，因而以「女禪」為標題，企圖透過禪宗燈錄所見的在家禪婆子的文化形象為討論焦點，發掘當時在家女性智慧形象的一面，以豐富女性在家修行者的發展軌跡。

研究的文本主要包含兩種文學體製——詩歌與僧傳❶，討論的範疇則著力於前人尚未發掘的研究領域：詩歌方面，主要在探究晚清詩僧八指頭陀的詩作內涵，尤其是其禪詩意境；僧傳方面，則是以禪宗僧傳中所展現的唐代狂僧和在家禪婆的身影，以及僧傳對禪僧形象書寫的特色差異為論述重心。以期藉由對以上詩僧、狂僧和禪婆等禪門人物的探討，一方面肯定清代詩僧的創作成就，以增進吾人對晚清詩僧與佛教的了解；一方面正視佛教文化史上更多元的修行典範和趨向真諦的門徑，以補過去佛教史或禪宗史對特殊行道模式和人物精神論述的不足。

所以，本書包含兩種面向的內容。詩歌方面，關於詩與禪的互涉關係，是研究唐代以降文藝特質的重要課題。❷中國禪宗的歷史

---

❶　另外，李豐楙、劉苑如在《聖傳與詩禪——中國文學與宗教論集》（臺北：中研院文哲所，2007 年），導言（一）中，說明其書名「聖傳」，是從當代比較宗教學視野，挖掘宗教行者何以為「聖」的宗教特質，以及與「詩禪」對舉的諸多考量下，而採用「聖傳」來統攝宗教「聖」者的傳記或敘事文體。頁 2-6。

❷　關於詩禪關係的研究，可參考蕭麗華，《唐代詩歌與禪學》（臺北：東大圖書公司，1997 年），第一章論詩禪交涉——以唐詩為考索重心，頁 1-29；周裕鍇，《中國禪宗與詩歌》（高雄：麗文文化公司，1994 年）；孫昌武，《詩與禪》（臺北：東大圖書公司，1994 年）等。

與文學發展有緊密的聯繫，這是由於詩與禪均具有重視主體心靈自覺，講究創作或實修歷程的妙悟進境，以直觀方式契會所緣境，並採取意在言外的語言表達等的相似特質，加上歷史發展時間點的機緣湊泊，使得詩人與禪僧之間由互動接觸而產生思維與表達的互涉。晚唐以降，禪的宗教特質亦逐漸由禪定解脫，轉化成一種強調主體自由與當下任運的精神體驗。禪僧運用詩歌語言多義而不確指的特性來傳達悟境，進而在中晚唐出現大批專事吟詠的詩僧，成為詩禪交流的特殊文化現象。❸詩僧特殊的禪修體驗、生活環境和生命觀照，使其創作呈現獨特的山林清冷的自省氣息。另一方面，習禪的心性體驗，亦使詩人審美直覺更加敏銳，啟發其開發內在心靈體驗的抒發。其次，由詩禪關係的後設反省，反映於詩學，而出現如宋代嚴羽《滄浪詩話》中「以禪喻詩」的觀念和詩論。以參禪、求悟、得法的歷程，來構成一個嶄新的學詩體系，是受到禪宗修行方式的啟發，以「熟參」、「妙悟」來悟得詩法，作為學詩入門的關卡，形成詩學傳統中的重要流派之一。❹唐代以後許多文學作品的精神內涵隱約受到佛教思維觀念啟發，然而，過去文學史論述卻有意無意地忽略佛教在中國文學史上所產生的影響力。目前學界關於文學與佛教交涉的研究，多數是從詩人方面，探討其詩中的佛教

---

❸ 參考黃敬家，《唐代詩禪互涉現象——文學發展史的側面考察》（臺北：花木蘭出版社，2010 年），第二章第一節詩與禪的相似性，頁 36。

❹ 參見黃景進，〈「以禪喻詩」到「詩禪一致」——嚴滄浪與王漁洋詩論之比較〉，《古典文學》第 4 集（1982.12），頁 107-135。

思想成分，而較少關注僧人創作那一面。事實上，兩種文化範疇的交涉是互動性的，應該雙方都會獲得一些交流的養分。歷代詩僧創作成果相當可觀，可是至今仍無系統性的脈絡整理，現有關於詩僧的研究，也多集中於唐宋和明清之際，其他朝代的詩僧研究則亟待開發。

就文化地理分佈來看，歷代詩僧多產生或活躍於長江以南地區，這與禪宗發展的地理文化環境有歷史的淵源。❺明清之際的禪林文風愈加熾盛，這與時代政治環境的傾軋變革關係密切，當時諸多知識份子隱身於南方禪林。❻清代詩僧多集中於江浙一帶，此地為古代吳越文化之所在，而禪宗臨濟、曹洞的主要叢林，亦多座落於此地，所以，清代詩僧多數集中於江南，這是歷史文化、宗教發展疊合積澱的結果。晚清是中國政治社會最波瀾動盪的時期，其時江南仍有不少詩僧活躍於士林，例如笠雲芳圃、八指頭陀等，創作成果亦相當可觀，卻甚少受到學界關注，箇中原因主要是佛教史和文學史的研究，長期以來均不重視近代所致。因此，筆者選擇以清末最具代表性的詩僧——八指頭陀作為研究對象，他是晚清佛教界的領導人物，亦是推動寺院改革和僧伽教育的先驅，卻酷愛寫詩，生命歷程的心境曲折盡抒發於創作中，其詩作在當時即已深獲士林

---

❺　覃召文，《禪月詩魂：中國詩僧縱橫談》（北京：三聯書店，1994 年），第三章第三節詩僧形成的地域性，頁 94。

❻　參見廖肇亨，《中邊·詩禪·夢戲——明末清初佛教文化論述的呈現與開展》（臺北：允晨文化出版社，2008 年），導論，頁 6-26。

詩人肯定，可說是晚清詩僧成就的壓卷大家，放在中國詩史上也絕不遜色。因此，透過對八指頭陀苦吟精神和詩作內涵的探究，可作為觀察晚清詩僧活動、文學成就，以及佛教發展情形的一個側面的理解視角。

　　禪門僧傳方面，以禪門人物類型和僧傳書寫研究為主。中國佛教傳記著作始於著史風氣鼎盛的魏晉時期，受到雜傳創作風氣蓬勃的影響，出現不少僧傳著作，包括別傳、類傳、尼傳、感應傳、地域性傳記和通傳等。❼從梁代慧皎《高僧傳》奠定中國僧傳十科分類的傳統，其後唐代道宣《續高僧傳》，到宋代贊寧《宋高僧傳》繼之，皆以高僧行道的主要貢獻作為分類標準。❽唐代因應宗派意識的興起，僧傳體裁趨於多元，尤其禪宗蓬勃發展，累積豐富的宗門史料，發展出另一種專為禪宗祖師之傳法歷程作記錄的「燈錄」，強調宗門系譜的傳承性和禪師悟道對話的重要性，與傳統僧傳的敘事策略有極大的差異。宋代佛教史籍著作風氣盛行，包括經錄、傳統僧傳、各宗宗史、語錄等，呈現多元拓展的狀態，可說是中國佛教傳記發展的黃金時代。此時期的佛教史家輩出，不但有豐富的佛教史籍撰作，且致力於僧傳體裁、寫作方式的嘗試和開發，對於唐宋間佛教發展，乃至正史的研究都有輔助之功，在中國佛教

---

❼　根據湯用彤統計，隋朝以前可考的僧傳著作約有五十餘種。參見氏著，《漢魏兩晉南北朝佛教史》（臺北：臺灣商務印書館，1991 年），頁 581。

❽　參考黃敬家，《贊寧《宋高僧傳》敘事研究》（臺北：臺灣學生書局，2008 年），第二章第四節中國僧傳的發展與類型，頁 70。

傳記發展史上，更有極重要的地位。因此，從晚唐、五代到北宋，形成宗門特殊的燈錄、語錄和公案書寫體製，藉以建立禪宗的傳承系譜。

筆者一方面提舉兩類見載於禪門傳記中的特殊修行人物，包括同時出現於唐人筆記、禪門燈錄和高僧傳中的佯狂禪僧，以及禪宗燈錄中悟力驚人，具有不凡的氣魄膽識來與禪師論對禪機的在家禪婆，這兩種禪門人物類型，過去甚少為研究者所關注。這是因為我人受限於對修行典範的固定印象，看待高僧的眼光侷限於既定的十科成就的評定標準，使得散落於僧傳之外的，非循正統傳道模式的修行者，無法受到應有的肯定。實則，佛教史料中的修行人物類型，除了眾所公認的「高僧」，尚有許多逸出於傳統修行典範之外的特殊宗門人物，其生命姿采，實可視為正統修行典範之外的另類典範或參照。例如：狂僧和禪婆就是證悟層次難以測度的有道高人。基於此點，筆者將這些逸出行道常軌的修行者，視為另類的典型。亦即相對於僧傳中以戒定慧三學增上而弘法利生的高僧，在僧傳中零星潛存另一種有道的密行狂僧，他們以佯狂瘋癲的型態潛隱人間，呈現另類的游戲示現作風，而格外引人側目。其次，相較於既有宗教人物研究的視野多以男性僧侶為主，較少關注女性修行者的聲音，然而，受到宗教學研究注入性別意識的觀點，而開始有人注意到宗教中的女性身影有待挖掘。不過，相對於學者對於尼眾修行或傳記的關注，對為數廣大的歷代在家女眾的修行生活，卻顯得乏人問津。筆者身為女性在家佛教文化研究者，更切身感到尋覓女

性在家修行居士身影的迫切性。因此，欲從燈錄中零星的女性禪婆的文字記錄，嘗試拼湊出唐代女性在家禪婆子的生命圖影。

　　另一方面，從既有各類僧傳的禪僧書寫，可以觀察到不同的僧傳體製和創作動機，對於禪僧書寫的側重明顯有異，所形塑的禪僧形象便有所不同，這使吾人不得不反省到傳記書寫從史料的取擇安排，作者的主體想像，和文本編撰宗旨等因素，對於禪僧生平書寫所產生的操縱作用。因此，筆者乃從文類體製出發，觀察禪門僧傳的發展脈絡；以禪僧傳記為中心，透過其生平發展，檢視不同僧傳體製的敘事功能和特色差異。比對不同系統的禪僧生平書寫，更能體現多元面貌的禪僧形象的想像。同時，反省本書所欲探究的特殊修行人物類型，其若隱若現地被書寫者納入僧傳文本，是否也體現了撰作者對於呈現多元修行典型的安排匠心？

　　總合而言，本書可說主要集中於詩禪、狂禪和女禪三種禪門類型人物的探究。筆者從研究所以來，一直從事佛教與文學互動關係的觀察和研究，主要著力於兩個範疇，一是詩與禪的互動，筆者碩士論文修訂而成之專書《唐代詩禪互涉現象──文學發展史的側面考察》，即是在探討唐代詩、禪互涉發展的脈絡和結果，解釋一種文學與宗教互動所形成的文化現象。另一個範疇是僧傳的書寫，筆者博士論文《贊寧《宋高僧傳》敘事研究》，主要從僧傳的敘事脈絡，尋繹高僧形象的建構歷程及其撰作史觀，而這兩個研究範疇經常是相互支援的。詩歌與僧傳正好展示佛教在中土發展最主要的兩種文化成果的記錄。透過僧詩，以了解禪僧的形上思維和心靈悟

境；透過僧傳，以了解禪僧的修行歷程和生平故事，使吾人能領略更多元樣貌的禪門人物的姿采和悟境。因此，本書可說是筆者從碩士論文到博士論文的研究主題之延伸成果。

本書的章節架構

本書所集論文是以詩歌和僧傳兩種文學體製作為研究範疇，詩歌部分，從第二章到第四章。

第二章，晚清詩僧八指頭陀及其苦吟精神。首先，反省學界對詩僧研究的現況和態度；其次，從八指頭陀所處的時代政治環境和晚清佛教的變革，及其個人交友和生長浸潤的湖湘文化環境，了解頭陀內在的生命歷程和個人文化涵養來源，掌握其創作的心靈機制、人格特質和所處的時代文化氛圍；最後，從其自述和詩作，探討八指頭陀的創作態度，和視為生命自我實踐之道的苦吟精神，作為深入其創作內涵的理解基礎。

第三章，詩寄禪耶禪寄詩？——八指頭陀詩中的入世情懷與禪悟意境，主要探究八指頭陀詩作的多元內涵。頭陀生命歷程曲折，性格孤介刻苦，他既是晚清佛教界的領袖人物，也是一位成就不凡的詩僧。本章主要透過對八指頭陀詩作的內涵詮釋，作為對晚清詩僧創作成就的一個側面理解。分別從感性、理性和靈性三個生命層次，探究其詩中所體現的個人情感、家國關懷和禪悟意境，挖掘其內在生命不同層次的樣貌和境界。並透過其其書信、開示和相關傳

記資料相互參證，來構築八指頭陀的文化圖像。從其詩歌創作成就，以見其在晚清詩史和詩僧史上的存在地位。

第四章，空際無影，香中有情：八指頭陀詠梅詩中的禪境。本章將焦點集中於八指頭陀詩歌創作中，最具代表性的詠梅詩。頭陀詩作經常運用自然景象表現當下心境，尤其獨鍾於梅花高枝超俗的瘦影。他的第一本詩集名《嚼梅吟》，最後一本詩集名《白梅詩》，其瘞骨處題名「冷香塔」，其生命歷程與梅花精神已融合為一體。其藉詩詠梅所展現的禪境，足成近代文學史的一株奇葩。胡飛鵬曾在〈題頭陀嚼梅吟稿跋〉中，贊其詠梅詩「如滿山梅雪間，清磬一聲，迴絕凡響。」❾因此，本章從歷代詠梅詩的意義承遞，以及梅花意象與禪宗歷史的關連，探究八指頭陀詠梅詩所體現的禪境和所開發的意涵層次，挖掘其詠梅詩所開展的不同於前人的禪境特質和心靈境界，以見其透過獨特的禪定修持和美感覺照，深化主體悟境，擴大梅與主體心性的連類層次，開拓前人所未見的詠梅意境，從而使梅花意象在霜雪傲骨中，更添空靈妙境，並賦予其盎然禪機和有情生意，豐富詠梅文學的發展意蘊，在詠梅詩史上應給予適當的肯定。

僧傳部分，含括第五章到第七章三篇論文。

第五章，幻化之影：唐代狂僧垂跡的形象及其意涵。在《宋高僧傳》、《太平廣記》及唐代志怪筆記中，同時收錄了多位表面佯

---

❾　梅季點輯，《八指頭陀詩文集》（長沙：嶽麓書社，1990 年），頁 531-2。

狂，實則具有相當證量的禪僧，他們行化人間的方式與多數「高僧」的行為模式有相當大的反差，既看不到他們勤修戒定慧學，也不見他們積極廣修福德資糧；雖現僧相，卻佯狂於世，在其展現神異能力之前，根本被視之為瘋子。他們遊走市井，透過種種奇幻神通的展演，或為眾生解除種種苦厄，或以此作為佛法的直接示現。這些僧侶為什麼要展現這種形象呢？其行為具有什麼樣的共相？而這些形象特質的意義又是什麼呢？如果他們不是真瘋，那麼，以佯狂作為一種手段，其所要傳達的旨意或達到的目地是什麼呢？本章將唐代禪僧的佯狂瘋癲視為一種特殊的文化現象，歸納其垂跡行化的形象特徵，從對僧院體制的反省，佛教修證的精神核心，以及宗教社會心理層面，挖掘其佯狂游戲的精神意義，希望藉此更貼近狂僧存在的核心價值，同時能懂得欣賞並讚嘆他們的表演。

　　宋代不但有豐富的佛教史籍，且致力於僧傳體裁的開發，對於唐宋間佛教發展，乃至正史的研究均有輔助之功，可說是中國佛教傳記發展的黃金時代。第六章，禪師形象的三種呈現方式：以《宋高僧傳》、《景德傳燈錄》與《禪林僧寶傳》為例。從文類發展的觀點出發，跨越前人對僧傳作文獻考證的研究方式，由文本的敘事脈絡，考察北宋禪僧傳記的三種體製，分別是十科僧傳最後的繼承者《宋高僧傳》，專收禪僧悟道言跡的《景德傳燈錄》，以及結合禪僧生平及其話語書寫的《禪林僧寶傳》，分析其書寫特色和差異，探討不同的創作意識，其形塑禪僧的重點之差異。研究架構是從十科僧傳體製的沒落，禪宗新興僧傳的開拓，進而透過三部僧傳

對禪僧傳記側重內容的差異，來探討不同僧傳體製對禪僧形塑的重
點，對史料的取擇和情節的安排，所持的觀點和所完成的禪僧形
象，及其背後的宗教目的皆不盡相同，並從中尋繹不同禪僧形象建
構的意義和創造性價值。

　　其次，近年來關於佛教的女性研究，主要以比丘尼為主（包括
藏傳、漢傳和南傳三大系），尚無餘力注意到在注重家庭倫理的東方社
會中，為數更眾的歷代在家女性的修行生活。基於此點，第七章，
智慧的女性形象：禪門燈錄中禪婆與禪師的對話，希望從女性的角
度，以禪宗燈錄中與唐代在家禪婆子有關的公案為討論對象，藉由
禪婆與禪師個別的、獨特的、具體的對話記錄，結合巴赫金文化理
論中的對話觀念，從禪宗對女性的態度、禪婆與禪師對話的社會語
境，及雙方對話時，禪婆所展現的禪機悟力等面向，尋繹禪婆在禪
門中的活動情狀，及其存在的文化意義，以見其獨立的人格特質與
智慧典型，提供對禪宗女性修行者一個側面的理解。

　　以上六章，雖各自獨立，卻有禪宗與中國文學交互關係中，顯
性的詩歌和傳記文類，及禪門人物類型；隱性的禪的本質思維的內
蘊意涵之運用的連貫關係，以對禪門詩歌與僧傳中的獨特主題與人
物進行初步的探究。

第二章　晚清詩僧八指頭陀及其苦吟精神

一、關於詩僧研究的反思

　　詩僧的存在，從六朝以來不曾間斷，至於晚清。清末詩壇中，無論詩作的質或量，八指頭陀（1851-1912）都是無法忽略的一位傑出詩僧，這樣一位質量俱優的詩僧，長期以來卻不曾受到學界關注，以致至今未見較為深入的研究成果。詩僧研究未受到學界重視，主要原因還在於其身份問題。從既有的文學典律傳統，並無法提供詩僧在文學史上獨特而自存的歷史脈絡之意義解釋，這並不意味把詩僧放在佛教史上就能獲得較好的回應，他們無論在文學史或佛教史上，相對而言是較不被重視的邊緣群體，此中癥結便在於詩僧的歷史定位不明。那麼，欲尋求詩僧的存在意義和成就定位，筆者以為先回歸單純的作品評賞法則，也就是不以文學典律的標準作價值批判，並暫且擱置作者身份問題，回到個別詩僧的文學作品美

學評賞，再加入作者特殊的僧人身份及其時代佛教發展、社會文化風尚等因素，來解讀詩僧創作的成因和作品水平，最終才有可能回到佛教思維基礎和內部發展脈絡，來看待僧人創作的意義。

　　詩僧本身跨越方外僧人和世俗詩人雙重身份，具有跨界而複雜的身份特徵，傳統詩學史卻經常忽略這群跨界人物的存在。近年學界愈加反省到過去的詩學研究往往受限於典律的美學標準，使文學史的書寫視野過於窄化而無法廣納各種群體的聲音，從而回頭檢視過去輕易忽略的，尤其是跨界或邊緣人物時，才發現這群靈光閃耀的詩禪慧光有待挖掘。關於「詩僧」概念的界定，以及指涉範疇的寬窄，學者的評定標準略有分歧。《四庫全書總目》謂以僧人身份，而有詩名著稱於世的界定算是比較周延。❶中國從晉六朝時即有寫詩的僧人，像支遁、湯惠休等，只是當時未有詩僧之名。「詩僧」之名應是出自詩僧蠭出的中晚唐，劉禹錫〈澈上人文集記〉云：「世之言詩僧多出江左，靈一導其源，護國襲之，清江揚其波，法振沿之。」❷與劉禹錫時有往來的皎然，曾有詩題云：「酬

---

❶ 歷代游移於詩人或僧人兩界身份者不在少數，使得詩僧的界定和範疇較難掌握。《四庫全書》收錄唐代至清代僧人詩文別集 37 種，以及 4 部僧詩總集。其詩僧標準採從嚴認定，將曾出家又返服復冠的詩人摒除在外；即使未脫僧服，但出處行藏儼然非僧人者，亦不視為詩僧。參見李舜臣、歐陽江琳，〈《四庫全書總目》中的詩僧別集批評〉，《武漢大學學報（人文社會版）》第 59 卷第 5 期（2006.9），頁 571。

❷ 劉禹錫，《劉賓客集》（景印文淵閣四庫全書，第 1077 冊，臺北：臺灣商務印書館，1986 年），卷 19，頁 244。

別襄陽詩僧少微」❸，可見當時已使用「詩僧」一詞來互為稱謂，這代表他們對自身身份的一種公開和認同。唐代詩僧人數眾多，如初盛唐的王梵志、寒山等，中晚唐後更出現大批的詩僧，像皎然、貫休、齊己等，甚至因為酷愛作詩而屢陷於苦吟，從而對於自身僧侶身份與專事吟詠之間產生內在的矛盾。這兩種身份上的心理衝突，是多數詩僧無解的一個難題，只能在矛盾中繼續創作。

　　詩僧由於特殊的性情、禪悟體驗和宗教生活，形成不同於世俗詩人的生命情境，這一點就風格的創造性而言，是值得肯定的。黃宗羲便曾讚美僧詩云：「豈不以詩為至清之物，僧中之詩，人境俱奪，能得其至清者，故可與言詩多在僧也。」❹此語甚能識得藝術創作之美感本質，與僧人內在靜定的純粹狀態的共通性，同時肯定僧人心性的敏銳精純，正是成為好詩人必備的特質。關於詩僧如何產生的問題，不是本文的焦點。現有詩僧研究成果多集中於唐宋和明清之際，蓋詩僧多屬禪宗法脈，中晚唐至宋代是禪宗最興盛的時期，連帶詩僧人數和創作量自然可觀。學者的研究，或者對於唐宋詩僧現象作整體性論述；或者以幾位較具代表性的詩僧，如皎然、貫休、齊己等，個別討論其詩作內涵。明末清初的詩僧，或者原為朱明遺老，仍心繫前朝，詩作中多深寓鼎革易代之國愁家恨。❺

---

❸　《全唐詩》（北京：中華書局，1990 年），卷 818，頁 9217。

❹　黃宗羲，〈平陽鐵夫詩題辭〉，《南雷文定三集》（四部備要本，臺北：臺灣中華書局，1971 年），卷 1，頁 12。

❺　據江慶柏統計，現存清代僧人詩歌別集，約有二百一十種左右，多數集中在

英、日文漢學界，除了七〇年代受嬉皮風潮推波，使寒山詩在西方引起熱烈討論之外，甚少學者涉及。事實上，詩僧從六朝以來至於晚清，有長遠的歷史發展軌跡，且代有豐富的創作成果，除了前述兩個時期有較多的研究著墨之外，其他時期的詩僧研究可說十分匱乏。

另一方面，在中國詩歌發展史上，清詩的地位一直不甚顯豁，即使有清一朝包含眾多詩學流派，並累積龐大可觀的詩作，仍被視之為詩史之末流。這種觀念實源自於傳統文學史觀認為「凡一代有一代之文學」❻，遂形成漢以下無文，唐以下無詩的普遍偏見。實則詩歌發展代有其風格變貌和時代特色，實無法以盛衰多寡加以衡量。晚清時期❼的詩僧與前代詩僧最大的差異，在於其面對時代變動因素特別強烈，社會參與度又特別高，所以欲研究晚清詩僧，其於時代的互動關係，將是不可忽略的背景脈絡。現存晚清詩僧作品

清代前期，至少佔了三分之二，所以明清之際詩僧頗受學者關注。參考氏著，〈清代詩僧別集的典藏及檢索〉，《中國典籍與文化》，1997 年第 2 期，頁 15-17。晚清徐世昌（1855-1939）所編《晚晴簃詩匯》，共收錄僧詩四卷（尼詩一卷不列），從清初智朴拙庵至寄禪敬安止，詩僧共 201 名，地域多集中南方，以江浙居多，然遺漏者仍不少。

❻　王國維，《宋元戲曲史·自序》（上海：上海古籍出版社，2008 年），頁 1。

❼　晚清的起迄範圍，在政治史的概念上，雖未劃定明確的界限，但學者一般的認知多以鴉片戰爭到辛亥革命（1840-1911）的七十年時間為主。參考孫廣德，《晚清傳統與西化的爭論》（臺北：臺灣商務印書館，1995 年），頁 1。

不若清初之多，但是，整個時代氛圍已經從清初詩僧面對異族統治所體現的對故國或漢文化正統被侵凌的傷痛走出，其所面對的是另一種來自外敵威脅，家國傾危不安和佛教內部長期積弊而衰弱不振的現況。因為其歷史時期的關鍵性，封建帝制已到盡頭，佛教發展亦衰微已極，面對教內外的混亂時勢，僧人很難置之度外，他們或積極將佛教改革融入時代變革中，或實際參與政治革命，或於詩作展現其社會民生的關懷。因此詩僧創作往往不僅有個人禪悅，還包含相當成分的社會關懷。從這個角度而言，晚清詩僧便不再如過去詩僧自外於俗世的孤立書寫，而是眾多以自身社群身份來關心社會改革的書寫社群之一。

　　八指頭陀是晚清創作成就最為突出的一位詩僧。他在當時即負有詩名，為同期文人所肯定；並有獨立詩集問世而流傳至今，較能掌握其人創作的全面發展。目前學界關於八指頭陀的研究成果極為有限，約可分成兩類：一類著重於其生平介紹。關於八指頭陀生平書寫的文章，包括何崇恩〈詩僧八指頭陀〉，關志昌〈詩僧八指頭陀的故事〉，李岱松〈近代詩僧八指頭陀〉，僅是介紹性短文；大醒〈清代詩僧八指頭陀評傳〉，章亞昕〈八指頭陀：最後的神話人物〉屬於評傳，以及周維強《亂世詩僧八指頭陀：寄禪大師傳》，阮光民《亂世詩僧——寄禪大師》等，將之視為詩僧、愛國僧人或佛教領袖，缺乏全面性的視野。另一類則由其生平擴及其詩歌作品的賞析。關於八指頭陀詩歌研究，較之生平介紹更為匱乏，亦未見有外文研究成果。臺灣方面，有黃永健〈八指頭陀和他的詩作〉；

胡鈍俞〈八指頭陀詩選評〉，是選詩附加品評；薛順雄〈八指頭陀「聽月寮」詩詮〉，是少數能從八指頭陀所契會的《楞嚴經·耳根圓通章》中六根互用的觀念，解析其詩中所富含的佛教哲理。鍾笑的碩士論文《八指頭陀禪詩研究》，內容多與羅麗婭的碩士論文《論八指頭陀的禪詩》近似。大陸方面，近年有幾篇相關論文，包括麻天祥《晚清佛學與近代社會思潮》，第九章詩禪敬安的禪詩和衛教愛國思想，雖欲探其詩之禪境，卻視禪寂為消極思想，謂之「非理性的情緒」，並以對比方式大力讚揚其詩中入世的憂國之思和「宗教觀念的淡化」。❽蕭曉陽〈釋敬安詩歌的藝術：澄明之境中的詩音與詩畫〉，從八指頭陀詩歌所表現出的音樂性和圖畫性作分析，關於澄明之境的闡釋，應涉及頭陀詩中的禪境，然而作者未往禪境的連結上作解釋。哈斯朝魯〈「白梅和尚」的詠梅詩〉和〈詩情澎湃的人生──論八指頭陀的禪詩〉，前文僅是千字的介紹文；後文從八指頭陀詩歌創作歷程中，較有名的禪詩、詠梅詩和憂國之詩加以賞析。孫海洋〈八指頭陀詩風初探〉，討論頭陀詩中沈鬱頓挫的愛國詩，以及抒發人世滄桑和遊山觀水之作，而將之歸於郊寒、島瘦的幽冷一派詩風。❾歸納起來，上述研究成果，多屬於生平事蹟的描述性短文，少數論及其詩中的愛國情操或澄明之境，

---

❽　麻天祥，《晚清佛學與近代社會思潮》（臺北：文津出版社，1992 年），頁234、226。

❾　上列研究成果之出版資料，詳見書末之「主要參考文獻」，此處不一一列舉。

對於詩作中所表現的佛教思想和修持體悟，則未能觸及。問題就在於忽略八指頭陀詩中最獨特的禪境特質不論，僅從修辭意象討論其詩的清幽意境或憂國傷時的愛國精神，恐無法掌握頭陀詩境的核心。亦即，現有研究成果，一來未脫介紹或頌揚的目的，使得讀者對頭陀的印象，停留在愛國高僧的看法。二來系統性或具主題性的研究至今闕如，這對於創作質量俱優的晚清詩僧八指頭陀而言，無乃是一個嚴重的忽略；就詩史傳統而言，更是一種缺憾。

因此，本章將以八指頭陀為中心，一方面從八指頭陀所處的時代政治環境和晚清佛教的變革，及其個人交友和生長浸潤的湖湘文化環境，了解頭陀的生平性情和修行背景，掌握其創作的心靈機制。一方面將他放在晚清的社會文化脈絡上，觀察其與當時文藝社群的互動關係，考察其置身於晚清社會政治劇烈變動的社會參與。進而觀察八指頭陀將詩歌創作視為生命自我實踐之道的苦吟精神特質，作為下面兩章探究其詩歌創作內涵的理解基礎。

二、晚清佛教發展和社會情境

晚清的中國，內憂外患不斷，咸豐、同治年間太平天國之亂（1851-1864），長達十幾年的內亂，不但國力耗損，種種社會腐弊也隨之浮現。八指頭陀生存在中國近代最動盪的時代，正好經歷了晚清幾個重要的戰事，包括咸豐八年（1858）、十年（1860）兩度英

法聯軍，焚燬圓明園。光緒二十年（1894），中日甲午海戰，簽訂馬關條約。戊戌變法（1898）失敗後，光緒二十六年（1900）發生八國聯軍，清廷幾乎陷入混亂瓦解的邊緣，最後經辛亥革命（1911）而結束中國的封建帝制。民國元年（1912），八指頭陀圓寂。

晚清政治經濟及社會文化環境歷經了中國歷史上前所未有的變革，這種衝擊主要並不是受到西方列強武力侵凌或文化傳播使然，而是來自中國封建社會長期積壓的因循結構和社會矛盾所造成。晚清佛教同樣腐敗而有待整頓，這並不是佛教內在教義的問題，而外延體制問題是可以透過改革而改變的。當時社會對於佛教的看法呈現兩極發展，一邊是知識份子熱衷於將佛學與政治結合，企圖透過對佛學的重新詮釋或觀念挪用，達到推動中國從思維以至於實體政治革新的思考。如康有為（1858-1927）、譚嗣同（1865-1898）、梁啟超（1873-1929）、章太炎（1869-1936）等，具有結合佛學來匡時濟世的強烈企圖，將佛學從注重心靈解脫層面，延伸到具體生存的現實世界。❿也就是透過佛學教義找出國家存續之道，此時佛教不僅是一種信仰，而更轉換成是一種「文化工具」。⓫

---

❿ 王樾將晚清佛教精神思維趨向，分為三特質：一，入世性和批判性，使佛學與政治社會取得密切聯繫。二，思辯性和科學性，會通中西各種學說而自創思想體系。三，依自不依他，強調知識份子獻身改革的歷史使命。參見氏著，《晚清佛學與近代政治思潮——以《大同書》、《仁學》、《齊物論釋》為核心之析論》（臺北：淡江大學中文所博士論文，2004 年），頁 5-7。

⓫ 陳善偉，〈晚清佛學與政治〉，《當代》第 77 期（1992.9），頁 140-5。

　　面對晚清政治社會的混亂和一觸即發的巨變氛圍，身為一位佛教僧侶，究竟該盡一己之力，積極參與各種政治社會改革活動，乃至發揮宗教師的社會影響力，帶動佛教社群共同推動革新？還是該謹守宗教家的超然獨立，作為時代巨變的觀察者，在眾生革命受創時，充當撫慰人們心靈的強力後盾呢？從現有史料看來，在晚清連串戰役和革命活動中，佛教僧侶並沒有缺席。如八指頭陀親赴上海慰問乙未中日牛莊大戰傷殘清兵，蘇曼殊（1884-1918）發言著文鼓吹革命，宗仰（1861-1921）加入革命組織從事實際的抗爭運動，乃至太虛（1890-1947）組織醫療救護隊。從清末到民初，僧侶的社會參與，以及從保護教內寺產，到保護國族，乃至由太虛推動佛教思想的革命，建立人間佛教，強調現世修行的精神，形成中國僧侶有史以來與社會最密切的互動關係。❷

　　另一方面，受到新學衝擊，社會普遍認為佛教無濟於國力增盛。光緒二十四年（1898），湖廣總督張之洞（1837-1909），以〈勸學篇〉上書朝廷，力主將全國寺廟及寺產的百分之七十作為地方興學處所和經費來源。❸這項利用寺產興學的建議，對晚清歷經太平

---

❷　關於清末僧侶參與革命的意義，蘇美文除了從實際事件檢視僧侶參與革命是愛國的行為表現，復縱向上溯佛教經典中佛陀與大乘菩薩所樹立的典範，以掌握當時革命僧的入世精神價值。參見氏著，〈菩提樹與革命僧：清末民初僧人與革命之探討〉，《新世紀宗教研究》第 4 卷第 3 期（2006.3），頁 94-146。

❸　參見張之洞〈勸學篇‧外篇設學之三〉云：「今天下寺觀何止數萬，都會百餘區，大縣數十，小縣十餘，皆有田產，其物皆由布施而來，若改作學堂，

天國焚寺毀經破壞後的佛教無異雪上加霜，使佛寺遭受前所未遇的威脅。政府官員、地方豪強，在對於當時佛教現況不滿或缺乏了解的情況下，甚至藉興學之名侵奪寺產，勒令僧尼還俗。經歷這次的衝擊，迫使佛教內部警覺必須回應時代挑戰而變革，然而，教內最大的積弊莫過於住持佛法的僧尼本身素質低劣，他們或出身貧苦農民，或因戰禍走投無路而藉出家得到棲身之所，僧尼猥濫如何能擔當佛法住世之任；其本身的學習能力都不足，更別說能令知識階層接受。另一方面，清代佛教居士活躍，尤其彭紹升（1740-1796）、楊仁山（1837-1911）等人，對振興佛教貢獻卓著。❹晚清居士界在佛教弘化推動方面，愈加扮演重要的角色，乃至有如歐陽漸（1871-1943）提出沙汰整頓僧尼的主張。❺整體而言，近代佛教發展有四個突出的特色趨向，即禪宗的衰微，佛學中心由山林走向城市，佛學思想由出世轉向入世，以及居士成為弘傳佛學的主力。❻

　　外界種種迫害和壓力，加上時事的變故，使佛教面臨非改革不

則屋宇田產悉具，此亦權宜而簡易之策也。」收入《張文襄公全集》（臺北：文海出版社，1971 年），卷 203，頁 819。以及陳兵、鄧子美，《二十世紀中國佛教》（臺北：現代禪出版社，2003 年），緒論，頁 29。

❹　藍吉富在〈楊仁山與現代中國佛教〉中，歸結楊氏對清代佛教的三大貢獻，包括佛教教育革新，佛教經論流通，培育佛教人才等。收入《楊仁山文集》（臺北：文殊出版社，1987 年），頁 26-32。

❺　歐陽漸，〈辨方便與僧制〉，洪啟嵩、黃啟霖編，《歐陽竟無文集》（臺北：文殊出版社，1988 年），頁 220-222。

❻　參考王廣西，《佛學與中國近代詩壇》（開封：河南大學出版社，1995 年），第二章近代佛學特色，頁 29-62。

可的局面。然而叢林要振衰起弊，根本問題在於整頓佛教在新時代的刺激下，所暴露出來長期的因襲腐敗。佛教內部也意識到興辦僧伽教育，造就符合時代期望的僧才，掌握社會發展脈動，才能使佛教在變動的時代永續發展。於是各地僧伽教育紛紛成立，八指頭陀便是最早興辦僧學的發起者之一。一九一二年南京臨時政府成立後，各種政團組織亦紛紛成立，佛教界受到這股風氣鼓舞，為了團結因應外界的侵凌，便在上海成立「中華佛教總會」，公推八指頭陀為首任會長，這是中國佛教史上首次自主創設的全國性組織。然而由於局勢動盪，各地侵奪寺產事件再度興起，頭陀遂與虛雲（1840-1959）趕往北京，希望透過統一佛教總會章程的頒訂，來確保寺院的主權。頭陀卻在商議過程飽受政府官員折辱，悲憤交集，當夜因胸膈作痛，旋即於北京法源寺謝世。❶頭陀護教未竟其功而突然謝世，隔年，臨時政府即頒行「中華佛教會章程」，這可說是他以生命為佛教界換來的一點短暫的安定。

---

❶　參見馮毓孳，〈中華佛教總會會長天童寺方丈寄禪和尚行述〉，原載於《海潮音》（紀念八指頭陀專號）第 13 卷第 12 期（1932.12），頁 683-686。收入梅季點輯，《八指頭陀詩文集》，頁 521-525。虛雲並為八指頭陀辦喪，扶柩至滬，在靜安寺開佛教總會成立大會，及頭陀的追悼會。參見岑學呂編，《虛雲和尚年譜》（臺北：天華出版社，2001 年），宣統三年，歲冬，頁76。

三、八指頭陀與湖湘文風

㈠ 八指頭陀生平

八指頭陀生平史料不難掌握，因為他有多篇自敘性文字，包括刊刻《嚼梅吟》時所寫的「自敘」，八指頭陀《詩集》卷末所附「自述」，自建冷香塔時的〈自序銘〉，及其書信、開示等一手資料。還有他人為其所作傳文，包括太虛（1890-1947）〈中興佛教寄禪安和尚傳〉，馮毓孳〈中華佛教總會會長天童寺方丈寄禪和尚行述〉，《新續高僧傳》四集第六十五卷〈清四明天童寺沙門釋敬安傳〉，以及當時多位文人為其詩集刊刻出版所作的序跋，死後所寫的追悼文等。從這些史料可拼整出八指頭陀一生外在行迹的始末和行事性格，加上其諸多詩題，有如小序般提示說明其詩作或酬答的時空情境，而大醒和梅季均編有其年譜。⓲

⓲　釋大醒編，〈清代詩僧八指頭陀年譜〉，《海潮音》第 15 卷第 7 期（1934.7），頁 150-159。〔清〕八指頭陀撰，梅季點輯，《八指頭陀詩文集》（長沙：嶽麓書社，1990 年）。本文所標八指頭陀詩的頁碼，皆以此版本為主，若與《續修四庫全書》第 1575 冊中的《八指頭陀詩集》、《八指頭陀詩集續集》、《八指頭陀雜文》（上海：上海古籍出版社，2003 年）有異文，則於附註說明。梅季在〈前言〉中，以「愛國思想」和「憂民情懷」來定位頭陀詩歌的主要內容，並強調其兼具佛老儒墨之思想，似乎刻意淡化其宗教禪思的面向。

　　根據八指頭陀《詩集》之「自述」，其法名敬安，字寄禪。因曾於明州阿育王寺發心燃二指供佛，而自號「八指頭陀」。❶他俗姓黃，名讀山，出生於湖南湘潭縣的貧農之家。自言其先世是宋代黃庭堅之裔孫，因家道中落，而從洪州屨居湘潭，世代以務農為業。頭陀早歲孤苦，七歲喪母，年十一始學《論語》，未竟而喪父，諸姐皆已他嫁，親弟由宗親代撫，貧無所依，只好暫以牧牛維生，並自修不輟。一日，避雨村塾簷下，聞師吟「少孤為客早」而潸然淚下，可見他因身世早熟而又敏銳易感的心性。塾師周雲帆異之，因留為燒茶煮飯，閒時教其識字。不久因周師病故而再失依怙，經轉介為富家子伴讀，卻常遭使役斥罵；轉學手藝，動輒毒打，命與運違，蒼茫無依。

　　頭陀自幼喜聞佛道之理，其出家先有早歲的孤苦，對人世無常的深刻體驗，在人世茫然，無路可走時，「一日，見籬間白桃花忽為風雪摧敗，不覺失聲大哭。因慨然動出塵想，遂投湘陰法華寺出家。」❷白桃花零落於風雨的意象，成為少年頭陀頓悟生命無常，決然斷捨塵世流轉的關鍵。這是何等純念的心性。何懷碩先生曾於短文〈說悲憫〉中，談到他對頭陀因見白桃花摧敗痛哭而棄絕塵念的看法：

---

❶　參考八指頭陀，〈《詩集》自述〉，梅季點輯，《八指頭陀詩文集》，頁452-455。

❷　八指頭陀，〈《詩集》自述〉，梅季點輯，《八指頭陀詩文集》，頁453。

最激烈的愛居然以大捨棄來了斷，這種心靈的大願力，豈你
我輩所能有？白桃花的際遇值得有情者哭，而這十八歲少年
的悲憫之情竟願棄絕塵念，以代贖天地人間無盡的大苦，更
教人驚佩讚歎。㉑

誠如所言，生命的美，人生的無常，命運的殘酷，天地的無情，激
起了他心中最強烈的情感動力和心靈感發，遂而祝髮為僧。

八指頭陀的一生，除去苦難的童年時代，從出家到往生，共四
十五年僧臘歲月，筆者將之分成三個人生階段來說明。㉒

從十八歲出家到三十四歲為苦行自學階段。頭陀十八歲為苦行
僧，二十五歲起行腳江浙，二十七歲時到浙江四明阿育王寺擔任雜
役，那年秋天，他在佛舍利塔前燃二指，並剜臂肉燃燈供佛，從此
自號八指頭陀。㉓三十一歲在浙江寧波刊刻其第一本詩集《嚼梅
吟》。其創作以律詩居多，此時南嶽叢林敦請為住持，詩名亦立，

㉑ 何懷碩，〈說悲憫〉，《孤獨的滋味》（臺北：立緒出版社，1998 年），頁
210。

㉒ 參考梅季點輯《八指頭陀詩文集》之前言。梅季點輯，《八指頭陀詩文
集》，頁 1-14。

㉓ 頭陀，苦行之一。又作杜荼、杜多、投多、偷多、塵吼多，意譯為抖擻、斗
藪、修治、棄除、沙汰、浣洗、紛彈、搖振。意即對衣、食、住等棄其貪
著，以修鍊身心。亦稱頭陀行、頭陀事、頭陀功德。如十二頭陀行，為修治
身心，除淨煩惱塵垢之十二種梵行。參見《佛光大辭典》（高雄：佛光出版
社，1989 年），「頭陀」條，頁 6362。

各方邀約唱和漸至。三十四歲回到湖南長沙，共雲遊九年，行遍江南。

　　從三十四歲住錫南嶽到五十一歲，修行和詩作均進入成熟階段。頭陀三十四歲起住南嶽，該處尚遺唐代懶殘明瓚遺跡，頭陀亦時以懶殘自況，不少詩作運用懶殘典故。❷❹直到五十一歲之間，陸續擔任六座叢林住持，積極改革，復興佛教；同時，經常與王闓運（1833-1916）等碧湖詩社詩人唱和往來，詩名遠播，湖南曾刊刻其《詩集》十卷。此時期的創作頗多應酬之作，受湖湘詩派影響，詩風多擬漢魏六朝古詩，而以往創作較多的律詩體製銳減。

　　五十二歲到六十二歲圓寂止，任浙江天童寺住持。頭陀因見其時佛教衰微，根本原因在於僧才缺乏，起而興設杭州僧學堂，然因故未成，後於寧波創立僧教育會，致力於僧伽教育的紮根，極具前瞻眼光。五十四歲時，於浙江刊行《白梅詩》。一九一二年辛亥革命成功，全國佛教徒成立中華佛教總會，公推其為第一任會長。此時各地傳來毀寺奪僧之事，頭陀奔走北京，要求新政府嚴加禁止，不但未得善意回應，且當場受辱，當晚返回法源寺，胸膈作痛，中夜即悄然示寂。世壽六十二歲，僧臘四十五年❷❺，葬於生前預建於

---

❷❹　筆者初步估計，約有五十餘首。例如〈梅癡子將入都，余作送別詩經半月矣。臨解纜復贈此詩，仍次前韻〉：「欲持煨芋贈，恥近懶殘名。」梅季點輯，《八指頭陀詩文集》，頁219。

❷❺　八指頭陀在民國元年，為其冷香塔作〈自題小像〉，詩云：「六十二年夢幻身」（頁442），他在那年往生。又，〈冷香塔自序銘〉云：「余既剃染之

天童寺的冷香塔。太虛對其甚為折服推崇，以戒弟子身份撰文悼念，並承續其中興佛教之遺志。

　　八指頭陀一生好詩，今所見詩作數量不亞於歷代詩僧。民國八年，楊度整理其遺稿，在北京法源寺重新刊刻，包括《八指頭陀詩集》十卷，前五卷由光緒二十四年（1898）陳伯嚴等刊刻的《詩集》重印，並增補佚詩，後五卷收錄其光緒十五年（1889）至二十四年的作品，光緒二十四年由葉德輝在湖南刊刻行世。《續集》八卷，收錄其光緒二十五年（1899）至民國元年（1912）作品。以及《文集》一卷。日本曾將其詩集編入《續藏》，使其聲名卓播海外。一九八四年大陸長沙嶽麓書社出版了由梅季整理點輯的《八指頭陀詩文集》，除了彙整頭陀出版過的所有詩文集，還包括其文章碑銘、開示法語、信札書函，以及他人所做的序、跋、傳記、遺事和弔祭文等，按照寫作時間先後重新編排，讓讀者更能清楚掌握八指頭陀不同階段的創作轉折，文後並附其生平年表，是目前為止最完整的八指頭陀作品集。

四十二年，為宣統己酉（元年），主天童九載矣。」（頁 501）推算其僧臘四十五年。由此逆推其十七歲出家，〈《嚼梅吟》自敘〉亦謂：「十七出家于湘陰法華寺。」（頁 449）然〈述懷〉詩云：「十六辭家事世尊」（頁 109），〈《詩集》自述〉云其出家「時同治七年」。（頁 452）同治七年，頭陀是十七歲或十八歲的差距，是由於中國人算歲方式，年初、年末出生，會產生歲數誤差。大醒、梅季所編之年譜，均作十八歲出家。

㈡ 天童寺詩系與湖湘文風

　　詩僧多與禪宗關係密切，蓋禪門雖不立文字，歷代祖師卻多以詩偈傳法後人，加以禪境微妙，非詩難以表其悟境。另一方面，詩僧創作與其寺院門庭和文化地理有相互激盪的作用。從地域來看，晚清四大禪林，包括八指頭陀住錫十年的天童寺皆在江浙一帶，這與江浙禪林歷史的積澱有一定的關係。清代禪宗臨濟勢力仍超越曹洞，明末清初臨濟宗分衍出密雲圓悟（1565-1642）的天童系和天隱圓修（？-1635）的磐山系兩派，和曹洞宗無明慧經（1548-1618）開出的壽昌系，湛然圓澄（1561-1626）開出的雲門系相對峙。磐山系中，玉林通琇（1614-1675）因曾奉召入京，被尊為國師，較接近朝廷，獲得寵顧。天童一系中，以漢月法藏（1573-1635）、費隱通容（1593-1661）、破山海明（1597-1666）、木陳道忞（1596-1674）四支最具影響力。其中道忞繼圓悟主持天童。而法藏因與師門圓悟的禪法意見相左而互有辯難，致使法藏另於常熟開三峰一派，門庭曾盛於一時，但最終因清世祖雍正介入，著《揀魔辨異錄》扁之，下令從圓悟門下剔除而零落。可能因為南方三峰派，其中多藏有明末遺老為僧者，遂形成法門與政治權勢角力的形勢。❷❻

　　詩僧與文人交游唱和從唐代就有，下逮明清之際，以叢林一方宗長而提倡或好樂詩作者亦大有人在，當時詩僧夾摻著逃禪遺民，

---

❷❻　參考林子青，〈清代佛教〉，《菩提明鏡本無物：佛門人物制度》（臺北：法鼓文化出版社，2000 年），頁 321-3。

使得僧而為詩的文化現象更趨複雜。❷太平天國以後，鎮江金山寺、揚州高旻寺、寧波天童寺、常州天寧寺，號為禪宗四大叢林，勉強維持宗風，其中寧波天童寺就是經八指頭陀整肅禪規而重振叢林。實則清初主法天童的密雲圓悟就是一位善詩的禪師，其弟子也多能詩，因此形成天童一系詩僧的詩風傳衍，大抵受到深厚的禪學素養和參禪體驗影響，呈現濃厚的禪味佛理。❷八指頭陀長期住錫文風和詩社鼎盛的江浙禪門古寺，晚期詩作中，多用古體寓含禪理和勸修之道，律體銳減，與天童詩風或許不無關係。

另一方面，清代多元的詩學流派，往往與文人社群聚集的地域文化有關，八指頭陀晚年雖多活動於浙江天童禪林，然其詩風之奠定，應是在更早住錫的南嶽時期即已成熟。頭陀本湖南人，中年主持南嶽六寺，一方面推動寺務改革，一方面與當時湖湘文人頗有往來，很容易找到互動共鳴的社群而刺激其創作興趣，在士林間亦逐漸建立詩名聲望。湖南古為楚地，李曰剛先生謂其地襟江帶湖，洞庭、雲夢蕩漾其間，兼以俗尚鬼神，人富幽渺之思，文有綿遠之韻。且荊楚文學，遠肇二南，屈、宋承風，楚聲流播，歷漢至宋齊，西聲歌曲，遠紹風騷，近開唐體，淵源一脈。❷湖南在中國文

---

❷ 關於明末清初詩僧發展變化，可參考廖肇亨，〈明末清初叢林論詩風尚探析〉，《中邊·詩禪·夢戲——明末清初佛教文化論述的呈現與開展》，頁 27-66。

❷ 參考王廣西，《佛學與中國近代詩壇》，頁 13-17。

❷ 參考李曰剛，《中國詩歌流變史》（臺北：文津出版社，1987 年），頁 808。

化發展史上原屬偏南，離政治文化中心較遠，然而隨著朝代更迭，文化重鎮逐漸南移，明清時期湖湘儒學興盛，出身湖湘學者漸多，到了晚清太平天國之亂，湘軍主力掃蕩亂事之後，湖南人才便在社會上顯出份量。❸⓿晚清湖湘一帶人文薈萃，頭陀在湘中頗與當時文人酬唱往來，光緒十二年（1886）曾與詩僧笠雲（1837-1908），王闓運（1832-1916）、鄧輔綸（1828-1893）等湖湘詩人共結碧湖詩社。其初學詩受王湘綺指點，由盛唐入手，亦尊崇漢魏。「一鄉之中，詩學大盛。高談格調，卑視宋、明。漢、魏、三唐，自成風氣。」❸❶並與郭松燾（1818-1891）、易順鼎（1858-1920）、陳三立（1859-1937）有深厚私交。❸❷湖湘詩派專主漢魏詩風，兼及盛唐，謂唐以下詩無足觀，這個觀念也影響頭陀晚期創作多擬古之作。❸❸汪辟疆云：

---

❸⓿　參考張朋園，〈近代湖南人性格試釋〉，《近代史研究所集刊》第 6 期（1977.6），頁 145-147。

❸❶　楊度，〈《八指頭陀詩集》序〉，《續修四庫全書》第 1575 冊，頁 351 上。

❸❷　清代詩學發展史上，陳三立是宋詩派的代表人物，然他早年在湖湘參與碧湖詩社，與八指頭陀、王闓運相唱和，亦受王闓運宗法漢魏影響，後來才逐漸走出自己的詩風。參考楊萌芽，〈碧湖雅集與陳三立早年在湖湘的交游〉，《洛陽師範學院學報》2007 年第 4 期，頁 69-72。

❸❸　蕭曉陽謂湖湘詩派之崇尚復古，是「以古為新，旨在張揚自我」。又云：「湖湘復古之風由來久遠，作為楚人精神的遺存，狂傲自恣與閒適處世中已經含有對漢魏六朝個性精神的認同，近代詩歌中崇尚漢魏的思潮對楚文化傳統的張揚是它區別於其他詩歌派別的本質特徵。」參見氏著，《湖湘詩派研究》（蘇州：蘇州大學博士論文，2006 年），第一章近代文化語境中的湖湘詩派，頁 17。

「寄禪詩在湘賢中為別派，清微淡遠，頗近右丞，惟喜運用佛典，微墮理障。」**㉞**

四、八指頭陀的創作態度與苦吟精神

　　八指頭陀早歲因身世飄零，未受完整的啟蒙教育，十八歲因感人世無常而出家之後，日以了生死為念，精勤苦修，不作他想。其寫詩的因緣，是少年時因緣際會受到身邊兩位愛詩人的啟發而開啟，一位是岐山精一律師，另一位是郭菊蓀先生。頭陀受戒後前往岐山仁瑞寺隨恆志和尚參禪時，在該寺認識好吟詩詞的精一律師。頭陀原對精一將時間耗費在無關生死的詩詞吟作頗為不解，還被精一笑其畢生恐怕無法理解文字般若之妙處。那時的頭陀文化素養有限，一心只想修行解脫，於人間諸事概無心過問，而精一的作風，讓頭陀見識到不同的修行觀念和態度。其次，八指頭陀在岐山參禪期間，曾至巴陵省視親舅，路經岳陽樓，面對洞庭湖萬頃碧波，偶吟「洞庭波送一僧來」，郭菊蓀贊其「語有神助」，授以《唐詩三百首》，從此開啟了他寫詩的夙慧。**㉟**

㉞　汪辟疆著，高拜石校注，周駿富補，《光宣詩壇點將錄校注》（臺北：明文書局，1985 年），頁 177。

㉟　兩造因緣，參見八指頭陀，〈《詩集》自述〉，梅季點輯，《八指頭陀詩文集》，頁 453。

　　八指頭陀性格不畏異俗，自言「生來傲骨不低眉」❸❻，頗與雪梅傲霜相呼應。其行事作風裡透著一股不畏人言的擇善固執，自云：「半肩行李孤雲影，一領袈裟萬淚痕。讚毀從來沒嗔喜，曰魔曰佛任公言。」❸❼思想上亦不拘於佛門一法，喜以《楞嚴經》、《圓覺經》，雜以《莊子》、《離騷》混合為歌，因而被視為狂僧。❸❽可見其獨具一格之創造性。因此，自從投入詩歌創作，便是以全副之生命精神為之。青年時期充滿作詩的熱情，二十六歲時作〈詩興〉云：「我欲吟成佛，推敲夜不眠。狂歌對明月，得句問青天。」❸❾又云：「五字吟難穩，詩魂夜不安。」❹❿可見其為詩，是在反覆推敲琢磨後才完成。

　　八指頭陀因體豐而多病，天生口吃又不善書，曾作詩贈友人，云：「花下一壺酒」，因不會寫「壺」字，而直接畫一壺酒形於紙上。郡中頗工書法的徐酡仙見了，大為欣賞，謂其字筆力天成，樸實遒勁，自有一番風韻。故其於〈冷香塔自序銘〉自陳：「余口多

---

❸❻　〈感懷二首〉之一，梅季點輯，《八指頭陀詩文集》，頁 63。

❸❼　〈十一疊韻，呈葉吏部〉，梅季點輯，《八指頭陀詩文集》，頁 245。

❸❽　參見八指頭陀，〈《詩集》自述〉，梅季點輯，《八指頭陀詩文集》，頁 454。亦見於喻昧庵輯，《新續高僧傳四集》（臺北：廣文書局，1977 年），第 65 卷〈四明天童寺沙門釋敬安傳〉，頁 1638。

❸❾　梅季點輯，《八指頭陀詩文集》，頁 24。

❹❿　〈送周卜苃茂才還長沙，即次寄其舅氏徐侍御原韻〉，梅季點輯，《八指頭陀詩文集》，頁 192。

期艾，手拙拈毫猶倒薤。惟於文字，至老不輟。」❹楊度曾強欲頭陀自錄其詩，結果他「十字九誤，點畫不備，窘極大汗。書未及半，言願作詩，以求赦免。」楊度因大笑許之。❹許是學詩、寫詩起步較晚而著力甚殷，其性格中天然自成一種認真專注的魄力，無論做任何事都全幅生命投入，曾自言「讀書少，用力尤苦。或一字未愜，如負重累，至忘寢食。有一詩至數年始成者。」因而自慚「余平日於文字障深，禪定力淺，然好善嫉惡，觸境而生。」❹

頭陀無論學詩、寫詩，均用功甚力，常因作詩而陷於苦吟，並因僧人身份又無法克制好詩習性而陷於矛盾掙扎。〈感懷二首〉之一：

> 生來傲骨不低眉，每到求人為寫詩。
> 畢竟苦吟成底事？十年博得鬢如絲。❹

〈書懷，兼呈梁孝廉〉：

> 結習惟餘文字存，每凭定力攝詩魂。

---

❹　梅季點輯，《八指頭陀詩文集》，頁502。

❹　楊度，〈《八指頭陀詩集》序〉，《續修四庫全書》第1575冊，頁351上。

❹　以上兩段引文，引自八指頭陀，〈《詩集》自述〉，梅季點輯，《八指頭陀詩文集》，頁453-4。

❹　梅季點輯，《八指頭陀詩文集》，頁63。

鬚從撚斷吟逾苦，一字吟成一淚痕。❹

他常請王湘綺為其改詩，《湘綺樓日記》曾記云：「寄禪來改詩，云衡州無人商量，此僧定詩魔矣。」❻可見其於創作用功之勤。〈不寐〉：

幽興老難遣，詩魔病益侵。移床就明月，得句抵黃金。❼

〈自題擊鉢苦吟圖三首〉之一：

青年白髮小頭陀，嘯月吟風寄興多。
料得梅花應笑我，不能降服一詩魔。❽

詩中充滿自嘲的況味。理性上他認為參禪悟道與世諦文字是兩回事，〈答智清上人，次見贈原韻〉：

---

❹　梅季點輯，《八指頭陀詩文集》，頁 261。

❻　參見王闓運，《湘綺樓日記》（臺北：臺灣學生書局，1964 年），光緒 18 年 12 月 29 日，頁 559。又，光緒 19 年 2 月 25 日，記云：「寄禪談詩入魔。」（頁 563）光緒 26 年 6 月 11 日，記云：「寄禪來，荒唐似有狂疾。」（頁 711）由此可見當時頭陀對寫詩的狂熱。

❼　梅季點輯，《八指頭陀詩文集》，頁 325。

❽　梅季點輯，《八指頭陀詩文集》，頁 59。

　　無影枝頭花正開，箇中消息費疑猜。

　　維摩不語原非默，慶喜多聞未是才。

　　海底泥牛銜月走，巖邊石馬帶雲回。

　　莫將文字參真諦，無縫天衣不假裁。❹

又言：「恒沙劫骨盡燒燃，猶有文人未了緣。靈運多才後成佛，孟公無慧早生天。」❺但是實際上仍屈從了情感上寫詩熱情的召喚。〈次韻酬盧吟秋茂才二首〉之一：

　　老去猶求一字師，敢云得失寸心知？

　　不貪成佛生天果，但願人間有好詩。❺

可見頭陀一方面在理性上認為吟詩寫作等俗諦文字有妨禪業，一方面情感上又無法割捨詩賦創作對他的吸引力，兩方在他心理上一直存在矛盾衝突的拉鋸，使他對於耽溺苦吟這件事，既滿懷慚愧，又夾雜陶然自苦之樂。〈《嚼梅吟》自敘〉：「噫！余為如來末法弟子，不能于三界中度眾生離火宅，徒以區區雕蟲見稱於世，不亦悲

---

❹　梅季點輯，《八指頭陀詩文集》，頁208。

❺　〈秋日病中漫興，次洪純伯明經見贈原韻二首〉之一，梅季點輯，《八指頭陀詩文集》，頁288。

❺　梅季點輯，《八指頭陀詩文集》，頁299。

乎！」❷另一方面，對自己的詩慧又有幾分自負，「不許盧仝為茗友，卻呼賈島是詩僮。」❸掙扎的結果是，即使「未能成佛果，且自作詩仙。」❹由此看來，頭陀多數時候是屈從了內心寫詩熱情的召喚。所以，〈暮秋書懷〉云：「佳句每從愁裡得，故人多在客中逢。自嗟未了頭陀願，辜負青山幾萬重。」❺頗有認了無法割捨詩興的懺悔意味。

八指頭陀之「苦吟」，是一種對於創作無法自已的熱情，以及酌字煉句的苦思。從其性耽苦吟，以及無法克服或割捨創作嗜好的矛盾心理，正可以擺落其作為僧人的宗教規範下公領域的一面，而窺見其個人私密的性格情感的一面。他艱困的身世，對生命無常的痛惜，口吃無法恣意表述己見的情緒，都可以通過創作得到慰藉的出口。在詩歌創作的天地，完足地只要面對造境或者煉字之苦，這苦對詩人而言，反而是一種全然為詩而存在的樂。〈偶吟〉：

　　山僧好詩如好禪，興來長夜不能眠。

---

❷　梅季點輯，《八指頭陀詩文集》，頁 449。

❸　〈秋日病中漫興，次洪純伯明經見贈原韻二首〉之二，梅季點輯，《八指頭陀詩文集》，頁 288。

❹　〈夜吟〉，梅季點輯，《八指頭陀詩文集》，頁 395。

❺　引自《八指頭陀詩集》卷 1，《續修四庫全書》第 1575 冊，頁 354。此詩梅季點輯之《八指頭陀詩文集》題名《客秋書懷》，後四句略有異文：「佳句每從愁裡得，良朋都向客中逢。自慚未了頭陀願，辜負名山百萬重。」頁 34。

擊缽狂吟山月墮，鳴鐘得句意欣然。**⑤⑥**

因為他常自陷苦吟，以致成詩之後，心情上既欣喜又感慨。他由原本識字不多，到刻苦自學，以至於以詩聞名，其中可見其性格之專注勤苦，以及從寫詩獲得真正的快樂。

以「苦吟」方式來達到詩人自我追求的藝術水平，起自初唐，經杜甫（712-770）、韓愈（768-842）發揚，至晚唐而出現多位刻苦成詩的苦吟型詩人，包括賈島（779-843）、孟郊（751-814）等。**⑤⑦**中晚唐諸位詩人之苦吟，有來自外在時代社會環境影響詩人仕途遭際的不遇，而將精神轉向藝術創作；有來自詩人內在性格的敏銳和執著，透過苦吟方式體現其對藝術生命境界追求的強烈主體自覺和認真實踐的創作態度，藉此展現其生命價值。詩人關照的對象，往往從外在世界轉向內在心靈，形成一種獨特自苦的創作精神特質。**⑤⑧**

---

⑤⑥ 梅季點輯，《八指頭陀詩文集》，頁15。

⑤⑦ 韓愈〈孟生詩〉：「顧我多慷慨，窮簷時見臨。清宵靜相對，髮白聆苦吟。」錢仲聯編，《韓昌黎詩繫年集釋》（臺北：學海書局，1985年），卷1，頁12。孟郊〈夜感自遣〉：「夜學曉不休，苦吟鬼神愁。如何不自閒？心與身為讎。」邱燮友、李建崑注，《孟郊詩集校注》（臺北：新文豐出版社，1997年），卷3，頁148。李建崑認為中晚唐詩人之「苦吟」，包含四種涵義：⑴殫精竭慮的寫作態度，⑵耽思冥搜的創造歷程，⑶貧寒哀苦的詩歌內容，⑷耽溺詩詠的詩人典型。參見氏著，《中晚唐苦吟詩人研究》（臺北：秀威科技公司，2005年），頁3-8。

⑤⑧ 王曉音對「苦吟」的內涵作了新的界定。謂苦在美學上是展現一種生命的況味，它是生命之苦，創作之苦，苦吟詩人追求的就是苦所帶來的美，所以苦

中晚唐已有多名詩僧因性好苦吟而聞名，像清塞、棲白、尚顏等，不過，詩僧苦吟不若世俗詩人往往因為現實經歷的困頓而將生命精力轉向詩歌創作，不自覺地表現出簡素、清空的苦澀美感。相反的，詩僧的身份使他們擺脫世俗出處窮達的起落，獲得另一種生命的安頓，也就是僧人並不需要為生活、為仕途而經營奔走，所以他們的苦吟，可說是純就創作過程身心歷程的煎熬，而不是所表現出的內容苦澀。從這點而言，詩僧的苦吟，更具有純粹藝術創作時，熱情投入的專注苦思，這和參禪求悟的歷程頗有異曲同工之處。❺❾八指頭陀繼承了前代苦吟詩僧的創作精神，全身心都投入到創作狀態，可說將創作精神提高到如同參禪一般的精勤專一。

　　頭陀〈余以近作效孟郊詩數首錄寄李梅痴，并題一詩于後〉云：

　　　　戲效孟郊體，寄與李梅痴。撐腸無別物，吃語以療飢。

　　　　瘦月黃生魄，肥雲冷作肌。夜吟燈焰綠，窺窗鬼聽詩。❻⓪

不僅是一種生存狀態，更具有審美意味。參見氏著，《唐代詩歌創作苦吟現象研究》（西安：陝西師範大學碩士論文，2001 年），頁 5。

❺❾　皎然〈取境〉：「夫不入虎穴，焉得虎子？取境之時，須至難至險，始見奇句。」〔唐〕皎然著，李壯鷹校注，《詩式校注》（濟南：齊魯書社，1987 年），卷 1，頁 30。又，皎然〈寄鄭谷郎中〉云：「詩心何以傳？所證自同禪。覓句如探虎，逢知似得仙。」《全唐詩》（北京：中華書局，1990 年），卷 839，頁 9457。強調創作須經一番苦思經營的過程。

❻⓪　梅季點輯，《八指頭陀詩文集》，頁 396。

由熱愛創作以致竟能以詩語療飢，其風格除有晚清孟郊的清苦，更添有如李賀的意象奇詭風貌，可見其於文字刻苦用功之勤，性情上對於詩意感受之強烈。

五、結語

八指頭陀之苦吟，一方面因少年失學，學詩起步又晚，學力不足而時感吃力；一方面也因性格中天然自成一種全心投入的專注，不達善境絕不罷休的刻苦魄力；更重要的是他師法晚唐賈、孟苦吟精神，刻意鍛鍊意境。是以其詩不但格律嚴謹[61]，亦常有造語清新之佳句。如：「水清魚嚼月，山靜鳥眠雲。」[62]「閒捲疏簾坐微雨，藕花風透衲衣香。」[63]「何故來西湖，垂釣十二橋？」[64]「袖底白生知海氣，眉端青壓是天痕。」[65]意境幽冷奇崛而又出前人耳目。

---

[61] 楊度〈《八指頭陀詩集》敘〉，評其詩：「格律謹嚴。」參見《續修四庫全書》，第 1575 冊，頁 351。

[62] 〈訪育王心長老作〉，梅季點輯，《八指頭陀詩文集》，頁 51。

[63] 〈初伏日題宿雲律師禪房二首〉之一，梅季點輯，《八指頭陀詩文集》，頁 255。

[64] 〈西湖退省庵主人自號南嶽樵人、西湖釣叟，戲成短句題壁〉，梅季點輯，《八指頭陀詩文集》，頁 20。

[65] 〈憶天台茅屋二首〉，梅季點輯：《八指頭陀詩文集》，頁 248。

　　八指頭陀早年學詩因起步晚而苦吟甚篤，詩風近似晚唐賈、孟
一派，風格趨向幽冷清寂。中年主持湖湘六寺，家國憂思更甚於身
世之感，又受碧湖詩社王闓運等湖湘詩人風氣影響，亦擬漢魏古詩
之風，頗多感時傷事的抒發之作，文辭精整，風格沈鬱，頗效老杜
之神。他的性格能轉益多師，多方嘗試各種風格體製，融會成自家
風格。他曾語太虛其學詩淵源：「傳杜之神，取陶之意，得賈孟之
體氣，此吾為詩之宗法焉。」❻❻葉德輝在〈《八指頭陀詩集》序〉
評曰：「其詩宗法六朝，卑者亦似中晚唐人之作。中年以後，所交
多海內聞人，詩格駃宕，不主故常，駸駸乎有與鄧（白香）王（湘
綺）犄角之意。湘中固多詩僧，以余所知，未有勝于寄師者也。」
❻❼整體而論，頭陀從少年開始學詩，中年詩名已成，無論士林、禪
林均共推之。直到人生晚期的十來年，參與社會活動，領導佛教改
革，推動僧伽教育，生命歷練豐富，而仍創作不輟，詩作情感自然
流露而語意深致，其創作精神值得肯定，而創作內涵更有待深入挖
掘。

---

❻❻　太虛，〈中興佛教寄禪安和尚傳〉，《海潮音》第 2 卷第 4 期（1921.4），
　　第六章詩文，頁 492。王闓運〈《八指頭陀詩集》序〉評曰：「五律絕似賈
　　島、姚合，比之寒山為工。」《續修四庫全書》，第 1575 冊，頁 349。

❻❼　葉德輝，〈《八指頭陀詩集》序〉，《續修四庫全書》，第 1575 冊，頁
　　350。

第三章　詩寄禪耶禪寄詩？
——八指頭陀詩中的入世情懷
與禪悟意境

一、前言

　　本章將以八指頭陀整體詩作為中心，結合其傳記所呈現的生命歷程，探究其詩作的多元內涵。分別從感性、理性和靈性三個生命層次，探究八指頭陀詩中所體現的個人情感、家國關懷和靈覺悟境，挖掘八指頭陀內在生命不同層次的樣貌和境界。透過其創作內涵的分析，以及其書信、開示、自他撰寫的相關傳記碑銘等資料相互參證，考察其面對世變之極，個人生命修持和主體文化涵養之間交融統合的創作成果，來構築八指頭陀的文化圖像。並由其詩歌創作的突出表現，以見其在晚清詩史和詩僧史的價值和地位，作為理解晚清詩僧文學成就的一個側面。

二、壞色袈裟有淚痕：
八指頭陀詩中的內在情感

八指頭陀內在豐富的情感，往往是透過詩歌創作獲得抒發的出口。頭陀身為當時佛教界的領袖人物，面對國家、教內多事之秋，在公領域的佛教圈中，他的身份是宗教家，一位衛教護國的僧團改革者，面對信徒他是以住持身份統領大眾。然而，私領域的個人內在情感方面，因為他與詩友是對等關係，反而在與諸詩友往來酬作的詩篇中，可以自然流露個人當時的情緒感懷。從《八指頭陀詩集》第一首詩〈祝髮示弟（補作）〉，最能看出他出家時的身世處境及內心的悲愁。

> 人間火宅不可住，我生不辰淚如雨。
>
> 母死我方年七歲，我弟當時猶哺乳。
>
> 撫棺尋母哭失聲，我父以言相慰撫。
>
> 道母已逝猶有父，有父自能為汝怙。
>
> 那堪一旦父亦逝，惟弟與我共荒宇。
>
> 悠悠悲恨久難伸，搔首問天天不語。
>
> 竊思有弟繼宗支，我學浮屠弟其許。
>
> 豈為無家乃出家，嘆息人生如寄旅。

此情告弟弟勿悲，我行我法弟繩武。❶

頭陀內在先有身世坎坷之蘊積，乍見白桃花為風雨摧折而痛哭出家，乃至出家後，忍受肉體劇痛燃指供佛，可以想見其人性格特質中，那一份特別純摯濃烈的性情，才能以全然的真情投入每一個生命情境，並在全然的精神專注中，忘失身體的痛楚。大凡作為一位宗教家，往往具備這樣的性格品質，才能從自身情境中捨離，與一切有情同體共感。

　　頭陀因早年離鄉出家，思及故鄉父母塋塚無人祭祀，內心百感交集，自己芒鞋雲遊，飄然無依的心境，亦難免悲從中來。〈清明傷懷〉：

　　　最苦清明三月天，懷鄉心事倍淒然。
　　　不知故里雙親墓，又是何人挂紙錢？❷

〈行腳傷懷〉：

　　　風塵勞碌病頭陀，萬疊雲山眼裡過。

---

❶　梅季點輯，《八指頭陀詩文集》，頁 1。
❷　梅季點輯，《八指頭陀詩文集》，頁 29。

行腳十年成底事？袈裟贏得淚痕多。❸

頭陀這種念舊善感的性格，並未隨其在佛教中的地位崇隆而變質，
五十二歲時因將離開湖南，前往四明主持天童寺，而還故里祭拜先
塋。因幼年曾受周孺人照顧，亦至其墓塋謝恩。❹可以說幼年流離
身世的悲楚，成為其一生內在性格的基調。

頭陀性格真純多情，敏銳易感，使他的詩中不同於一般僧侶，
而更自然流露其善感多情的一面。不過，他的多情，並不是個人情
愛難捨的層次，而是一種對於生命苦痛的深刻體驗和同情共感，因
而悲從中來。〈致李梅痴太史書〉：

> 蓋貧道雖學佛者，然實傷心人也。七歲喪母，十三歲喪父，
> 孤苦無依，歸命正覺。……出家者法，背塵合覺，何堪俗
> 累，擾其禪寂？而鶺鴒之情，天親之愛，亦豈能忘？❺

五十六歲的頭陀說自己實「傷心人」，因為兄弟手足相繼殂亡，僅
剩唯一的弟弟，落魄江淮，孤苦無依。頭陀曾多次請託有交誼的鄉
賢代為照料其弟，亦曾寄詩朱鞠尊、余恪士，請二人濟助流落江淮

---

❸ 梅季點輯，《八指頭陀詩文集》，頁 42。
❹ 參見〈姜市掃周孺人墓并序〉，梅季點輯，《八指頭陀詩文集》，頁 281。
❺ 梅季點輯，《八指頭陀詩文集》，頁 494。

的親弟。❻故舊郭菊蓀除了傳授詩律，對其親眷弟妹並多撫恤。❼
此信亦請託李氏關照其弟：「故舍弟一家飽溫，數口身命，實望足
下俯賜矜全，俾其沾升斗之惠，息一枝之安。」❽頭陀與李梅痴為
生平知交，從二人的往來信件，可知即使頭陀已經身為叢林住持，
內心世界面對恩遇知交，仍然流露個人身世深悲，透露其在佛教職
務信件往來所不曾見到的私人情懷。

　　由於身世遭遇加上性格特質敏銳，內在蘊積深厚的情感，所以
在其唯一的弟弟過世時，曾自言：「兄弟之情吾已愧，空山徒有淚
千行！」❾乃至於徒弟過世，他趕往主持入龕，亦曾讓他痛哭難
當：「嗚呼汝竟死，使我老而孤。」❿於此在在可見他性格之純情
真摯。然則頭陀容易為外境而痛哭涕零，而愁腸百結，而悲憤交
加，或許有人會質疑一位出家僧侶，何以尚不能斷除情緒煩惱呢？
筆者反而認為，因為他這種純情的天性，使其從少年出家至入滅，
都能保有一貫對人世熱切關懷的赤子之心。其〈秋日輓月波禪友，

---

❻　參見〈寄朱鞠尊、余恪士二觀察〉，梅季點輯，《八指頭陀詩文集》，頁
　　335。

❼　參見〈致郭菊蓀先生書〉，梅季點輯，《八指頭陀詩文集》，頁451。

❽　〈致李梅痴太史書〉，梅季點輯，《八指頭陀詩文集》，頁494。

❾　〈三月初四，印魁和尚由金陵寄書報子成弟病歿于毘盧寺，為詩哭之〉，梅
　　季點輯，《八指頭陀詩文集》，頁339。

❿　〈普悟自南嶽祝融峰從余剃染將二十年，力學不倦。近因患心痛之瀉就醫，
　　歿於旅舍，余往封龕。余呼其法名，血淚交迸，為二詩哭之〉，梅季點輯，
　　《八指頭陀詩文集》，頁408。

和雪嶠信和尚輓天童密雲悟祖韻〉末聯云：「多情最是江頭月，夜
靜依然照講堂。」⓫最能體現其公領域之下，內在豐富善感的性情
特質。

　　頭陀將人生最後十年都奉獻給天童寺，因而經常往返穿梭於四
明與長沙。道途奔波，景物流轉，不免感慨中來。〈天童寺書
感〉：

　　　　十八年來復此游，蕭然不覺雪盈頭。

　　　　名山事業吾何有？塵世滄桑佛亦愁。

　　　　太白峰前雲似蓋，玲瓏巖下月如鈎。

　　　　平生無限傷心淚，稽首空王獨自流。⓬

光緒二十八年，頭陀五十二歲，這年寧波天童寺首座幻人率兩序班
首到長沙，禮請其為住持。距離他三十四歲，自四明回到南嶽，已
歷十八載。當年曾雲遊四明太白山，與日僧岡千仞遊天童玲瓏巖，
而今閱盡滄桑，髮已斑白。人生今昔對照，最見流金歲月之消逝，
這中間所經歷者，唯頭陀點滴自知。由此可見，頭陀的壞色袈裟
下，皆是斑斑淚痕。⓭然而，頭陀認為世間苦難就是最好成就佛道

⓫　梅季點輯，《八指頭陀詩文集》，頁43。

⓬　梅季點輯，《八指頭陀詩文集》，頁283。

⓭　八指頭陀〈述懷〉：「壞色袈裟有淚痕」。梅季點輯，《八指頭陀詩文
　　集》，頁109。

的場域，自言「世途漸已崎嶇過，吾道多因患難成。」❶❹「不須更問禪宗意，閱盡滄桑道眼明。」❶❺所以，他認為歷經世間種種滄桑洗禮，道眼自開，修行就在生活歷練中成就。

三、忍將淚眼看中原：
八指頭陀詩中的家國關懷

　　八指頭陀中年因為佛教職事，並大力推動寺院整頓改革，提倡僧伽教育，往來酬作之詩頗多。時值中國政治飄搖，其關心國是民生，與社會互動密切，創作題材寬廣，頗多繫心社稷存亡之作。

　　頭陀關心時局，光緒十年，在得知法軍犯臺，曾激憤言之：「甲申，法夷犯臺灣，官軍屢為開花炮所挫。電報至寧波，余方臥病延慶寺，心火內焚，唇舌焦爛，三晝夜不眠，思禦炮法不得，出見敵人，欲以徒手奮擊死之，為友人所阻。」❶❻光緒十四年黃河潰堤，他寫〈鄭州河決歌〉云：「吁嗟乎！時事艱難乃如此，余獨何心惜一死。捨身願入黃流中，抗濤速使河成功。」❶❼乃菩薩願代眾生苦的承擔悲心。光緒二十年湖南大旱，奉湖南巡撫吳大澂之請，

❶❹　〈中秋夜偶作〉，梅季點輯，《八指頭陀詩文集》，頁 247。

❶❺　〈贈張辛伯先生〉，梅季點輯，《八指頭陀詩文集》，頁 262。

❶❻　〈《詩集》自述〉，梅季點輯，《八指頭陀詩文集》，頁 454。

❶❼　梅季點輯，《八指頭陀詩文集》，頁 142。

往黑龍潭祈雨，甚至發願「如不雨，誓捨身潭中，以殉眾槁。」❸可見他有極強大的心力，敢於捨身命，代贖眾生苦。光緒三十二年，長江水患，他用擬古詩的風格，作〈江北水災一首〉，揭發災民慘況。❹其關心民生疾苦，對於天災帶給人們的苦難，有深刻的同體悲心。實則頭陀對於現實人世苦難的深刻關懷，出自於其內在性格的多愁易感，生命遭遇加上宗教悲懷，面對多難變革的時代，內心充滿家國憂思，而對於眾生生命的微脆產生感同身受的撫慰。

　　光緒二十年由於日本入侵朝鮮，清廷對日宣戰，可是隔年中日之戰，北洋海軍全軍覆沒，李鴻章赴日簽訂《馬關條約》，接著日本又舉兵入侵臺灣，舉國士氣蕭條。光緒二十三年，頭陀作〈古詩八首〉，序云自己過訪梅癡子，適黃子耘亦至，三人「慨言時事，仰睎浮雲，俯觀刹土。得詩七章，以示依正無常之感。」其六：

　　　　聖教久陵替，邪說亂吾真。神珠不自識，魚目爭為珍。
　　　　海若揚洪波，毘嵐鼓劫塵。五洲一腥垢，萬古同酸辛。
　　　　哀哉閻浮提，誰為覺斯民？

其七：

------

❸　〈上吳窸齋中丞奉發祭文，藏香祈雨黑沙潭前後得雨狀〉，梅季點輯，《八指頭陀詩文集》，頁 473-5。

❹　梅季點輯，《八指頭陀詩文集》，頁 347。

我不願成佛，亦不樂生天。欲為娑竭龍，力能障百川。

海氣坐自息，羅剎何敢前！髻中牟尼珠，普雨粟與棉。

大眾盡溫飽，俱登仁壽筵。澄清濁水源，共誕華池蓮。

長謝輪迴苦，永割生死纏。吾獨甘沈溺，菩提心愈堅。

何時果此誓？舉聲涕漣漣。❷

前詩感慨末世邪說掩蓋聖教，眾生認知混亂，無所依傍。後詩為眾生之苦難，廣發大心，其言「我不願成佛，亦不樂生天。」何等氣魄，甚至願為眾生投生為娑竭龍王以障惡水，解黎民苦厄。可見其性格充滿荷擔人世苦難的擔當，並不因為現實的困頓而將希望寄託於來世或他方淨土。詩末云「吾獨甘沈溺，菩提心愈堅。」直是上效地藏菩薩，自願流轉地獄，待眾生度盡，方證菩提。隔年，頭陀大病初癒，即赴長沙會晤中日之戰之倖存者，其撫卹之情實出於對生民之天然關愛。

　　另一方面，晚清佛教宗門寥落，僧品參差，加之外在政治社會環境的動盪，對於寺僧因起侵奪之想，由於張之洞所提廟產興學的措施，舉國佛寺陷入任人剝奪宰割的命運，各地傳來豪強侵奪，寺僧抵抗的事件，例如廣東地區由時任兩廣總督的岑春煊（1861-1933）強硬執行，致有老僧禿禪者絕食抗議。頭陀曾為詩悼念之，序云：

---

❷　以上兩首詩，引自梅季點輯，《八指頭陀詩文集》，頁215。

> 今秋八月，廣東揭陽縣因奉旨興辦學堂，驅逐僧尼，勒提廟
> 產。時有老僧禿禪者，年已八十，不堪地棍衙役之擾，乃斷
> 食七日，作辭世偈八首，沐浴焚香，誦《護國仁王經》畢，
> 即合掌端座而逝。㉑

詩云：

> 人天掩袂淚流丹，鐘鼓無情夜月寒。
> 世出世間皆有累，為僧為俗兩皆難。㉒

詩中充滿處於晚清末世，世、出世間，為僧、為俗皆無以自保的感
慨。實則外界種種迫害和壓力，加上時事的變故，愈加讓人深刻體
會人生的苦與無常而轉向宗教尋求解脫，從另一種角度而言，這正
是佛教推向改革的契機。

　　廟產興學之議被提出，一方面固然是國家經濟崩頹，欲利用寺
產支持教育救國政策；另一方面實因佛教缺乏優秀的領導人才，能
作為佛教在社會上強有力的發言者，內部亦無組織可相互支援。因
此振興佛教首要興辦僧學教育，造就符合時代期望的僧才，掌握社

㉑　〈次禿禪者《辭世偈》韻，以紀一時法門之難〉，梅季點輯，《八指頭陀詩
　　文集》，頁 320。原詩未立詩題，此題可能梅季所加。參見《八指頭陀詩集
　　續集》卷 5，《續修四庫全書》，第 1575 冊，頁 454 下。
㉒　梅季點輯，《八指頭陀詩文集》，頁 320。

會發展脈動，才能使佛教在變動的時代找到生機。於是在動盪不安的政治環境中，各地僧伽教育紛紛成立，其中甚至有杭州白衣寺松風和尚為興辦僧學而遇害。**㉓**〈杭州白衣寺苦雨不寐〉：

> 譙樓鼓聲咽，積雨黯重林。似灑天人淚，如傷佛祖心。
> 潮橫孤艇立，愁入一燈深。寂寂不成寐，神州恐陸沈。**㉔**

詩中充滿對佛教，乃至神州，為政治橫逆之潮所淹沒的憂思。頭陀亦在寧波、杭州等地成立僧伽教育會，一肩扛起興教復宗、教育僧伽的責任。麻天祥認為他自幼失學的切膚之痛，誘發他興辦僧學，進而促使他將提升僧伽素質和振興佛教宗風聯繫起來，也就是將興學作為衛教的先決條件。**㉕**可見他是一位充滿現實感，積極入世的修行者，與傳統山林僧伽與社會保持疏離的作風極為不同，他的態度影響了後來的太虛積極入世振興佛教。

　　頭陀中年以後詩作多感時傷事，無限沈鬱傷痛。五十五歲作〈太白山感事〉：

㉓ 松風和尚計畫在杭州開設僧學堂，頭陀曾赴杭州協助，因部分僧眾思想守舊反對，最後松風竟為人毒害。頭陀曾作〈西湖過松風上人為學捨身之塔，哭之以詩〉悼之。參見梅季點輯，《八指頭陀詩文集》，頁 426。

㉔ 梅季點輯，《八指頭陀詩文集》，頁 426。

㉕ 麻天祥，《晚清佛學與近代社會思潮》，第九章詩禪敬安的禪詩和衛教愛國思想，頁 228。

欲舒老眼豁重昏，太白巍然海上尊。

塵世滄桑看已慣，雲山寂寞道猶存。

平沈大地復何事？粉碎虛空無一言。

惟有哀時心尚在，白頭垂淚望中原。❷❻

宗門有「虛空粉碎，大地平沈」❷❼之悟道語，蓋虛空本無形質，何來粉碎？大地本自平坦，何須平沈？禪者見自本性，自能打破時空成見之制約，世間微塵本空幻，自不為煩惱所縛，而歸復宇宙萬有之本然之態而見之。唯以慈悲繫念眾生故而淚眼以對。

　　宣統二年，頭陀六十歲，〈感事二十一截句附題冷香塔并序〉❷❽云：「忽閱邸報，驚悉日俄協約，日韓合併，屬國新亡，強鄰益迫，內憂法衰，外傷國弱，人天交泣，百感中來，影事前塵，一時頓現，大海愁煮，全身血熾。」可見其內心之激動，詩云：

茫茫滄海正橫流，啣石難填精衛愁。

誰謂孤雲意無著？國仇未報老僧羞。❷❾

---

❷❻　梅季點輯，《八指頭陀詩文集》，頁 333。

❷❼　《五燈全書》卷 96〈京都大悲燈嚴德禪師〉，《新纂卍續藏》第 82 冊，頁 557 上。

❷❽　梅季點輯，《八指頭陀詩文集》，頁 412。《八指頭陀詩集續集》卷 8，詩題為「感事二十截句附題冷香塔并序」，《續修四庫全書》，第 1575 冊，頁 495 上。經筆者比對，此組詩共 21 首。

❷❾　梅季點輯，《八指頭陀詩文集》，頁 414。

頭陀憂國憂時的淚眼，似乎從來未乾，「獨灑憂時淚，長焚靜夜香。」❸❶「獨上高樓一迴首，忍將淚眼看中原。」❸❶「自憐憂國淚，空灑道人襟。」❸❷面對晚清社會之混亂，身為僧侶，除了無限淚眼面對娑婆世界的苦難眾生，僅能盡一己之力，關懷殘兵，撫卹孤弱。

〈殘臘登掃葉樓，次去年九日原韻〉：

> 今日重登掃葉樓，西風吹盡秣陵秋。
> 山川歷歷平生感，禾黍離離故國愁。
> 殘雪暗添衰鬢色，梅花應為老僧羞。
> 逃空那得空王法，盡有哀時淚未收。❸❸

家國山川今昔變幻之愁，使白梅和尚無法不平添白鬢，在頭陀看來，逃空孤禪並無法真正理解空義，相反的，與時俱哀，縱泳於世間的無常幻化，更能體會因緣性空。

八指頭陀從早年出家修苦行頭陀，到中年之後荷擔如來家業，實踐佛教改革和利生菩薩行，可以確切看到一位終生認真行道的僧

❸❶　〈感事復呈，四疊前韻〉，梅季點輯，《八指頭陀詩文集》，頁 272。

❸❶　〈感事二十一截句附題冷香塔并序〉之十三，梅季點輯，《八指頭陀詩文集》，頁 414。

❸❷　〈重陽前三日登掃葉樓有感〉，梅季點輯，《八指頭陀詩文集》，頁 419。

❸❸　梅季點輯，《八指頭陀詩文集》，頁 425。

侶的生命發展進程。其中一以貫之的是他的深情，誠如章亞昕所言：「若無深情，豈肯苦行。」**❸❹**

　　清末的中國，處於前所未有的動盪年代，八指頭陀雖為出世僧伽，卻關心國家局勢，創作題材寬廣，部分詩作充滿憐恤蒼生苦難，深具家國憂思、鼓舞人心的激昂情感，因此，研究者多冠之以「愛國詩僧」的名號。不過，他直接反映社會現狀的詩不到一成，即使寫家國憂思，也關連於其對生命之苦及無常的思維。筆者以為，若以「愛國詩僧」之名來概括其詩中的入世關懷，不僅窄化其社會關懷所容納的內涵，同時也無法精確掌握頭陀的真正本懷。因此，有必要重新檢視過去研究者賦予其「愛國詩僧」名號的社會意識。過去文學批評過度強調寫實的觀點而不自覺，尤其面對動盪不安朝代傾軋的時代，想當然爾地將作品與時代連結，而放大作者寫作背後的社會精神成分，刻意強調諸如愛國思想之類的情操，這也可以說是另一種層面的僵化性歷史詮釋觀點。尤其放在一個具有多重身份的作者身上，更容易形成觀看視野的限制，從而窄化作品的多樣面貌。之所以如此，和研究者觀看歷史的角度不無關連。八指頭陀身為一位行大乘菩薩道的出家僧侶，所出之「家」，不僅是出身之本家，還包括個人身份家國的一切標籤，由於身世遭遇和家國之痛，對於人世有更深的體會和悲憫，若僅僅將頭陀關心社稷存亡

---

❸❹　章亞昕編著，〈八指頭陀：最後的神話人物〉，《八指頭陀評傳、作品選》（北京：中國文史出版社，1998 年），頁 34。

所寫的詩視為愛國表現，不免窄化其思維關懷的視域。也就是將其反映社會現實而為詩，視為愛國行為是不全然了解他的，身為切身關懷時局的佛教領導人，除了從社會寫實角度分析其詩，更應從佛法層面來理解其社會書寫的本懷。換一個角度，站在其身為一位僧人的發心和訓練，才更能掌握其實踐佛陀慈悲利生，因而積極參與各種救護行動的發心，從而理解其詩中對家國民生關懷的深刻意義。

從頭陀的現實興寄詩中，可以看到他內心熱情的一面，然而就其整體詩作衡量，他寫得最好的是其善於運用眼前即景，表現空靈意境的禪詩，也更切合其內在之精神實質。

四、禪心朗印千潭月：
八指頭陀詩中的禪悟意境

參禪與作詩雖屬宗教、藝術兩種不同領域，實際上二者在精神意向上有共通之處，且能相互印證。因此，欲探究八指頭陀詩中的空靈禪境，應先了解其精神修養背景，將其實修的領悟與詩作對照，方能掌握禪修體驗與其詩中禪境表現之關連。

頭陀自言出家之後，念生死心切，時以禪定苦行為業，可謂用功甚勤。初出家時，曾執役飼犬，一次所餵之犬未將飼食吃完，他因懼監院責罰，情急之下而自食犬殘食，俄見犬從廁出，胸中作

噁，嘔吐不止。自忖「既念一切世間物，本無垢淨，四大假合之身，於外六塵，亦無好惡取捨，皆由業識妄生分別，乃決計與之交戰。竊如廁下，參乾屎橛，一動念間，便臆膈欲裂，愈信經論所云皆實，遂悟入心地法門。」❸受戒後第二年到岐山向恆志和尚學習參禪，在那裡專司苦行諸職，暇則隨大眾坐禪，經過五年磨練心性，奠定其禪定工夫的基礎。因此，對於禪悟體驗頗有心得，「一日靜坐，參父母未生前語，冥然入定，內忘身心，外遺世界，坐一日如彈指頃，猝聞溪聲有悟。」❸頭陀亦曾上堂就頓悟的境界開示道：「此事只貴一悟，不貴久悟。若悟即掉臂咳唾，運水搬柴，無不是祖師西來意。」❸也曾於麓山寺發誓修法華三昧，盡十八日，遍身寒作，舌根麻木，唯默誦經文，由是世智頓開，並能以道行感化異類眾生。❸凡此皆可見頭陀於禪定悟境曾下過工夫，並有所得，而能迴入日常耳聞目見之生活作務中隨意點化。其後主持天童十年，整頓叢林，冬禪夏講，恢復禪林清修規矩，打禪七、參話頭，上堂、小參、示眾，重振天童禪風。

八指頭陀以其實修體驗，形成其特有的凝視情器世間的審美取

---

❸　參見馮毓孳，〈中華佛教總會會長天童寺方丈寄禪和尚行述〉，收入梅季點輯，《八指頭陀詩文集》，頁 521。

❸　〈《詩集》自述〉，梅季點輯，《八指頭陀詩文集》，頁 454。

❸　〈上堂〉，梅季點輯，《八指頭陀詩文集》，頁 507。

❸　參見馮毓孳，〈中華佛教總會會長天童寺方丈寄禪和尚行述〉，收入梅季點輯，《八指頭陀詩文集》，頁 522-3。

向，反映於詩境中。以下分別從其禪居情境、禪理思維、禪寂悟境和觀待有情四個面向，來討論頭陀禪詩之內蘊。❸

㈠ 禪居情境

八指頭陀因出身貧寒，出家後，在岐山學禪五年，仍資生艱難，「樹皮蓋屋，僅避風雨；野蔬充腸，微接氣息。」❹〈還山作〉云：

> 長揖謝人群，養疴依林泉，繩床不盈尺，茅屋纔數椽。
> 乞食縱不飽，喜無塵事牽，游興忽以至，拄杖追飛鳶。
> 所歷既已疲，還就樹下眠，逍遙隨所適，孤雲與之然。❹

頭陀天性孤露，口吃不善與人周旋，又常有小瘥，故喜山林僻靜之禪居。〈山居四首〉之二：

> 道念何由熟？幽懷誰與論？池魚晨聽梵，山鬼夜敲門。

---

❸　以下討論的禪詩，不包含詠梅詩。關於其詠梅詩的禪境意蘊，另於第四章深入討論。

❹　〈岐山感舊詩一首並序〉，梅季點輯，《八指頭陀詩文集》，頁 161。

❹　梅季點輯，《八指頭陀詩文集》，頁 77。

破屋遷蘿補，微陽透衲溫。客來休問訊，妙意了無言。❷

〈山居秋暝〉：

雨過林塘晚，猿鳴館宇幽。地寒黃菊瘦，僧病白雲秋。
落葉下枯樹，微陽生暝愁。昏鴉亦何事？相對語啾啾。❸

行者之孤懷，原非旁觀者所能參透，唯池魚與山鬼相伴。而暮色中
的病僧，也僅獨對一山猿鳴、昏鴉。禪者山居似乎隱隱透露一種孤
僧寂寞的愁緒，然而山寺靜寂所凸顯的，卻不是寂寞的無奈或難
耐，而是修行人俱生性格中的一種孤獨默然的特質。

〈憶天台茅屋二首〉之二：

壞衲蒙頭夏不溫，萬峰寒翠冷心魂。
老猿去摘霜晨果，餓虎來窺雪夜門。
袖底白生知海氣，眉端青壓是天痕。
赤城合眼時仍見，笑把朱霞帶日吞。❹

---

❷ 梅季點輯，《八指頭陀詩文集》，頁 175。
❸ 梅季點輯，《八指頭陀詩文集》，頁 212。
❹ 梅季點輯，《八指頭陀詩文集》，頁 248。

前二詩寫景意象和筆法承襲唐人風格的痕跡仍明顯，此詩則已能從自身生活經驗取材，融入個人山居自在灑脫的氣息。其中「袖底白生知海氣，眉端青壓是天痕」，意象新穎，出前人意想之外，是頭陀之名句。

另一方面，他性喜行腳，周覽名山，游天童、天台、普陀等古剎，參訪禪門耆宿，綜覽山川之秀，亦開啟他的詩心。〈麓山晚眺，疊前韻〉：

　　清湘白露寒，暮色窺人淨。紅葉滿天飛，疑是秋魂影。**❹**

頭陀在藉景寫意時，常喜以自然景物之「影」，取代實質的形象，則景象「影」現之境，使其詩境虛實交融。**❹**而其所見景物，皆經過精心掏洗，調配成和諧清閒的色調，如「身伴煙霞老，心同水月閑。」**❹**「水清魚嚼月，山靜鳥眠雲。」**❹**好一幅幽然自得的山居寫照。

---

❹　梅季點輯，《八指頭陀詩文集》，頁 200。

❹　頭陀有「馬蹄踏人影」、「魚嚼梅花影」、「清溪鑒孤影」等名句，詩友曾贈其「三影和尚」的雅號。參見〈詩僧八指頭陀遺事〉，梅季點輯，《八指頭陀詩文集》，頁 529。

❹　〈寄題天童秋林老宿禪房〉，梅季點輯，《八指頭陀詩文集》，頁 43。

❹　〈訪育王心長老作〉，梅季點輯，《八指頭陀詩文集》，頁 51。

㈡ 禪理思維

頭陀有時直接以所體解之佛教哲理為詩，但又不致流於宣教，而有深邃的理思。〈聽月寮〉是其少數的四言詩：

音既能觀，月亦可聽，此中真意，問誰會領？❹

薛順雄先生認為這首詩直接運用邏輯辨證之法來談佛教哲理，和一般以景喻理、以物寓理的禪詩，在表達方式上有所不同。❺《楞嚴經》有「六根互相為用」的觀念，如同漢傳佛教中最為人所熟悉的一位菩薩──「觀世音」之名義。❺《成唯識論》卷四云：「如諸佛等於境自在，諸根互用，任運決定，不假尋求。」❺如是即能於耳中見色，眼裡聞聲。這應是奠基於其禪定基礎以及詩學表現，展

---

❹ 梅季點輯，《八指頭陀詩文集》，頁 68。

❺ 薛順雄，〈八指頭陀「聽月寮」詩詮〉，《東海中文學報》第 9 期（1990.7），頁 118。

❺ 《楞嚴經·觀世音菩薩耳根圓通章》，《大正藏》第 19 冊，頁 128 中。《景德傳燈錄》卷 15「筠州洞山良价禪師」，洞山良价有偈云：「也大奇，也大奇，無情解說不思議，若將耳聽聲不現，眼處聞聲方可知。」收入《大正藏》第 51 冊，頁 321 下。根據周裕鍇先生研究，北宋詩人從佛教六根互通的角度，自覺地將五官感覺打成一片，宋代詩文已普遍可見類似禪宗語錄「鼻觀」、「耳視」、「目聽」之類的詞彙。參見氏著，〈詩中有畫，畫中有詩──略論《楞嚴經》對宋人審美觀念的影響〉，《四川大學學報》2005 年第 4 期，頁 68-73。

❺ 收入《大正藏》第 31 冊，頁 21 上。

現六根互用以呈現色空之境的巧妙轉換。〈伯牙臺〉亦云：「至理本無言，至聽本無音。誰能返耳根，聽弄無絃琴？」❸所言「誰能返耳根」，亦援引《楞嚴經》「耳根圓通」、「反聞聞自性」之意，而末句則是以陶潛所言：「但識琴中趣，何勞絃上聲？」❹呼應反聞自性之奧妙。

　　禪師以詩作為內在抒情或悟境的載體，基本上並非將表述悟境的文字，視為世諦之意識思維的產物，而是心性體悟的表述，自然沒有與禪宗不立文字，乃至戒律上不綺語產生矛盾的問題。頭陀學詩啟蒙甚晚，早年失學反而使他不至像學養根柢深厚的文人，易受到傳統詩學素養的束縛而無法跳脫前人窠臼，相反的，因為學詩晚於學禪，使他能以個人生命經驗和禪學體悟為前提，再運用詩歌作為心靈境界的表現載體，具不受前人詩學意象拘牽的獨創特質。〈溈山水牯牛頌〉：

　　　　識得溈山牯，林間任自然。身毛亦將白，鼻孔也曾穿。
　　　　牧笛斜陽裡，閑情野水邊。一犁微雨足，不負祖翁田。❺

---

❸　梅季點輯，《八指頭陀詩文集》，頁 145。

❹　〔唐〕房玄齡，《新校本晉書》（臺北：鼎文出版社，1995 年），卷 94〈陶潛傳〉，頁 2463。

❺　梅季點輯，《八指頭陀詩文集》，頁 196。

此詩運用溈山上堂云：「老僧百年後，向山下作一頭水牯牛。」❺❻
來提點仰山慧寂的公案，以破除對涅槃與輪迴兩邊對立的執取。宋
代普明禪師衍生出《牧牛圖頌》，圖中的水牛逐漸由黑牛轉為白
牛，藉以比喻行者調心的轉變歷程。頭陀藉此頌美行者斜陽牧牛的
閒情，直已契會祖師的用心。

〈十四疊韻，與默廬論道〉：

掀翻大海倒崑崙，魔佛齊教一口吞。
是聖是凡名強立，非無非有意難論。
欲參最上真如諦，淨掃虛空粉碎痕。
妙意微茫須自悟，豐干饒舌豈能言？❺❼

〈結夏升座〉：

護生須善殺，刀刀要見血。諸佛及眾生，一時俱殺絕。❺❽

---

❺❻　「（溈山靈祐）上堂：『老僧百年後，向山下作一頭水牯牛，左脅下書五
字，曰：溈山僧某甲。當恁麼時，喚作溈山僧，又是水牯牛；喚作水牯牛，
又是溈山僧。畢竟喚作什麼即得？』仰山出，禮拜而退。」參見《五燈會
元》卷9〈溈山靈祐禪師〉，《新纂卍續藏》第80冊，頁187中。

❺❼　梅季點輯，《八指頭陀詩文集》，頁250。

❺❽　梅季點輯，《八指頭陀詩文集》，頁509。

頭陀秉性不拘一格，情性濃烈，其禪法屬於臨濟宗風，從慣性思維之對反中超越跳脫。其違反常理的思維，可以從禪宗反常合道的理路加以理解，所謂佛來佛斬，魔來魔斬，貧無著錐之地後，方能體現無人、無我、無佛、無眾生等相差別的境界。這也可以說是另一種菩薩慈悲的展現，為了斬斷眾生對佛、魔、眾生的高下正邪之分別思維，所以這殺意是基於成就其慧命的一種當機指點。

㈢ 禪寂悟境

　　禪人歷經種種磨練、熟參之後，在思慮分別刮垢除光之際，往往或由老師指點，或由眼前飛花落葉之即景，當下獲得悟境。頭陀詩集中隨處可見他擅於捕捉當下心識所見之即景，展現無限禪機，如：「禪心朗印千潭月，詩思寒生一葉蕉。」[59]「到此禪心无住著，海天一色碧琉璃。」[60]

　　頭陀表現其禪悟之詩，早期作品如〈暮秋偕諸子登衡陽紫雲峰〉：

　　　紫雲最高處，飛錫共登臨。秋老山容瘦，天寒木葉深。

---

[59]　〈秋夜寄懷周笠樵舍人，用見懷原韻〉，梅季點輯，《八指頭陀詩文集》，頁249。

[60]　〈航海三首〉，梅季點輯，《八指頭陀詩文集》，頁54。

西風孤鶴唳，流水道人心。坐久林塘晚，寥寥鐘梵音。**❻❶**

此詩有唐人遺韻，深能掌握唐代王孟情景交融之作所展現的當下眼見之情境。林塘久坐，暮色中梵音繚繞不絕而顯餘韻無窮。可見頭陀初試啼聞，即展現詩人的天然敏慧。

進入中年，詩法已臻成熟，禪修有一定的體悟，出手拈來皆具水平。〈坐夏偶占〉：

> 日長無事掩嚴扉，沈水香清暑氣微。
> 一雨綠生穿徑草，萬山青上坐禪衣。
> 卻看野鶴婆娑舞，閒放孤雲自在飛。
> 誰似幽棲林下客，渚煙蘿月淡忘機。**❻❷**

〈薄暮瀹仙閣禪坐，望麓山殘雪〉：

> 西峰殘雪在，危坐倚空冥。微雨度高閣，孤煙生遠汀。
> 定回山月白，寒入夜燈青。寂寂一鐘動，冷然契獨醒。**❻❸**

---

❻❶ 梅季點輯，《八指頭陀詩文集》，頁 7。
❻❷ 梅季點輯，《八指頭陀詩文集》，頁 195。
❻❸ 梅季點輯，《八指頭陀詩文集》，頁 202。

此二詩作於四十六歲，時時透露其禪寂悟境之空明清澈。前一首寫
得灑脫自在，一雨洗綠，青山皆具晰醒禪意，這種禪境不是靜坐清
寂的，而是隨環境偶然拈來，閒看野鶴孤雲隨意翻飛，而忘卻求悟
之心。後一首寫禪坐中所見麓山頂上白雪，加上白色月光，高閣獨
坐中，唯鐘響劃破靜寂，冷然相互映照。

　　五十歲作〈夜坐有得〉：

> 丹桂吹香過碧岑，蒲團枯坐夜禪深。
> 殘星墜戶白生室，秋鬼提燈綠入林。
> 萬壑松寒孤鶴夢，千巖月落一猿吟。
> 超然象外忘言說，唯有虛空印我心。❻

此詩營造的意象色澤具創意而不落俗套，殘星墜戶與秋鬼提燈，氣
氛鬼魅而孤絕，因而白生室與綠入林。造語新警，對仗工整，寒松
鶴夢與落月猿吟同樣空寂曠遠，彷彿頭陀禪坐中所照見之宇宙境
象，因此，面對自然萬象只有心眼洞開而了絕言說。這是他靜夜禪
坐，心靜意明，內在的心境與外在的靜景印證，所形成的主客融合
的宇宙。

---

❻　梅季點輯，《八指頭陀詩文集》，頁257。

㈣ 觀待有情

　　頭陀曾在詩中自然透露其觀待有情的態度，〈朱亭夜泊書懷，寄呈王益吾祭酒四首〉之三云：「一燈深夜裡，默默自含情。」[65]〈碧浪湖感舊詩一首〉：「感故生新悲，觀空有餘情。」[66]可見其禪寂觀照之內蘊，充滿對有情世間的含融共感。〈贈張讓三六絕句并序〉中，言及他與張氏初次見面，語及故人半君師友，不禁淚下。張氏便笑頭陀：「禪寂人亦復多情。」[67]世俗眼光認為禪寂靜坐，內在應是一片死寂，豈可多情若此。實則禪人並非將自身孤立於萬法之外來達到內在的靜定，相反的，是在內在靜定已極時，打開了與萬法無礙的交流，此情乃其悲心之自然流露。

　　頭陀五十歲作〈山行既暝，還憩松寮，宴坐有得，述為偈言〉其中有云：

> 夜深禪更寂，松際月孤明。靜對忽忘照，身心亦已冥。
> 言思難恍惚，強名曰無生。無生豈可證？一悟躋元扃。
> 神會罕與同，默默空含情。[68]

---

[65]　梅季點輯，《八指頭陀詩文集》，頁 176。
[66]　梅季點輯，《八指頭陀詩文集》，頁 258。
[67]　梅季點輯，《八指頭陀詩文集》，頁 387。
[68]　梅季點輯，《八指頭陀詩文集》，頁 258。

這是一首五言古體詩，充分展現其山居禪坐的心境。深夜禪寂宴坐，身心言語思維等皆已忘捨，唯存對宇宙萬有默然含情之覺照朗然映現。

　　從禪宗的觀點，自然萬象都是佛性存在的一個面向，馬祖道一云：

> 若欲直會其道，平常心是道。何謂平常心？無造作，無是非，無取捨，無斷常，無凡無聖。經云：非凡夫行，非聖賢行，是菩薩行。只如今行住坐臥，應機接物，盡是道。⑩

所以，但認得宇宙萬法都是自性的顯現，無須造作，自然功成。在凡情階段，但須捨離一切根、境作用之情識造作，一旦能超越分別相，則無須捨離一切相，而即一切相，應機接物，廣度有情。這種超越分別心的同情共感，是菩薩任運度生的一種自在自如。這樣的心境，頭陀〈答柳溪居士〉云：「何必山巔與水涯，安心隨處便是家。有人問我西來意，笑指長天落晚霞。」⑩差可企近。

　　頭陀在他遷化那年，曾為其自建之冷香塔作〈自題小像〉一

---

⑩ 引自《馬祖道一禪師廣錄》，收入《新纂卍續藏》第 69 冊，頁 3 上。龐蘊居士云：「日用事無別，唯吾自偶諧。頭頭非取捨，處處沒張乖。朱紫誰為號？丘山絕點埃。神通并妙用，運水與搬柴。」《龐居士語錄》卷上，收入《新纂卍續藏》第 69 冊，頁 131 上。

⑩ 梅季點輯，《八指頭陀詩文集》，頁 81。

詩，冥冥之中為其一生作了最後的自注：

> 六十二年夢幻身，惹人歡喜得人嗔。
>
> 儘容篋戾車成隊，轉與阿修羅結鄰。
>
> 青鳳山前聊葬骨，白蓮花裡待棲神。
>
> 虛空擊碎渾無事，大地何曾有一塵！❼

頭陀所處的現實局勢，是社會充斥如同「篋戾車」般，無正信善根的邊地種性之人，欺凌侵佔佛教寺院，國家危弱周圍盡是如好鬥的「阿修羅」虎視眈眈。回顧自己六十二年人生，自認令人既喜又恨，個人清修與國是多舛交雜，尤其這年為了因應寺產興學對寺院帶來的威脅和衝擊而四處奔走，面對國家被外敵入侵，佛教為社會豪強侵凌，頭陀時由天童住持進而成為促進佛教改革的領導者，這與他之前在山林禪寺中重整叢林的生活內容是有差距的。然而，世間萬法隨緣流轉，一旦埋骨，轉眼灰滅，虛空擊碎，大地一如，猶如此身。這原本是頭陀當時對人生的一種體悟，卻也成為他留存世間最後的警鐘偈語。

---

❼　梅季點輯，《八指頭陀詩文集》，頁442。

五、結語

　　通過以上從八指頭陀內在個人抒情、家國關懷和禪悟體會三個面向詩作的意蘊解讀之後，可以更清晰掌握頭陀禪修體悟與社會參與雙向投入的生命態度。現存八指頭陀詩作之質量在歷代詩僧中可說是超然獨出的，其創作題材具有多面性，包括個人身世、情感之抒發，關懷社會家國之傾覆，以及禪行體驗的種種心靈意境的書寫。體製方面，其抒發情性或表述禪境時，以律詩居多，絕句次之，而擅以古體反映社會現況。其詩無論在語言或意境上，開發前人禪詩未見之意象，並蘊含對有情萬象含情互攝的觀照，樹立了個人獨特的風格特徵。

　　八指頭陀的禪詩在近代詩史上獨標一格；在歷代詩僧群中，也是格調上乘者。他早年學詩從唐詩入手，崇尚唐詩而貶抑宋詩，胡飛鵬披讀其三十一歲時刊刻的第一本詩集《嚼梅吟》稿後，曾在〈題頭陀嚼梅吟稿跋〉中，贊其詩：「如滿山梅雪間，清磬一聲，迥絕凡響。絕次之律，更逼近唐人，于島佛尤似。」[72]中年以後，詩法已然成熟，個人修行和人生閱歷均深湛而豐富，作品風格多樣，筆調清新自然，已超越「郊寒島瘦」的格局而卓然有成。復因家國憂思更甚於身世之感，擬漢魏古詩之風，文辭精整，頗多感時傷事的抒發之作。晚年個人修持和利生貢獻都達到一定高度的成

---

[72]　梅季點輯，《八指頭陀詩文集》，頁 531-2。

果，此時詩作沈練深厚，意蘊高妙，可說是其創作的豐收期。

八指頭陀詩歌創作的成就，在詩僧史或晚清詩史上，都該佔有一席之地。然而，將他放在中國詩史中的定位，和放在詩僧傳統中的重要性和精彩度顯然並不等同。就佛教自身的文化脈絡來解讀其詩中禪境，更能貼切讀出隱藏在意象背後的禪意。頭陀以禪修體悟的心智基礎，抒發內在精神體驗，鍛造空靈凝練的意境，餘韻無窮，耐人尋味，達到詩禪合一的境界。但吾人又不可不面對中國詩學大傳統，以免歷代詩僧只在佛教圈內獲得共鳴，而被埋沒於詩史洪流中。葉德輝在〈《八指頭陀詩集》序〉評曰：「其詩宗法六朝，卑者亦似中晚唐人之作。中年以後，所交多海內聞人，詩格駘宕，不主故常，駸駸乎有與鄧（白香）王（湘綺）犄角之意。湘中固多詩僧，以余所知，未有勝于寄師者也。」[73]汪辟疆《近代詩人小傳稿》亦讚云：「其詩清空靈妙，音旨湛遠。」[74]大陸學者王廣西總評頭陀詩云：「其天然淡遠近於陶潛，華妙精微近於王維，瘦硬寒苦頗似孟郊、賈島，而又間出以沈鬱頓挫之氣，類於杜甫，其詭異冷豔之處又與李賀相仿。」[75]可見其詩含納多面而高妙的風格特徵。

本章透過對八指頭陀詩作多元內涵的分析，以見其在晚清詩壇

---

[73] 葉德輝，〈《八指頭陀詩集》序〉，《續修四庫全書》，第 1575 冊，頁 350。

[74] 汪辟疆，《汪辟疆文集》（上海：上海古籍出版社，1988 年），頁 431。

[75] 王廣西，《佛學與中國近代詩壇》，頁 330。

的獨特貢獻，彌補過去詩僧史或中國詩史對於其詩歌成就的忽視。綜觀頭陀一生之創作成果，他雖自慚「文字障深禪定淺，得人歡喜惹人憎。」❼❻然而也是從他的詩，最能看出其內在生命的特質。撇開頭陀僧人身份，以詩論詩而言，在晚清諸詩人中，亦絕不遜色；其詩不僅是晚清詩僧最高的文學成就，與歷代僧詩較之，更卓然獨標，可說是詩僧發展史的壓軸代表。其一生心血盡在於斯，生命與詩已交融為一，而難以分辨究竟是「詩寄禪耶？禪寄詩？」❼❼

---

❼❻　〈衡山李志遠少尉寫竹見貽，跋語及延陵尚書撫湘時登祝融峰往事。回憶前塵，渺如夢幻，賦四絕句志感，即以奉贈〉，梅季點輯，《八指頭陀詩文集》，頁 397。

❼❼　胡朝梁〈寄禪上人輓詩二首〉之二，梅季點輯，《八指頭陀詩文集》，頁 542。

第四章　空際無影，香中有情：
八指頭陀詠梅詩中的禪境

一、前言

　　本章並不預設某種文學理論作為詮釋觀點，而回歸作品本身，之所以以「詠梅詩」作為探究八指頭陀詩歌禪境的核心，是基於研究對象本身對梅花特殊的關注。八指頭陀與佛教的夙緣，源於其母禱白衣大士，夢蘭而懷胎，這何嘗不是他與花所結深緣之始。頭陀十八歲因見籬間白桃花忽為風雪摧敗，不覺失聲大哭，遂投湘陰法華寺出家。出家之後，因性之所好而賞梅、寫梅，可說一生與花結下不解之緣。三十一歲刊刻的第一本詩集名《嚼梅吟》，五十四歲刊印的最後一本詩集名《白梅詩》，詩友雅稱其「白梅和尚」，瘞骨處題名「冷香塔」，可說已將梅之神韻與其性靈焚化為一。計其一生詠梅或與梅相關詩作約有一百五十餘首，約佔全部作品的十分之一，卻是其創作成果的精華，可見其於梅花的賞識共感之深切非

同尋常。

　　過去關於詠梅詩的研究，多集中於宋代，尤其以林逋（967-1028）、蘇軾（1037-1101）的研究居多，對於宋代詠梅詩詞所開發的梅花意象、象徵意義和人格隱喻，以及對後世的影響探討頗有成果。❶然而，對宋代以後詠梅文學的關注較少。其次，詩中之禪境研究，涉及古典詩學和禪學思想兩種知識範疇，須得同時涉入此二領域，方能深入解會詩僧創作之禪境。綜合而言，關於八指頭陀借詠梅以託諭禪境之詩歌研究尚屬闕如。因此，本文將以晚清詩僧八指頭陀為研究對象，結合禪宗美感思維在詩歌中的運用，來解釋八指頭陀詠梅詩所呈現的生命情境，作為深入其禪悟境界的一個理解面向。首先，從詠梅詩歌傳統的意義承遞，以及梅花意象與禪宗歷史的關連，掌握梅花在禪宗文學中的意義發展。其次，探究其詠梅詩所體現的空靈禪境和所開發的意涵層次，挖掘八指頭陀詠梅詩所開展的不同於前人的禪境特質和心靈境界。最後，為八指頭陀詠梅禪詩的突出表現，在詠梅詩傳統中尋求適當的定位。

---

❶　大陸學者程杰先生著有《宋代詠梅文學研究》、《梅文化論叢》、《中國梅花審美文化研究》等書，對於宋代詠梅文學作了系統性的探究，包括詠梅文學的發展、梅花意象及其審美特質等。李炳海〈淨土法門盛而梅花尊——宋代梅花詩及其與佛教的因緣〉，認為宋人以梅來代表淨土，所以在淨土法門盛行的宋代，詠梅文學特盛。其立論頗出於前人，然未提出充足理由說明宋人何以視梅為淨土象徵。

二、詠梅傳統的發展脈絡

　　八指頭陀的生命歷程曲折，性格孤介刻苦，其詩作經常運用自然景象表現當下心境，尤喜運用各種花卉意象入詩，如梅、蓮、菊、蘭、桃，或黃花等，其於諸花之中，又獨鍾梅花。以詩詠梅在中國詩史上已有相當歷史，頭陀結合梅、禪與詩所蘊吐的詠梅意蘊，與歷代詠梅傳統的象徵意涵相較，有何獨標之進境呢？本節先綜理歷代梅花意象所形塑的內蘊特質，作為挖掘頭陀詩中詠梅意象底蘊的基礎。

　　梅屬薔薇科落葉喬木，初春開花，原生於長江流域氣候溫暖濕潤之僻地，而其性耐寒，花容素雅，姿態橫生，香氣清淡，深為文人雅士愛賞，並賦予其相應的人格特質。事實上，以詩詠梅具有長遠而獨特的歷史軌跡，先秦文獻中如《詩經·召南·摽有梅》，以梅實熟落來比喻女子已達適婚之齡，然其所描述的對象是梅實，而非梅花。❷南朝以來逐漸有文人以詩賦詠梅之開落，例如鮑照（414-466）所作〈梅花落〉，一方面讚嘆其「霜中能作花，露中能作實」的耐寒堅毅；一方面又感嘆其零落逐寒風，「徒有霜華無霜質」。❸唐代以降，賦梅為詩的意象呈多元發展，不僅以諸花開落

---

❷　傳統詠物詩，按其託寄內涵，約可分為兩大類型：一類表面寫物，實則藉物之特質以象徵或隱喻主體某種特質；一類是具體環繞物身描繪其形色意態等。後者的評價當然不如前者。

❸　朱曉海先生檢覈先秦至南朝詠梅花之作，發現在江左前，視梅花為春信，非

的自然盛衰之共通特徵視之，並連類到人世榮枯生死的循環，更注
意到花枝品類形象的品質特徵。❹

　　宋代進一步將注意力移轉到梅花本身的形象上，賦予其孤潔冷
香的性情，耐寒堅貞的品格，凌霜傲骨的氣節，形成詩人自我影射
其高潔品格的象徵，使得梅花的地位從此凌駕諸花之上。❺實際
上，梅與其他花比起來，花蕾小、顏色淡，外型並不突出，唯其淡
淡幽香和枝條橫斜最具審美特色。宋代以梅妻鶴子的林逋之「疏影
橫斜水清淺，暗香浮動月黃昏。」❻最得梅花神韻，被後人視為梅
花知音。此詩將梅花「暗香」、「疏影」的形象，由水、月意象連

冬兆，予時人輕薄脆弱的印象。這和唐宋以降，以梅花為正面的文化符碼，
代表堅貞、清高、孤芳特質的印象截然對反。也就是梅花成為文士賞玩歌詠
的對象，應是南朝末的事。所以，朱氏認為鮑照〈梅花落〉之末句，是以梅
花比喻其所鄙惡之趨炎附勢者，而非其孤芳自賞的喻象。參見氏著，〈論鮑
照〈梅花落〉〉，《文與哲》第 1 期（2002.12），頁 419-446。

❹　羅宗濤先生歸納唐人詠梅意涵，或詠其堅貞，或引發青春遲暮，或因其花質
清瘦而憐惜感傷。參見氏著，〈唐代女詩人作品中的花〉，《政治大學學
報》第 69 期（1994.9），頁 1-16。

❺　〔清〕紀昀《武英殿本四庫全書總目提要》，於黃大輿《梅苑》云：「昔
屈、宋編陳香艸，獨不及梅。六代及唐，篇什亦寥寥可數。自宋人始絕重此
花，人人吟咏。」（臺北：臺灣商務印書館，1983 年），卷 199，頁 5-318。

❻　林逋，〈山園小梅〉，《全宋詩》（北京：北京大學出版社，1991 年），第
2 冊，頁 1217。「林逋，字君復，杭州錢塘人。……性恬淡好古，弗趨榮
利，家貧衣食不足，晏如也。初放遊江淮間，久之歸杭州，結廬西湖之孤
山，二十年足不及城市。」引自《宋史》（北京：中華書局，1997 年），卷
457，〈列傳〉第 216，頁 13432。林逋詩作，《宋詩》存有 302 首，其中詠
梅詩僅有八首，卻對後世產生深遠的影響，人稱「孤山八梅」。

綴映襯，將意象焦點從花蕾擴及別具特色的梅枝之「橫斜」，更顯姿態清雅，不染世俗，一派孤芳淡定的氣度。根據程杰先生的研究，認為林逋使梅的特質向清瘦淡雅的審美意象發展，並進一步賦予其隱士高潔人格特質的象徵。因為梅花多生長於遠離塵囂的荒山僻嶺，獨開獨落，自與隱士孤絕不群、冷淡自處的精神相應，逐漸賦予梅花堅貞孤高的人格特質，使梅之意象與隱者之特質產生內部意蘊共鳴而連類疊合。❼故其以梅花象徵隱士的特質最為後代因襲，加上本身遺世不群的隱士身份，豐富了梅花的多重意涵，甚至自身也成為後代文人吟詠梅花的典故。其次，將梅與水、月等景象結合，因為月的光影朦朧，水的映影效果，使意境介於似真若幻，呈現水月鏡花的空幻感，更深化梅的意蘊，形成一個具文化積澱的境象。置身其營造的「語境」，梅花被賦予了清雅超逸的精神意蘊，從而上升為高逸人格的寫意符號。❽

　　另一方面，宋代植梅藝梅風氣鼎盛，培植出各種品類的梅花，其中一種名為「磬口梅」，其命名與佛教有關。范成大（1126-1193）《石湖梅譜》謂蠟梅「經接，花疏，雖盛開，花常半含，名磬口梅。言似僧磬之口也。」❾磬口梅是蠟梅的一種，花瓣較圓，

---

❼　程杰，〈林逋詠梅在梅花審美認識使上的意義〉，《學術研究》2001 年第 7 期，頁 105-109。

❽　程杰，〈梅與水、月：一個詠梅模式的發展〉，《江蘇社會科學》2000 年第 4 期，頁 113。

❾　〔宋〕范成大，《石湖梅譜》（原刻景印百部叢書集成，臺北：藝文印書

因為其花開半含，形似倒掛磬口之故。又因其色深黃，內層花瓣紫如檀香之色，香氣濃郁，又名檀香梅。凡此皆可見梅與佛教文化之間淵源流長的因緣。

　　宋代以降文人雅愛植梅、賞梅和詠梅，專門的花譜著作亦應時而生，范成大即謂：「梅，天下尤物。無問智賢愚不肖，莫敢有異議。學圃之士必先種梅，且不厭多，他花有無多少，皆不繫輕重。」❿因而擴大梅花本身所蘊含的質感，提升梅花的神韻精神，成為宋代文人創作的重要素材和意象。⓫《四庫全書總目提要》於《梅花字字香》亦云：

> 〈離騷〉徧擷香草，獨不及梅。六代及唐，漸有賦詠，而偶然寄意，視之亦與諸花等。自北宋林逋諸人遞相矜重，暗香疏影、半樹橫枝之句，作者始別立品題。南宋以來，遂以詠梅為詩家一大公案。江湖詩人無論愛梅與否，無不借梅以自重。凡別號及齋館之名，多帶梅字，以求附於雅人。⓬

館，1967 年），頁 3。

❿　〔宋〕范成大，〈《石湖梅譜》序〉，頁 1。〈《石湖梅譜》後序〉云：「梅以韻勝，以格高，故以橫斜疏瘦與老枝怪奇者為貴。」頁 4。

⓫　參考程杰，〈宋代梅花審美認識的發展及其成就〉，頁 70；〈兩宋時期梅花梅花象徵生成的三大原因〉，頁 47。以上兩文收入氏著，《梅文化論叢》（北京：中華書局，2007 年）。

⓬　〔清〕紀昀，《武英殿本四庫全書總目提要》，卷 167，頁 4-393。

所以，元方回（1227-1305）《瀛奎律髓》別立「梅花」詩一類，使不溷于群芳。❸宋金易代之後，許多遺民詩人透過歌詠梅花的堅貞操守，作為個人生命趨向的表徵。同樣的，明清鼎革之際，也有像天然函昰（1608-1685）之徒死庵今種（屈大均）（1630-1696）以梅作為前明之遺物，藉梅來詠懷明朝遺民。❹凡此皆可見梅之淡然獨超眾花的發展歷程。

綜之，詠梅意象和意蘊主要經過宋代詩人的經營，使梅花具有遺世獨立、孤芳雅淡的氣質，形態或為疏影、橫枝；香味或為暗香、寒香，具有耐寒不屈的骨氣，從外在的形象到內蘊的風骨，賦予梅花豐富而穩定的象徵意義。

在八指頭陀的詠梅詩中，亦常可見林逋隱士的身影，如〈詠梅〉：

　　誤識林和靖，而今恨未忘。誰知風雪裡，冷淡自生香。❺

〈次邱雲章茂才韻二首〉之一：

---

❸　參見〔元〕方回選評，李慶甲校點，《瀛奎律髓彙評》（上海：上海古籍出版社，2005 年），目次。

❹　參見嚴志雄，〈體物、記憶與遺民情境——屈大均一六五九年詠梅詩探究〉，《中國文哲研究集刊》第 21 期（2002.9），頁 62。

❺　梅季點輯，《八指頭陀詩文集》，頁 55。

杖履飄然世外游，滿江風雪一漁舟。

寄言處士林和靖，人本梅花不用修。❶

〈月下對梅〉：

高冷不宜人，蕭然自絕鄰。四山殘月夜，孤驛小橋春。

暫時翻疑雪，清香不是塵。逋仙猶認影，誰復識其真？❶

在〈詠梅〉中，「林和靖」已經轉化成詩人所鍾愛的梅花的借代詞，而風雪中的寒梅，不論愛憎，兀自冷淡生香。這也許是梅花特別吸引詩人的特質之一。〈次邱雲章茂才韻二首〉之一，頭陀芒鞋漁舟雲遊於滿江風雪中，如同梅花之飄然世外，主體與梅因生存意境疊合而為一。以上二詩出自頭陀青年時期詩集《嚼梅吟》，有其對梅花獨特的審美觀照，和年輕心靈的浪漫想像。〈月下對梅〉出自晚期詩集《白梅詩》，將梅所處環境元素都運用進去，包括高冷、絕鄰、殘月，孤山中的驛橋，暗暗清香絕不染塵。林逋處士猶言梅之「疏影橫斜」，頭陀卻更將影跡轉化為嗅覺上的絕塵之香。遣詞上可見其接受林逋詠梅意象的組合，但又能在意境上有自己的創意，營造自己眼中獨賞的梅花氛圍。由此可知，在頭陀詩作中，

---

❶ 梅季點輯，《八指頭陀詩文集》，頁72。

❶ 梅季點輯，《八指頭陀詩文集》，頁296。

林逋與孤潔雪梅已經成為互用的文化符號和精神象徵，他可說是和靖的異代知己，孤山的舊精魂，如〈孤山〉云：「波光雲影上袈裟，一路行吟興自賒。才到孤山如舊住，前生多半是梅花。」⓲

三、梅花意象與禪悟的關係

花本身有開謝榮枯，正與生命死生盛衰的循環相呼應，既可作為一種隱喻，從禪宗傳法歷史而言，亦可看到花作為傳示悟境的媒介，如世尊拈花，迦葉微笑的故事。⓳其後更有禪師因睹飛花落葉而悟道，如唐代靈雲志勤因桃花悟道，而有偈曰：「三十年來尋劍客，幾回落葉又抽枝。自從一見桃花後，直至如今更不疑。」⓴「尋劍客」是指追求悟境的禪人，也就是靈雲自身，經過春去秋來、落葉抽枝，多年的尋覓之後，一見桃花而頓悟自性光明，一悟

⓲　梅季點輯，《八指頭陀詩文集》，頁 19。

⓳　一卷本《大梵天王問佛決疑經‧拈華品第二》：「爾時如來，坐此寶座，受此蓮華，無說無言，但拈蓮華。入大會中，八萬四千人天，時大眾皆止默然。於時長老摩訶迦葉，見佛拈華，示眾佛事，即今廓然，破顏微笑。佛即告言是也，我有正法眼藏，涅槃妙心，實相無相，微妙法門，不立文字，教外別傳，總持任持，凡夫成佛，第一義諦，今方付屬摩訶迦葉。」《新纂卍續藏》第 1 冊，頁 442 上。這個故事成為後來禪宗傳法的源頭，《寶林傳》、《祖堂集》等，亦可見此詩意飽滿又意蘊無盡的傳法故事。

⓴　《景德傳燈錄》卷 11「福州靈雲志勤禪師」，收入《大正藏》第 51 冊，頁 285 上。

之後，至今無疑。可見花與禪的深厚淵源。

在禪宗的發展史裡，梅與禪師的修證歷程、禪悟內涵一直存在密切的歷史關連和指涉關係。從四祖道信（580-651）經歷多年遊方回到蘄州，住破頭山（即蘄州黃梅縣雙峰山），五祖弘忍（601-674）繼其法席，於雙峰另建東山寺而禪法大盛。黃梅一地一方面在地理上成為舉國禪席盛筵之所在，另一方面也轉化為禪子追求悟道的心理座標的指引。

其次，梅花在禪宗公案中，成為悟境的標月指。《鶴林玉露》記有尼悟道後賦詩云：

> 盡日尋春不見春，芒鞋踏遍隴頭雲。歸來笑撚梅花嗅，春在枝頭已十分。❹

「尋春」比喻禪人求悟的歷程，往往需經歷一番徹骨風霜的淬勵和修證考驗，才能嗅出梅花撲鼻的自性之香。也就是歷經由外向內尋無可尋時，方能迴入自性，安住生命的實相。

大梅法常（752-839）於馬祖道一（709-788）處得悟之後，便居於大梅山南梅子真舊隱處，一住四十年。一旦有人請法，便向深山更深處隱去，並留偈云：「摧殘枯木倚寒林，幾度逢春不變心。樵客

---

❹ 〔南宋〕羅大經，《鶴林玉露》（臺北：臺灣開明書局，1975 年），卷 6，頁 16。

遇之猶不顧，郢人那得苦追尋。」馬祖曾派人試探其悟境進境如何：

> 大寂聞師（法常）住山，乃令一僧到問云：「和尚見馬師得箇什麼便住此山？」師云：「馬師向我道即心是佛，我便向遮裏住。」僧云：「馬師近日佛法又別。」師云：「作麼生別。」僧云：「近日又道非心非佛。」師云：「遮老漢惑亂人未有了日。任汝非心非佛，我只管即心即佛。」其僧迴，舉似馬祖。祖云：「大眾，梅子熟也。」❷

此處「梅子熟也」，藉由梅實成熟，作為修行悟境穩固的象徵。這個意義在禪宗發展史上，便形成禪門內部以梅暗示悟境的隱喻系統，成為後來公案、禪詩中悟境成熟的一種象徵。此種意義連結，與文人視梅為傲骨人格的象徵有所不同。

黃檗希運（？-850）亦曾有詩云：

> 塵勞迴脫事非常，緊把繩頭做一場。不是一番寒徹骨，爭得梅花撲鼻香。❸

---

❷　以上兩段引文，引自《景德傳燈錄》卷 7「明州大梅山法常禪師」，收入《大正藏》第 51 冊，頁 254 下。

❸　〔唐〕裴休集，《黃檗斷際禪師宛陵錄》，收入《大正藏》第 48 冊，頁 387 中。

以梅花耐寒的性格品質，象徵禪人悟道必須經歷一番堅毅刻苦的磨練歷程，才能迴脫塵勞，嗅出自性的芬芳。由此皆可見梅花因其凌霜傲骨和卓然淡香，被禪門用來作為表彰禪人修道歷程的象喻。以梅花之香作為澈悟自性本源的指涉意象，在宋代禪宗語錄中已相當常見。南宋天童如淨禪師（1163-1228）曾上堂云：

> 雪裏梅花只一枝，而今到處成荊棘，卻笑春風繚亂吹。諸方說禪，清涼念詩，還當得麼？❷❹

他以雪裡梅花作為自性清淨的表徵，卻為如漫生荊棘的障垢、分別、成見所掩覆，禪人不知返聞自性，反笑春風亂舞。此處將說禪與念詩並舉，可見禪門以詩明禪已成風尚。

元代中峰明本禪師（1263-1323），嗣法於高峰原妙，為臨濟宗楊岐一系的禪僧。曾作《梅花詩百詠》與馮子振（1251-1348）相唱和。天然函昰（1608-1685）是明末清初嶺南佛教的領導人物，嶺南因多朱明遺臣潛隱其中，故而當地文人酷愛梅花，實是一種對故國鄉愁的轉移。❷❺天然禪師著有《天然和尚梅花詩》，共一百二十首詠梅組詩，包含五、七言律、絕各三十首，以韻相系，可說是沿襲

---

❷❹ 〔宋〕文素編，《如淨和尚語錄》，卷上，《大正藏》第48冊，頁123上。
❷❺ 梅花意象在明清鼎革的過程，淬礪出另一種深沈的貞烈意象和意義。或許是因為南明弘光朝兵部尚書大學士史可法在揚州殉難之後，當地人在梅花嶺為他修築了一處衣冠塚，遂形成梅花與朱明貞烈遺民的意義關連。

百詠詩的體製而來。王庭〈詠梅詩序言〉：

> 夫詩之一道，本非禪家所貴，然而古德多為之，其詠梅未嘗
> 沾沾于梅也。原風人之意，如河鳩淇竹，非為比，即為興，
> 大都偶感于物，以寄其懷云耳。若必詠物之體求之，將曲肖
> 其形質，微寫其性情，博徵其事實，非切而能工，不以名執
> 此。評諸詠梅者，林逋暗香、疏影二語而外，可稱者寧有幾
> 哉？然而昔人詠梅往往多百篇，今老人之作亦百有二十篇。
> 嗟乎！吾知老人之托意深矣。夫佛之妙法取之蓮，老人之微
> 旨取之梅，以例之柏子草頭。老人之詠梅，未嘗非說禪，豈
> 可以詩觀之耶？㉖

王庭認為，天然禪師之詠梅，「未嘗非說禪，豈可以詩觀之耶？」
因此，不能僅視為一般的詠物詩，既抒發內在之身世感慨，又深蘊
禪理。

　　八指頭陀身為禪僧，有相當的禪修體驗和證悟體會，個人氣性
又偏愛作詩與梅花，因此，這三種元素結合的成果，便是其質量具
豐的詠梅詩。頭陀往往以梅花作為自我生命之影射，〈為見聞禪友
題枯梅〉：

㉖　《廬山天然禪師語錄》卷 12，收入《嘉興藏》第 38 冊，頁 200 上。

甘心冷淡住林泉，歷盡冰霜節更堅。

莫道枯枝生意少，開來還在百花前。❷⑦

〈答夏公子二絕句〉之二：

紅梅太豔綠梅嬌，斗韻爭妍寄興遙。

應笑白梅甘冷淡，獨吟微月向溪橋。❷⑧

前詩自言梅花甘心冷淡生於林泉野地，忍受霜寒之苦而心性堅貞，
並於嚴冬過後，在百花之前盛開，捎來春信。頭陀特別偏好白梅，
後詩以白梅自況，言白梅雖不如嬌豔的紅梅、綠梅顯眼，但他本質
即甘心冷淡獨吟。頭陀謂梅「生就冰霜雪月姿」❷⑨，這種對梅花品
格特質的描述，均帶有主體色彩於其中。

頭陀青年時期所寫詠梅詩，以承襲前人孤潔傲霜的詠梅意象居
多，加上個人身世感憤，借梅之耐寒堅貞以自我抒發。在書寫內涵
上，尚屬承襲中加上個人風格變化。中年之後所寫詠梅詩，則由於
生命體驗和禪修體悟的養分，而使得梅枝化身為其生命悟境的最佳
展現，在意境上可說已超越林逋等前人詠梅之作。下節將深入解析

---

❷⑦　梅季點輯，《八指頭陀詩文集》，頁 62。

❷⑧　梅季點輯，《八指頭陀詩文集》，頁 407。

❷⑨　〈梅〉，梅季點輯，《八指頭陀詩文集》，頁 75。

其詠梅詩作意境之獨創特質。

四、八指頭陀詠梅詩的禪境特質

　　詩僧與世俗詩人最大不同，在於其佛教思想和實修背景，這樣的生命觀和宇宙觀，及相因的面對人世的態度，自然形成一種屬於詩僧特有的凝視情器世間的審美取向，並呈現高度相似的風格特徵。當然，詩僧作品也可能有多面向的內容，但是其創作具有獨特性而能超於世俗詩人者，往往是具有佛教思維或主體禪觀的作品。清季湖湘一帶詩風頗盛，亦頗多詩僧參與文壇唱和酬作，而八指頭陀是其中最受湘潭詩壇盟主王闓運稱許者。王闓運認為六朝詩僧如法顯（337-422）、支遁（314-366）等，能兼文理為詩，而無愧於陸謝；唐代詩僧雖多，卻不能頡頏王李，原因在於齊己諸僧徒事吟詠而已。頭陀不由識字，自然能文，且由於用功甚勤，進步神速，在其時諸多詩僧中，「得慧而能兼文理以為詩，可謂希有。」[30]

　　八指頭陀性喜僻靜山居，周遊名山古剎，中年住錫南嶽十多年，曾多次赴懶殘巖拜謁明瓚遺跡，並自比懶殘云：「懶殘為感平生遇，替守青山與白雲。」[31]楊靈荃於〈《嚼梅吟》跋〉云：

---

[30]　王闓運，〈《八指頭陀詩集》序〉，《續修四庫全書》，第 1575 冊，頁 350 上。

[31]　〈贈陳六笙觀察并序〉，梅季點輯，《八指頭陀詩文集》，頁 248。

吾友寄禪子，性愛山，每躋攀必凌絕頂，務得奇觀。逢巖洞
幽邃處，便吟詠其間，竟日忘歸。飢渴時，但飲寒泉、啖古
柏而已。若隆冬，即於澗底敲冰和梅花嚼之，故其詩帶雲霞
色，無煙火氣，蓋有得乎山川之助云。❸❷

所以，頭陀詠梅意象，多以雲、月襯托之，造意新俊，常有令人耳
目覺醒的佳句。如：「江寒水不流，魚嚼梅花影。」❸❸「冷豔欺梅
白，清光借月寒。」❸❹「明月去借梅花影，清風來翻貝葉書。」❸❺
「一片禪心明杲日，十分詩思入新梅。」❸❻「黃昏獨坐誰為伴？月
借梅花瘦影來。」❸❼這些早期詠梅之作，饒富雅趣，絲毫不見刻意
雕琢的匠心，而富有觀察自然環境偶然遇目會心的情致。故而胡飛
鵬以「滿山梅雪，清磬一聲」❸❽的意境，讚其《嚼梅吟》的空靈美
感。

八指頭陀因獨鍾梅花孤寒清雅的丰姿，其詠梅詩往往以梅花意
象作為超脫俗世的象徵，或圓滿人格特質的理想投射，傳達一己的

---

❸❷　梅季點輯，《八指頭陀詩文集》，頁 533-4。

❸❸　〈題寒江釣雪圖〉，梅季點輯，《八指頭陀詩文集》，頁 95。

❸❹　〈日暮望驪騑山雪，有懷徐酡仙社友〉，梅季點輯，《八指頭陀詩文集》，
　　　頁 47。

❸❺　〈冬日薄暮即事〉，梅季點輯，《八指頭陀詩文集》，頁 67。

❸❻　〈和天童秋林老宿見寄原韻〉，梅季點輯，《八指頭陀詩文集》，頁 43。

❸❼　〈薄暮吟〉，梅季點輯，《八指頭陀詩文集》，頁 54。

❸❽　〈題頭陀嚼梅吟稿跋〉，梅季點輯，《八指頭陀詩文集》，頁 531-2。

佛教思想或對禪境的體悟。以下為討論方便，將其詠梅詩所呈現的
禪境特質分為三個面向論述之。

㈠ 捕捉現量即境之禪機

「現量」是佛教因明學三量之一，「量」者度量義，即認識作
用，指知識來源、認識形式，及判斷知識真偽的標準。「現量」即
直觀，指尚未加入任何概念活動、分別思維、籌度推求等作用，僅
以直覺去量知色等外境諸法的自相。❸這個觀念運用到詩學上，即
有王夫之（1619-1692）提出「現量」說：

> 「僧敲月下門」，只是妄想揣摩，如說他人夢，縱令形容酷
> 似，何嘗毫髮關心？知然者，以其沉吟「推敲」二字，就他
> 作想也。若即景會心，則或「推」或「敲」，必居其一，因景
> 因情，自然靈妙，何勞擬議哉？「長河落日圓」，初無定景；
> 「隔水問樵夫」，初非想得，則禪家所謂「現量」也。❹

現量是不依第二念的思量推論，純然以當下第一念去覺知色等外境

---

❸ 參見《佛光大辭典》，「現量」條，頁 4729。《因明入正理論》：「現量謂
　 無分別，若有正智於色等義，離名種等所有分別，現現別轉，故名現量。」
　 收入《大正藏》第 32 冊，頁 12 中。

❹ 《薑齋詩話》卷下，收入丁福保編，《清詩話》（臺北：明倫出版社，1971
　 年），頁 9。

諸法之相狀而不加任何分別判斷。禪人往往在歷經種種磨練、熟參
之後，在思慮分別刮垢除光之際，或由老師、或由眼前飛花落葉之
即景，當下獲得悟境。所以，詩人若果然寫當下直心所見之境，就
不致有「推敲」的擬議空間。王氏認為真正的詩人，必是寫「即景
會心」之所得，絕非意識分別所能拼湊，這和禪家之現量直觀有相
同的心靈機制。

　　頭陀的禪詩有時並非運用一般常用的以象喻理的方式來表達，
而直接以所體解之佛教哲理為詩，但又不致流於宣教，而有深邃的
理思。四十八歲時所寫〈梅痴子乞陳師曾為白梅寫影，屬贊三首〉
之三：

　　　　寒雪一以霽，浮塵了不生。偶從溪上過，忽見竹邊明。
　　　　花冷方能潔，香多不損清。誰堪宣淨理，應感道人情。❹

白梅世界裡全無人間煙塵，從溪上竹邊的冷香側寫梅影，更添靜
境。誠如孫海洋先生所言，頭陀詠梅是將自己的心性與梅的質性融
為一體，並注入禪意。❹白梅在眾多梅花品種中，特別受到歷代文
人青睞，八指頭陀尤其鍾愛白梅，其冷香逸韻，寒骨冰清，透露一
股冷淡自若的精神特質。

---

❹　梅季點輯，《八指頭陀詩文集》，頁219。
❹　參見氏著，〈八指頭陀詩風初探〉，《船山學刊》1998年第1期，頁33。

四十九歲作〈對梅有悟〉：

> 林園澄夕霽，靜對穆余襟。自寫清溪影，如聞白雪吟。
> 三冬無暖氣，一悟見春心。寂寂欲誰語？微雲淡遠岑。❸

禪人參禪，在未悟之前，必得經歷「枯木倚寒巖，三冬無暖氣」的考驗，這是借用禪門有名的婆子燒庵的公案：

> 昔有婆子供養一庵主，經二十年，常令一二八女子送飯給侍。一日，令女子抱定，曰：「正恁麼時如何？」主曰：「枯木倚寒巖，三冬無暖氣。」女子舉似婆。婆曰：「我二十年只供養得箇俗漢！」遂遣出，燒卻庵。❹

當年婆子所供養的禪和子，二十年只令自己變成毫無生氣的寒巖枯木，心性毫無生氣，全然無法掌握禪門當機活用的關鍵。八指頭陀曾在詩中自喻為「寒巖枯木」❺，他將前人成句「三冬無暖氣」化為頸聯上句，另對上「一悟見春心」，非常工整而有新意，一方面

---

❸　梅季點輯，《八指頭陀詩文集》，頁 240。

❹　〔宋〕普濟集，《五燈會元》（臺北：文津出版社，1986 年），卷 6「七名道婆」，頁 366。

❺　〈自笑〉：「寒巖枯木一頭陀，結習無如文字何？自笑強書塵世字，卻嗔倉頡誤人多。」梅季點輯，《八指頭陀詩文集》，頁 241。

替當年那位槁木死灰的禪和子找到出口的臺階，一方面展現其經歷一般寒澈骨的淬煉之後，頓悟黃花翠竹所展現的盎然生機之悟境。最後以所見淡遠微雲作結，留下廣闊的空間無限延伸。在其詩集中，隨處可見他擅於捕捉當下心識所眼見之即景，展現無限禪意，如：「到此禪心无住著，海天一色碧琉璃。」**⑯**

又如〈冬夜漫興二首〉之一：

> 人間無夢到山家，睡醒爐煙一縷斜。
> 夜半溪聲疑是雨，起看明月在梅花。**⑰**

這是頭陀五十五歲所作，天童寺經其改革振興，禪子參學風氣復盛，這年他全年留在天童，夏天為寺僧開講《禪林寶訓》。山寺蟄居，靜觀講學，度過難得踏實的一年。眠則無夢，醒則禪坐，思慮盡空，靜夜溪聲疑為雨，起看卻是「明月在梅花」。這完全是頭陀無思無慮眼下所見之即景，自然展現其當時了了清明的心境。如果夜半溪聲是禪悟過程，六根作用的雜念之幻化誤導，那麼，起看明月在梅花，便是擺落六根雜念後，朗然所見之悟境消息。

---

⑯ 〈航海三首〉，梅季點輯，《八指頭陀詩文集》，頁 54。
⑰ 梅季點輯，《八指頭陀詩文集》，頁 334。

㈡ 渾化色空有無之一境

　　佛教對形質世界的認識，是色空互即映現的，《般若波羅蜜多心經》云：「色不異空，空不異色；色即是空，空即是色。」**⓮**一切有為法本質如夢幻泡影，並無實質之存在意義，也就是一切色相本質是空，因為它是沒有自性的，反之，由於一切萬法本質是空，而能含容一切的色相存在。對於當體之空性，不待於分析，而須有內在的禪觀體證當體把握。八指頭陀詩中即體現了他所觀見色空一如之境。

　　頭陀欣賞梅花高枝超俗的瘦影，孤潔耐寒的性情，藉由寒梅意象，寄託一己的精神信仰和人格趨向。其詠梅未必黏著於物象本身，而另從虛處經營其清空、超逸的興味，作法便是將內蘊把握之「空」觀以移諸對象，所以表面上的清冷之境，實為空靈禪境之展現。如四十七歲所寫〈詠白梅〉：

> 　了與人境絕，寒山也自榮。孤煙淡將夕，微月照還明。
> 　空際若無影，香中如有情。素心正宜此，聊用慰平生。**⓯**

白梅素淨無塵，迥絕人跡，在黃昏的煙嵐中已略見月影，這種日夕明昧不甚絕然的時刻，若無影而似有跡，若空明而淡然冷香透露著

⓮　《大正藏》第 8 冊，頁 848 下。
⓯　梅季點輯，《八指頭陀詩文集》，頁 208。

消息。此詩中「空際無影，香中有情」，不從正面寫梅之形象，而寫梅影似有若無，看來隱約而非真；然而，嗅覺上暗香微微蘊染，非真而又似有，使梅之影跡烘托出空有真幻的感知，令人咀嚼再三。宛如五蘊與空性，互即互用，詩境如嚴羽所言「羚羊掛角，無跡可尋。」❺❿已將一己心性空明與梅之窅然冷香融為一體。此詩可見其修行進境，且老於詩法，顯得意境清明空靈。

四十八歲時，作〈梅痴子為豁然道人寫梅，錄余《白梅詩》五首于其上，因有餘紙，復作此詩〉：

> 人間春似海，寂寞愛山家。孤嶼淡相倚，高枝寒更花。
> 本來無色相，何處著橫斜？不識東風意，尋春路轉差。❺❶

首聯和頷聯營造出白梅在乍暖還寒的春山中，高枝雅淡地盛開的情境，從「愛山家」、「淡相倚」、「寒更花」，充分展現白梅孤寒高枝而又內斂淡泊的品格。頸聯和末聯則就眼下之白梅景象，更上提一層，從白梅的色相悟出諸法之空相，並運用唐代某尼尋春的故事作為尋求悟道的比喻。俗人終日心外求法，以六根隨逐六塵，不能悟得色空有無均不出此一心之作用，很難就路還家。若能把握當

---

❺❿ 〔宋〕嚴羽著，郭紹虞校釋，《滄浪詩話校釋》（臺北：里仁出版社，1985年），頁26。

❺❶ 梅季點輯，《八指頭陀詩文集》，頁238。

下一念而不為境轉，就路還家，便能識得色空不二的本來面目。

　　頭陀亦常以梅花香潔而遺世的雪中孤枝，來表現其靜坐參禪所悟的心境，如四十八歲作〈梅痴子乞陳師曾為白梅寫影，屬贊三首〉之一：

　　　一覺繁華夢，惟留澹泊身。意中微有雪，花外欲無春。
　　　冷入孤禪境，清如遺世人。卻從烟水際，獨自養其真。❷

梅影藏身雪中，因為雪的非固態實存特質而消去其實質之重，寒冽的初春，除卻白梅，也無可證為實存之春意，一身淡泊遺世的孤影，在現象界中似真還假，似有若虛地存養其真。頭陀此詩以擬人手法，雖言為白梅寫影，卻全然不從有形的物象描寫，而將梅之形象放在似有若無的意境中，空靈絕塵。所以，鄭文焯讚曰：「讀梅詩，益服骨力奇高，神旨孤潔，是能為梅花別開一徑，絕不墮宋人詩禪惡趣。」❸誠哉斯言。

　　頭陀六十歲那年，在他駐錫九年的天童寺附近，預先建造寂滅後之瘞骨塔，在四周植以白梅，題名「冷香」，並作詩紀事，冥冥之中似為他兩年後的離世預作了準備：

---

❷　梅季點輯，《八指頭陀詩文集》，頁 219。
❸　鄭文焯，〈《白梅詩》跋〉，梅季點輯，《八指頭陀詩文集》，頁 538。

佛壽本無量，吾生詎有涯。傳心一明月，埋骨萬梅花。

丹嶂棲靈窟，青山過客家。未來留此塔，長與伴烟霞。❺❹

禪宗因為不願將悟境說破，乃透過指月傳心，以超越語言文字的限制，達到以心傳心的目的。有形的骸骨埋在眾梅之中，無形的心性如同那一輪明月一般，將其無言之境，透過明月梅花流傳下來，無限禪思。

㈢ 蘊含有情天地之生意

八指頭陀在前人所創發的詠梅意象或意境的基礎之上，透過個人生命和禪修的體悟，創造了自己眼中所見的詠梅新意。其梅枝不僅僅是傲霜孤影的冷香，和瘦硬橫斜的疏枝，更進而從梅花孤潔的自我品質中，體悟天地有情之美，使其存在不再是孤芳自賞，而能與當下一切有情共構盎然清淨、和諧無染的宇宙。這種觀待梅花的方式，在前人的詠梅詩中似乎不曾見過。例如頭陀四十八歲時所作〈梅痴子乞陳師曾為白梅寫影，屬贊三首〉之二：

而我賞真趣，孤芳只自持。淡然于冷處，卓爾見高枝。

---

❺❹　〈自題冷香塔二首并序〉云：「庚戌孟秋，余卜天童青龍岡營造堵波，為將來大寂滅場。松竹之隙，補種梅花，額曰冷香，書白梅舊作于壁，題二詩紀事。」梅季點輯，《八指頭陀詩文集》，頁412。

能使諸塵淨，都緣一白奇。含情笑松柏，但保後凋姿。❺

這一年頭陀大病初癒，又逢本師東林和尚圓寂，甲午戰敗，光緒帝推行維新變法旋即宣告失敗，身心內外，復加國是變局，實為動盪的一年。唯有在他最鍾愛的白梅天地裡，能保有生命的真醇和自在。高枝淡然的冷香，醞釀成一個絕不染塵的大地，在最不勝寒的高處，以一種了然的姿態迥入人間，泰然隨緣開落於天地，而非如松柏堅持在霜雪中保持不凋的美姿。這是一種自在淡然、寬心透明的心境，但能淨諸天地，何須計較有形生命的延續與否。其「含情笑松柏」，已經超脫比較的心態，更有的是一種對萬物自以為的生存價值的包容和理解，這未嘗不是頭陀歷經人世滄桑變故，又通過種種自我修持和刻苦禪寂，加上個人於所處之社會時境和佛教處境，有更多的感同身受的不捨，和不忍眾苦的承擔勇氣，因而提煉出梅花含情的丰姿。

又如〈雪後尋梅〉：

積雪浩初晴，探尋策杖行。寒依古岸發，靜覺暗香生。
瘦影扶烟立，清光背月明。無人契孤潔，一笑自含情。❺❻

---

❺　梅季點輯，《八指頭陀詩文集》，頁 219。
❺❻　梅季點輯，《八指頭陀詩文集》，頁 297。

這是頭陀五十三歲時的詩作，時初任天童寺住持，一方面開始擘劃改革以重振禪林，一方面仍與文友酬唱往來，創作量相當豐富。此詩表現了詩人雪後策杖尋梅，在黑暗的靜夜中，靠著敏銳的嗅覺，找到暗香之所在。在微弱的月色下，瘦影背對月光。此時的梅姿多麼黯淡蕭索，然而詩人卻看到即使梅枝瘦影孤芳自存，無人契會，卻並不孤絕，亦不拒人千里，而是淡然一笑中脈脈含情。這個梅姿意象打破前人塑造的孤絕形象，而呈現更淡定自在，從容自處，與物共處的生命意境。詩人將個人精神移轉到梅，其清光下含情盈盈的瘦影，成為詩人內在生命的投射對象。末聯「無人契孤潔，一笑自含情。」可以指詩人眼中的梅枝，也可以是詩人自身的投射，無論如何，都不自外於有情萬物，而更開啟一種孤獨生命內在對生命品質的堅持，和孤獨背後對有情萬物的深情厚意。

　　從禪宗的觀點，自然萬象都是佛性存在的一個面向，所謂：「青青翠竹，盡是真如；鬱鬱黃花，無非般若。」❺所以，宇宙萬法都是自性的顯現，都可以是悟道成佛的標月指，但看主體心態能悟與否。佛教所言情與無情同證無上菩提，同得一切種智亦同此義。在凡情階段，但須捨離一切根、境作用之情識造作，看似無情，一旦能超越分別相，則無須捨離一切相，而即一切相，入塵垂手，廣度有情，內在充滿對有情眾生的同情共感。此時之深情，已非世俗凡情，而是悲智雙運的一種自在自如。

---

❺　〔宋〕普濟集，《五燈會元》卷 15「薦福承古禪師」，頁 945。

　　由上列諸詩的分析，清晰可見頭陀藉由梅姿瘦影表達其於天地
有情的多情關照，使梅花意象除卻孤高冷淡的距離感，而迴入世間
微塵中，與有情眾生榮枯與共。這是一種大乘菩薩的發心，因為對
有情眾生的繫念，為利一切有情故，而決心證得正覺。大乘菩薩的
其中一種特質便是同體大悲，能全然感同身受一切有情的生命情
境，但這不代表菩薩為情所牽，相反地，菩薩既能微細體解眾生心
念，又不會隨眾生之情念而流轉分別。故如前述所引〈詠白梅〉
云：「空際若無影，香中如有情。素心正宜此，聊用慰平生。」❺❽
這應是頭陀從其禪悟中所得的體證，能於凡聖二境，一切有無諸
法，不產生分別取捨之心，除卻對外境之情繫束縛，卻有著迴入娑
婆，等視群生中，所升起的無分別的慈悲之情。這份對於梅花「香
中有情」的體認，可說是獨具慧眼，挖掘前人詠梅詩所未見之特
質，使梅花重新有了人間的溫度，這也許是得自於八指頭陀禪修體
悟與社會參與雙向投入後的生命體會。

五、結語

　　通過以上對八指頭陀詠梅禪詩的意蘊解讀，可見詠梅意境在其
筆下的躍升，梅花不僅僅是孤枝瘦影，更進而成為誘發禪機，表達

---

❺❽　梅季點輯，《八指頭陀詩文集》，頁 208。

悟境的象徵。程頌萬（1865-1932）於〈《白梅詩》跋〉，讚歎八指
頭陀詠梅成就獨擅千古，其云：

> 寄公出示《白梅詩》卷，予評其「意中微有雪，花外欲无
> 春。」為梅之神；「澹然于冷處，卓爾見高枝。」為梅之
> 骨；「偶從林際過，忽見竹邊明。」為梅之格；「孤煙淡將
> 夕，微月照還明。」為梅之韻；「爭姿寧遜雪，冷抱尚嫌
> 花。」為梅之理；「三冬无暖氣，一悟見春心。」為梅之解
> 脫。寄公大喜，囑余志之。予又以「人間春似海」一首為諸
> 詩之冠，不可摘句贊之。詠梅至此，可謂獨擅千古。❺⁹

可見八指頭陀詠梅禪境在近代詩史上，獨標一格；在歷代詩僧群
中，也是格調上乘者。雖然其早年學詩苦吟甚篤，詩風如賈、孟般
趨向於清寒幽寂，這是多數僧詩的共通特質。然而中年之後，詩法
已然成熟，個人修行和人生閱歷深湛而豐富，使其詩作意境超逸絕
塵，風格新俊多樣，可說是晚清詩僧最高的文學成就，詩僧發展史
的壓軸代表。

　　八指頭陀愛梅、詠梅，或藉寫梅之情境表達其禪思，或藉梅花

---

❺⁹　梅季點輯，《八指頭陀詩文集》，頁 537。俞明震〈《白梅詩》跋〉亦云：
　　「讀至『意中微有雪，花外欲無春。』二語，將梅花全神寫足，驚為絕
　　唱。」梅季點輯，《八指頭陀詩文集》，頁 539。

意象來託喻其內在禪境，或從定境中以之作為所見之自然萬象之現身說法，梅花意象或作為悟境的象徵，或作為其悟境的標月指，或作為色境之總目，或作為有情天地的代指，與傳統詠物詩將所詠之物視為客觀對象，在觀照方式和思維態度上有根本的差異。就此而言，八指頭陀對於梅花意象的意蘊開發有別於前人，擴大梅與主體心性的連類層次，從而使梅從霜雪傲骨中，平添更空靈的妙境。這一方面是詩人生命體驗的累積，一方面是其主體修養悟境的深化，其藉梅詠境，足成近代文學史的一株奇葩。因此，在八指頭陀所有作品中，其詠梅詩善於運用眼前即景，表現清空意境，可說最為人稱道。筆者以為，就八指頭陀整體詩作衡量，與其呼之「愛國詩僧」，恐不如晚年「白梅和尚」的雅號，更符合其內在之精神實質。

　　從八指頭陀詠梅詩的禪境來看，他擅以梅花特有的丰姿，展現其獨特的人格特質和佛教思惟，藉以呈現一己體道的精神內涵。其詠梅詩作的風格意象，有承繼前人，亦有個人透過獨特的禪定修持和美感覺照所開發的有情生機，開拓詠梅意境的視野，賦予盎然的禪機。主體生命境界從孤寂禪定，到迴入人間，含容萬有，以之入詩，而充滿對有情天地的深情共感，豐富詠梅文學傳統在晚清的發展意蘊。因此，無論詩僧史或中國詩史對於八指頭陀詠梅詩歌成就，都該給予應有的重視和肯定。

第五章 幻化之影：
唐代狂僧垂跡的形象及其意涵

一、前言

　　佛教傳播必然隨所傳化地域文化和時代特質的衝擊而調整，也因此不斷有相應於其時代環境的宗教議題出現。佯狂、瘋癲的行為或人格特質，在中國文化傳統中，一直是一個逸出或被排除於主流文化之外的人格特質，面對瘋癲議題，若僅僅從行為表象簡單地加以理解或評價，便很難看見其超越常態文化價值之外所展現的更為自由或強烈的生命姿采。「高僧」在世俗的印象裡，可能是遠離塵世，精進不懈，苦行求證的「慣性」形象，從這樣的高僧標準看來，狂僧就成為例外特出或者被邊緣化的異行份子了。在唐代即出現多位狀似癲狂，實則證量難測的高僧，跳脫修行常軌，以瘋癲嬉戲的姿態行化於世間。既看不到他們勤修戒定慧，也不見他們積極廣修福德資糧；雖現僧相，卻佯狂於世，在其展現神通能力之前，

根本被視為瘋子。

　　狂、瘋、癲等概念，在漢語語境的意義相當接近，都是指涉一種異於社會常態，具有瘋狂、癲狂的行為特質，所以「狂」在常態意識下，相對地被視為偏離正道的行徑。然而光從外在行為未必能精準判別其人究竟是真瘋或假傻，必須從其行徑背後的心理狀態來加以細究，方能一窺其癲狂之實相。真瘋子無法有穩定的判斷能力，而佯狂僧侶的瘋癲背後，卻有清楚的意識判斷作為其行徑的取決基礎。

　　過去對於佯狂人物的研究，以逸出儒家道統常態的人物為主，尤以亂世或衰世易見此輩，所關注的人物主要環繞在「士」階層面對社會政治的不可為，或不見容於當朝時，採取的一種較為激烈的自我棄捨的行為模式，以尋求另一種自我安頓的可能，甚少注意到宗教人物也有這樣的行為趨向。近年關於藏傳佛教中的瑜伽士的狂慧研究頗受注目，其中八十四大成就者的修行歷程是最典型的例子。❶關於中國僧侶的佯狂研究，日本學者船本和則做過相關探

---

❶　中國唐宋時期，正值印度大乘佛教發展的晚期，趨於繁瑣的理論或教義的爭辯，不易為一般的信徒所了解。自十世紀起，密教成為晚期印度大乘佛教發展的主流。呂澂，《印度佛學思想概論》（臺北：天華出版社，1987 年），頁 251。此期的代表人物為八十四位密乘修行成就者，他們以奇特的言行和神通示現，展示其實修的成果。這些修行者來自各種不同階層，有出身王族，也有出身寒微階層，男女都有。詹姆士‧柏諾‧羅賓森認為印度八十四大成就者的傳記中，含納了歷史、聖徒傳和神話三個層次。James Burnell Robinson, "The Lives of Indian Buddhist Saints: Biography, Hagiography and

究。❷漢語學界僅吳汝鈞、龔雋在討論「游戲三昧」的議題時略為觸及。❸

　　在以解脫為目的的出世修行中，相對於苦行求證的另一種強烈的形象，便是佯狂市朝，因為形跡難測而更增添其神秘色彩。根據筆者統計，《宋高僧傳》中所收錄的狂僧，將近五十位，多數集中於〈感通篇〉，他們有些可以在禪宗系譜中找到所屬法系，有些則宗派不明。❹這些狂僧事蹟，多數亦見於《太平廣記》的異人、異

Myth" *Tibetan Literature: Studies in Genre.* Ed. By Jose Ingacio Cabezon and Roger R. Jackson. New York : Snow Lion, 1996. p.57-69.西藏佛教瘋行者傳統的出現，代表對印度繁瑣性思維模式的顛覆，並往中道所做的導正。「藏傳佛教的『瘋行者』（the Divine Madman），是不同於經院系統，也就是一般僧院教育系統外實修傳統代表人物的一環。他們特殊的行為方式，常以異於正常理性範疇的『瘋狂』言行出現，目的在打破傳統的、固著的知覺概念，顯示出某種精神修持境界以凡夫概念來理解時的超越性與特異，故被稱為『瘋行者』。」參見劉婉俐，〈神聖與瘋狂：藏傳佛教的「瘋行者」傳統 vs. 傅柯瘋狂病史的權力論述〉，《中外文學》第 32 卷第 10 期（2004.3），頁 156。

❷　船本和則，〈風狂の思想：禪宗成立以前の狂觀〉，《早稻田大學大學院文學研究科紀要別冊・史學編》第 6 冊，1980.3.1，頁 22-32；〈梁唐高僧伝における神異と狂と禪〉，《哲學年誌》（*Philosophia*）第 71 冊，早稻田大學哲學會，1983.12.25。

❸　吳汝鈞，《游戲三昧：禪的實踐與終極關懷》（臺北：臺灣學生書局，1993 年），頁 164。龔雋，〈尊戒與慢戒──略論禪風中的「游戲三昧」與內外法度〉，《禪史鈎沈──以問題為中心的思想史論述》（上海：三聯書店，2006 年），頁 73。

❹　參見附錄二：《宋高僧傳》佯狂僧侶一覽表。

僧、幻術之部。而《太平廣記》的內容，又多是輯錄自唐人的各種筆記小說。例如懶殘故事出自《甘澤謠》，難陀故事出自《酉陽雜俎》，廣陵大師故事出自《宣室志》。其類似雜傳野史而以樸素筆法所書寫的狂僧故事，雖近於神異志怪，卻反映了唐代狂僧遊走民間的部分實況。這些狂僧皆具有鮮明的形象特徵，詭異的行為舉措，難以理解的瘋言讖語，然而過去相關研究卻甚少注意到這群形象突出的狂僧。

本章主要透過與唐代伴狂禪僧相關的僧傳文本，以狂僧群相為討論中心，而非單一伴狂僧侶。先回顧禪僧伴狂型態的歷史脈絡，其次，從佛教義理和文化現象兩個層面，探討狂僧瘋癲表演所涵攝的意義，以見其行為的共相，及深層的宗教意義，並反省此種行徑對佛教發展的作用。❺詮釋重點不在狂僧產生的歷史時空因緣的理

---

❺ 福科從社會進化的歷程，將瘋癲與理性視為對立的兩種精神狀態，並試圖對瘋癲的存在進行歷史考古。福科著，劉北成等譯，《瘋癲與文明：理性時代的瘋癲史》（北京：三聯書店，1999 年），頁 1-12。巴赫金（或譯為巴赫汀），從文藝的創造性，注意到藉由瘋癲母題，可以使人用未被眾所公認的觀念和評價遮蔽的眼光來看世界，並認為瘋癲也可以視為是對官方片面嚴肅的真理的一種戲擬和顛覆。巴赫金著，李兆林、夏忠憲等譯，《巴赫金全集》（石家莊市：河北教育出版社，1998 年），第六卷，弗朗索瓦·拉伯雷的創作與中世紀和文藝復興時期的民間文化，第一章詼諧史上的拉伯雷，頁 69-164。胡伊青加則從人類游戲的本能角度，將游戲的態度提升到與人本質的神聖的精神領域等而視之。〔荷〕胡伊青加著，成窮譯，《人：游戲者——對文化中游戲因素的研究》（貴陽：貴州人民出版社，1998 年），第一章作為一種文化現象的游戲之本質與意義，頁 22-4。這些觀念都有助於筆者

解，而重在佛教證悟與垂跡展演的意義反省。

二、狂僧傳統的歷史脈絡

佯狂人物在中國文化史上一直存在，宗教人物的瘋癲行為也屢見不鮮。狂狷是中國文士的一種精神傳統，當讀書人無法順應儒家理想的行事法則——「中行」之道而為時，狂與狷至少較之隨波逐流的鄉愿品格，更能保有對於道德理想和社會實踐的內在真誠。《論語·子路篇》中，子曰：「不得中行而與之，必也狂狷乎？狂者進取，狷者有所不為也。」何晏《集解》引包咸曰：「狂者進取於善道，狷者守節無為。」❻朱熹《集注》曰：「狂者，志極高而行不掩；狷者，知未及而守有餘。」❼孔子認為如果無法與中行者為伍，則寧可退而與狂狷者為友，因為狂者志向高遠，具有勇猛進取的氣概；狷者至少不隨波逐流，而能保持節操，堅持自我的理想，以之體現為對外部秩序的挑戰或反抗，達到追求個人主體自由的一種行為方式。楚狂接輿便是游離於「中行」之外的代表。❽孔

對於僧侶佯狂游戲的行為，做更多層面的理解和思考。

❻　以上兩段引文，引自〔魏〕何晏集解，〔宋〕邢昺疏，《論語注疏·第十三子路篇》（十三經注疏分段標點本，臺北：新文豐出版社，2001 年），頁299。

❼　朱熹，《論語集注》，卷7，《文淵閣四庫全書》，第197 冊，頁65 下。

❽　〔魏〕何晏集解，〔宋〕邢昺疏，《論語注疏·第十八微子篇》：「楚狂接

子將狂狷行為視為次於中庸人格的典型，這樣的觀點，對後世文士
的生命取徑影響深遠。

歷史上對「士」面對社會所採取的應變態度也有不同的評價，
《梁書卷五十一·列傳第四十五·處士篇》：

> 古之隱者，或恥聞禪代，高讓帝王，以萬乘為垢辱，之死亡
> 而無悔。此輕生重道，希世間出，隱之上者也。或託仕監
> 門，寄臣柱下，居易而以求其志，處汙而不愧其色，此所謂
> 大隱隱於市朝，又其次也。或裸體佯狂，盲瘖絕世，棄禮樂
> 以反道，忍孝慈而不恤。此全身遠害，得大雅之道，又其次
> 也。❾

傳統封建社會中，「士」的出處進退繫乎政治局勢太平與否，伯
夷、叔齊互相謙讓王位，武王伐紂之後，二人以身為商臣而恥食周
粟，寧可餓死首陽，其「輕身重道」，成為後代隱士的最高道德典
範。其次，大隱隱於市朝，即使身在廟堂，心亦無異於山林之中。
此外，另有一部分人，以佯狂任誕、裝聾作啞、裝瘋賣傻等方式處
世，固能以此全身遠害，然而其行為違背儒家禮義之道，非有德君

興，歌而過孔子曰：『鳳兮，鳳兮，何德之衰？往者不可諫，來者不可追。
已而，已而，今之從政者殆而！』孔子下，欲與之言，趨而辟之，不得與之
言。」頁409。
❾ 姚思廉等，《新校本梁書》（臺北：鼎文出版社，1980年），頁731。

子所應為，所以又等而次之。大凡亂世無道，就會出現披髮佯狂的
楚狂之士，既無能改變現狀，又無法逃於江湖之間，乃以佯狂之
姿，衝破外在禮法制度，宣洩心中的憤懣和愁思，這是中國「士」
文化典型的歧出。❿他們試圖用一種不合常態的方式，使其心理壓
力得到紓解，其形狂而實醒，像竹林七賢之流，其佯狂行徑的背
後，充滿對生存的不安和生命存在感的掙扎，或許內心痛苦更劇。
到了晚明士人注重良知任運，蔑視權威以張揚自我性情的生命型
態，帶動另一波狂禪思潮的發展，然而仍未能解決個體自由和社會
規範之間的矛盾。⓫

　　就根本發心而言，儒道之狂與禪僧以佯狂神異為教化濟世之方
便截然不同。佯狂瘋癲的行為在佛典所記載的佛陀、阿羅漢弟子及
諸大菩薩的行為模式中都不曾見，比較近似的行動概念是「游
戲」。印度文化性格較傾向於內在的、本質性的反省⓬，而佛教的
根本思維基礎來自對生命是苦的體認，因此，必須以全副生命來尋
求解脫、出離無常的現世，這樣一種深沈的、自省的思維模式，就
很難以另一種任運、幽默的方式來看待或處理人生的問題。僅有維

---

❿　參見余英時，《中國知識階層史論·古代篇》（臺北：聯經出版社，1980
　　年），頁 329。

⓫　參見毛文芳，〈晚明佯狂思潮〉，《漢學研究》第 19 卷第 2 期
　　（2001.12），頁 171-200。

⓬　中村 元，《東方民族的思維方式·印度篇》（臺北：結構群出版社，1989
　　年），頁 98-110。

摩詰居士招待前來探病的文殊菩薩時，曾小露一手「游戲神通」的隨意施用戲碼來引入辯論正題。⓭柳田聖山和龔雋都認為中國禪的「游戲」特質，應與印度佛教原始法流中的「樂道」觀念，將冥想與精神統一有關，用以展現其樂道或禪悅自在的一種生活方式。⓮

　　事實上，將游戲的態度導入修行生活，應是中國禪宗特殊的創發，特別是慧能（638-713）以下的南宗禪，《六祖大師法寶壇經》云：「見性之人，立亦得，不立亦得，去來自由，無滯無礙，應用隨作，應語隨答，普見化身，不離自性，即得自在神通，游戲三昧，是名見性。」⓯所以，禪者的心靈本質是充滿動進的，能隨日常生活起不取不捨的妙用。吳汝鈞曾言：所謂「游戲三昧」，是禪者以三昧為基礎，在世間自在無礙地進行種種教化、點化、轉化的工夫，對於不同情境、不同眾生，都能以適切的方便，使他們獲得覺悟的利益。所以，游戲是在世間自在無礙的點化活動，三昧則是游戲的基礎，以貞定游戲，不使之氾濫，二者不能截然分開，必須結合在一起，才是整全的禪實踐的表現。⓰這種游戲任運的心態，應該也受到中國道家逍遙任運的自由精神的啟發，使得禪的精神在

⓭　參見《維摩詰所說經·文殊師利問疾品第五》，收入《大正藏》第 14 冊，頁 544 上。

⓮　參見柳田聖山，《禪與中國》（北京：三聯書店，1988 年），頁 15。龔雋，〈尊戒與慢戒——略論禪風中的「遊戲三昧」與內外法度〉，《禪史鉤沈——以問題為中心的思想史論述》，頁 74。

⓯　收入《大正藏》第 48 冊，頁 358 下。

⓰　參見氏著，《游戲三昧：禪的實踐與終極關懷》，頁 164-5。

中國能夠轉向更為自由活潑的創造力。

　　中國僧侶代有以佯狂之姿行化於世者，南朝時期就出現過像杯渡、寶誌之流，乍愚乍智，居止無定，飲酒食肉，卻時而顯露神蹟。❼杯渡一出現便能以杯渡水，甚且分身多處，去來無礙。而從寶誌求道歷程來看，他先是修習禪定一段時間之後，才突然轉變行徑。為什麼他會有這種性格的轉變呢？從禪宗流傳的歷程來看，達摩禪法初傳之時，尚未獲得廣大迴響，甚且有不信者欲危害其性命。像慧可（487-593）原本即博通內外典，遇達摩之後，「從學六載，精究一乘，理事兼融，苦樂無滯，而解非方便，慧出神心。」❽可見他是經過一番苦修才悟道。其後本欲廣傳心要，卻屢有道恆

---

❼　杯渡的傳記，參見慧皎，《高僧傳》卷 10〈杯度〉，收入《大正藏》第 50 冊，頁 390 中；李昉等編，《太平廣記》（北京：中華書局，2006 年），卷 90〈杯渡〉，頁 590。《高僧傳》記載寶誌讖記預言，後皆效驗，京城士庶皆共事之。齊武帝謂其惑眾，將之收於建康，隔日，人見其入市，還檢獄中，寶誌猶在。可見他已能分身自在。寶誌的傳記，參見《高僧傳》卷 10〈梁京師釋寶誌〉，收入《大正藏》第 50 冊，頁 394 上；《太平廣記》卷 90〈釋寶誌〉，頁 594。《景德傳燈錄》卷 27，收錄「禪門達者雖不出世有名於時者十人」，包括寶誌禪師、善慧大士、泗州僧伽和尚、萬迴、豐干、寒山、拾得、布袋和尚等，皆是屬於佯狂神異的高僧。其中首位即寶誌禪師。他少出家止道林寺修習禪定，宋太始初，忽居止無定，飲食無時，髮長數寸，徒跣執錫，數日不食無飢容，時或歌吟，詞如讖記。收入《大正藏》第 51 冊，頁 429 下。

❽　〔唐〕道宣，《續高僧傳》卷 19〈釋僧可傳〉，收入《大正藏》第 50 冊，頁 550 上。

禪師欲置之於死地，始悟「一音所演，欣怖交懷。」❶從此懂得從容順俗。因此，慧可傳法僧璨後，囑其「宜處深山，未可行化。」❷自己也隱跡行化於民間。❸由於眾生心性難以捉摸，難信之法易於生謗，因此慧可傳法之後，無視於眾人異樣眼光，變易形象，混跡於市井、酒肆、屠門，靜待傳法的時機因緣。後代禪宗法系下的高僧，若非潛隱山林禪修，而混跡於民間，則往往採行佯狂瘋癲的姿態，與世浮沈，隨機以各種善巧方便度化眾生。

　　唐代以來，不同於傳統山林清修型的高僧群出，以佯狂游戲的姿態混跡世間，打破世、出世間的空間隔礙。同樣屬於大乘佛教系統的西藏佛教傳統中，也有類似於佯狂禪僧的「瘋行者」存在，劉婉俐認為「瘋行者」更具有西方瘋狂論述中所沒有的神聖性和智慧面向，強調鮮活、不拘形式，以心性體驗而非知識（語言、理性）系統，包含傳統／創新兼容並蓄的特色。這和傅柯（Foucault, Michel, 1926-1984）以西方文化傳統為基礎，認為瘋癲與理性對立，在理性

---

❶　〔唐〕道宣，《續高僧傳》卷 19〈釋僧可傳〉，收入《大正藏》第 50 冊，頁 550 上。

❷　〔宋〕道原，《景德傳燈錄》卷 3「第二十九祖慧可大師」，收入《大正藏》第 51 冊，頁 220 中。

❸　《祖堂集》卷 2〈第二十九祖慧可禪師傳〉：「（慧可）告璨曰：『吾往鄴都還債。』便去彼所，化導群生，得三十四年。或在城市，隨處任緣；或為人所使，事畢卻還彼所。有智者每勸之曰：『和尚是高人，莫與他所使。』師云：『我自調心，非關他事。』」張華點校，《祖堂集》（鄭州：中州古籍出版社，2001 年），頁 74。

／非理性的拉鋸中所產生的文化斷裂感是截然不同的。㉒瘋行者傳統的出現，代表對印度繁瑣性思維模式的顛覆，並往中道所做的導正。對照於中國僧侶所展現的佯狂神異行為，應該也是相應於所傳播地區的文化環境而產生的一種帶有與正規佛教僧院傳統背反的行為模式。

三、瘋癲、違戒與讖言：
狂僧垂跡行化的形象特質

　　唐代狂僧的形象具有濃厚的表演性質和高度的相似性行事準則，予人神秘難測的印象。然而，直接面對這些癲狂聖僧的信徒，卻很難識其真面目，多數是經後設反省後，才會發現不同狂僧的行為之間可以相互註解。

　　佯狂高僧最明顯的特質是癡傻瘋癲。就佛教看來，這是一種無法掌握或理解心性本質的無明相狀，然而，有道高僧卻以癡傻瘋癲、滑稽突梯之行，作為掩蔽自己道行的手段。例如《宋高僧傳》中描寫布袋和尚的形象：

　　　　釋契此者，不詳氏族，或云四明人也。形裁腲脮，蹙頞皤

㉒　劉婉俐，〈神聖與瘋狂：藏傳佛教的「瘋行者」傳統 vs. 傅柯瘋狂病史的權力論述〉，《中外文學》第 32 卷第 10 期（2004.3），頁 160。

腹，言語無恒，寢臥隨處。常以杖荷布囊入廛肆，見物則
乞，至于醯醬魚菹，纔接入口，分少許入囊，號為長汀子布
袋師也。曾於雪中臥而身上無雪，人以此奇之。有偈云：
「彌勒真彌勒，時人皆不識」等句。人言慈氏垂跡也。❷❸

他形質委鈍，麤眉大肚，語無倫次，居無定所，因臥雪無沾而人異
之。又如神鼎「狂狷而純直，髮垂眉際。」❷❹萬迴幼時白癡不語，
「見貧賤不加其慢，富貴不足其恭。東西狂走，終日不息。或笑或
哭，略無定容，口角恒滴涎沫，人皆異之。」❷❺當然，若是全然的
瘋癲，乃至周圍的人毫無懷疑其為瘋子，那麼，這樣的瘋癲表演其
實是失敗的，必得在其瘋癲的表象中，似有若無地滲透一點智者或
神異的訊息，才能扣擊當機者的覺知，從懷疑中體悟狂僧內在的聖
者品質。

　　天台三聖封干、寒山和拾得，可謂唐代狂僧的典型人物，三人
同居國清寺。封干剪髮齊眉，樂獨舂穀，能乘虎入寺，言事多中。
寒山子與拾得多於寺中執爨，兩人的對話，他人無從理解。《宋高

❷❸　〔宋〕贊寧撰，范祥雍點校，《宋高僧傳》，卷 21〈唐明州奉化縣契此
　　傳〉，頁 552。《景德傳燈錄》卷 27 亦有傳。

❷❹　〔宋〕贊寧撰，范祥雍點校，《宋高僧傳》卷 29〈唐京兆神鼎傳〉，頁
　　720。

❷❺　〔宋〕贊寧撰，范祥雍點校，《宋高僧傳》卷 18〈唐虢州閿鄉萬迴傳〉，頁
　　454。

僧傳》描述寒山子的外在形象：

> 寒山子者，世謂為貧子風狂之士，弗可恒度推之。隱天台始
> 豐縣西七十里，號為寒暗二巖。每於寒巖幽窟中居之，以為
> 定止。時來國清寺有拾得者，寺僧令知食堂。恒時收拾眾僧
> 殘食菜滓，斷巨竹為筒，投藏于內，若寒山子來，即負而
> 去。或廊下徐行，或時叫噪凌人，或望空曼罵。寺僧不耐，
> 以杖逼逐，翻身撫掌，呵呵徐退。然其布襦零落，面貌枯
> 瘁，以樺皮為冠，曳大木屐。或發辭氣，宛有所歸，歸于佛
> 理。

拾得形象則瘋狂中又多讖言：

> （拾得）於寺莊牧牛，歌詠呼天。當其寺僧布薩時，拾得驅
> 牛至僧集堂前，倚門撫掌大笑曰：「悠悠者聚頭。」時持律
> 首座咄曰：「風人，何以喧礙說戒？」拾得曰：「我不放牛
> 也，此群牛者多是此寺知僧事人也。」拾得各呼亡僧法號，
> 牛各應聲而過，舉眾錯愕，咸思改往修來，感菩薩垂跡度
> 脫。❷❻

---

❷❻ 以上兩段引文，引自〔宋〕贊寧撰，范祥雍點校，《宋高僧傳》卷 19〈唐天
　　台山封干傳〉，附傳寒山子、拾得，頁 483。

寒山子世謂之「貧子風狂之士」，其喜怒行止全無定法，然寫於林葉的詩，卻都闇合佛理。❷拾得藉由呼牛之前身法名，眾人乃悟其為垂跡度化之聖僧而有所警悟。最後，寒、拾二人因閭丘至寒巖謁拜，遂相攜縮入石穴，杳然無蹤。

　　由上諸例證可見，佯狂僧侶的形象具有兩面性，一面是癡狂瘋傻，另一面或密行不輟，或料事如神，或時出警語。這便關連到證果之人，如何迴入世俗裡生活，以及如何指點眾生解脫之徑的問題；或者，因為不合適以相同的模式去度化根基差異的眾生，因此癡傻以對，可說是一種有所不為的表象。此中顯示見道者與凡夫之間理解溝通的差異和困難，或許也因為這種歧異的難以克服，只好使用瘋狂的語言和行為來與一般人交通。

　　其次，佯狂高僧往往展現其對戒儀的蔑視。戒律是世尊根據弟子修行規範的需要而逐漸制訂的，其根本精神在於輔助學法者在戒律的基礎上，由定發慧，終期達到解脫。原始的戒律是在印度文化背景之下形成的，當佛教隨時間推移而傳播到不同地域方俗時，往往必須面對針對印度文化所制訂的戒律與佛教傳播當地社會風俗差異的衝突，溝通這種抵觸心理的方法便是隨順方俗而加以調整。事

---

❷　例如〈時人〉詩云：「時人見寒山，各謂是風顛。貌不起人目，身唯布裘纏。我語他不會，他語我不言。為報往來者，請來向寒山。」引自《寒山子詩集》（四部叢刊本，第 31 冊，臺北：臺灣商務印書館，1965 年），頁18。

實上，佛陀制戒時，便已主張戒律應因時、因地制宜。❷而狂僧往往遊走於戒律邊緣，完全違背中國佛教僧侶的生活軌範。但是若僅僅破戒犯齋，只是個人行為，無法傳達任何制衡戒律權威的效用，必須在違犯戒律的同時，顯露其證悟工夫，或者施用神異，方能使後學對戒律的存在作用產生衝擊和反省。像鵝鳩和尚日食二鵝鳩，雙鳩自其口中吐出而能行。❷法照性格「立行多輕率，遊方不恒。」煮虵肉夾胡餅吃而旁若無人，毫無慚恥心，有詬罵欲毆打者，一皆不應。然以誦《金剛經》故，一室通明，異香充滿。❸這都是一邊違戒，一邊修行無礙的表演。唐貞元中，有一廣陵大師不但形質寢陋，又好飲酒食肉，即使盛暑也穿著一件厚重而且滿是蚤蝨的布裘。狂性大發時，還會殺狗宰豬，聚惡少鬥毆，甚至剽奪市人錢帛！這形象簡直比地皮流氓還不如，所以廣陵人甚惡之。有佛門耆僧誡之曰：

　　汝胡不謹守戒法，奈何食酒肉、屠犬豕，彊抄市人錢物，又

---

❷　《五分律》卷 22：「雖是我所制，而於餘方不以為清淨者，皆不應用；雖非我所制，而於餘方必應行者，皆不得不行。」《大正藏》第 22 冊，頁 153上。

❷　〔宋〕贊寧撰，范祥雍點校，《宋高僧傳》，卷 21〈唐代州北臺山隱峰傳〉附傳鵝鳩和尚，頁 549。亦見於李昉等編，《太平廣記》卷 96〈鷹鳩和尚〉，頁 644。

❸　〔宋〕贊寧撰，范祥雍點校，《宋高僧傳》卷 25〈唐陝府法照傳〉，頁636。

> 與無賴子弟鬪競，不律儀甚，豈是僧人本事耶？一旦眾所不
> 容，執見官吏，按法治之，何處逃隱？且深累佛法！

這番話說得語重心長，僧侶一旦穿著一身袈裟，其存在便是佛法住
世的代表，而非僅僅作為個人的存在。結果，廣陵怒對斥責他的老
僧曰：

> 蠅蚋徒嗜腥羶，爾安知鴻鵠之志乎？然則我道非爾所知也？
> 且我清中混外者，豈同爾齷齪無大度乎？❸

廣陵以蠅蚋之喻貶低拘守戒律者，自言其內清外混，非凡庸之輩所
能理解。隔日於坐席上眉間大放神光，一室晃耀，觀者爭相禮拜、
懺悔。又隔一日，當眾人恭謁大師時，發現他已然禪定坐化。其戲
劇化地短暫透露神蹟，旋即入滅，留給後人無限的追悔空間。問題
是他既是修證有得的人，為什麼要表現出全然對反的行止呢？或許
他違背律儀，是為了破除人們對高僧形象的崇拜仰望，同時挑戰僧
院所建立的權威與秩序。其不合戒法，刻意地驚世駭俗的舉措，實
是對僧院表面拘守戒律，實則忘失戒學本質意義的一種警誡。

---

❸ 以上兩段引文，引自〔宋〕贊寧撰，范祥雍點校，《宋高僧傳》卷 19〈唐揚
州孝感寺廣陵大師傳〉，頁 490。亦見於李昉等編，《太平廣記》卷 97〈廣
陵大師〉，頁 646-7。

　　又如亡名上座嗜酒食肉，言行無常，不合律儀，學人也爭相模仿，於是他集眾於荒塚間大啖腐屍，眾人驚懼而走，上座大叫：「汝等能餧此肉，方可餧他肉。」大眾從此警悟，化成精苦。所以，贊寧系曰：

> 上座始則爾之教矣，後則民胥效矣。曾不知果證之人，逆化於物，終作佛事，用警未萌。故若歸其實，乃對法論中諸大威德菩薩示現食力住故也。如有妄云得果，此例而行，則如何野干鳴，擬學師子吼者乎？❸❷

　　亡名僧奇蹤異跡不少，施為雖不合律儀，卻有化物警策的用心，對照於凡夫僧往往僅能看到事情的表象，毫無抉擇智慧便一意模仿，學他啖肉佯狂而妄言自在無礙，不受戒法拘牽。或許，他的示現，正是為了對治唐代佛教禪風鼎盛，祖師以呵佛罵祖為佛事，下劣根器者則學得禪師表面不讀經教、不拘律法，唯求頓悟的主張，在眾人酣於禪機峻切的風氣中，已嗅聞到禪門走向偏峰發展的危機，而以身教給予喝斥點醒。

　　從上諸例，可見狂僧多示現極端破壞戒儀的處世方式，從正面來看，對於主體心性的全然肯定，有助於學子往戒律的深層意義反

---

❸❷　以上兩段引文，引自〔宋〕贊寧撰，范祥雍點校，《宋高僧傳》卷 21〈唐興元府梁山寺上座亡名傳〉，頁 550。

思，把握佛教心地工夫的正行。從反面來看，其以極端手段蔑視戒法，所能獲得的反應恐怕不易掌握。一方面可能為持法者所不容，而更嚴於戒律的規範；另一方面可能為無法持戒者所利用，而作為其破戒違犯的仿效對象，從而使佛教戒儀凌夷。

　　讖記預言亦是佯狂高僧展現其預見因果本末的神通智慧的手段。預言未來是庶民社會信靠的一種心靈寄託，巫師、方士透過讖言預示未來的命運發展，在民間具有相當的影響力。在佛教看來，只要禪定能力達到四禪以上，自然能有宿命通，可以逆料來事，所以有神通變化能力的狂僧，對事件因緣本末發展能有更細微的掌握，其讖記往往準確無比。例如萬迴「不好華侈，尤少言語。言必讖記，事過乃知。」❸❸他十歲就已展現一日去來萬里的神跡，因其出言必有故，武后甚至迎入內道場供奉，朝中大臣名士爭相恭問吉凶。他能預知韋后和安樂公主之誅、玄宗得位、祿山之反、睿宗繼位等國事，因此，人多觀其舉止，以知禍福。玄奘法師曾參訪天竺石藏寺，見一空房，因問此中大德何在？人告之曰：「此僧緣闕法事，罰在東方，國名震旦，地號閿鄉，于茲萬迴矣。」❸❹因此，他返國後即求見萬迴，萬迴竟請其母預為準備蔬食款待，並向玄奘詢問西域之事。

---

❸❸　〔宋〕贊寧撰，范祥雍點校，《宋高僧傳》卷 18〈唐虢州閿鄉萬迴傳〉，頁454。

❸❹　〔宋〕贊寧撰，范祥雍點校，《宋高僧傳》卷 18〈唐虢州閿鄉萬迴傳〉，頁454。亦見於《太平廣記》卷 92，頁 606-7。

和和僧「狂而不亂，愚而有知，罔測其由，發言多中，時號為聖。」❸明瓚因為「性懶而食殘」❸，所以又號懶殘。他白天為寺役，夜晚則與群牛共住，二十年而無倦容。李泌寄宿寺中，潛察懶殘所為，聞其中宵梵唄之聲響徹山谷，而謂：「經音悽愴而後喜悅，必謫墮之人時將去矣！」明瓚即告之：「慎勿多言，領取十年宰相。」後懶殘因展現神力，移動巨石，開通山路，眾僧乃至太守奉如神明，因而即懷去意，寺外忽而虎豹成群，懶殘欲持荊梃以驅之，結果一出寺門，即被虎銜之而去。從此虎豹絕蹤，而李氏果如所言居於相位十年。❸所以，能準確逆料來事，成為分判狂僧真瘋假瘋的憑藉，也是其向世人透露內在修證消息的線索。其遊走於市井之間，被摒除於僧院之外，只能運用讖記警示，來引起有緣者注意。當然，狂僧的預言通常不會直接表達，而須透過一種隱晦曲折的暗示來呈現，必待事態進展得到印證，方知為非常之人。

佯狂高僧的形象特質，歸納起來約有如下特點：一者，忽愚忽智，能自在表演神通；二者，飲酒吃肉，突破戒律的拘禁；三者，言默不定，每言必中。這些佯狂高僧所展現的神通能力，顯見其應是達到某種證量位階，修行生活已完全脫離印度佛教的矩度，展現

---

❸ 〔宋〕贊寧撰，范祥雍點校，《宋高僧傳》卷 19〈唐京師大安國寺和和傳〉，頁 490。

❸ 李昉等編，《太平廣記》卷 96〈懶殘〉，頁 640。

❸ 〔宋〕贊寧撰，范祥雍點校，《宋高僧傳》卷 19〈唐南嶽山明瓚傳〉，頁 491。這個故事，即是「懶殘煨芋」故事的原型。

其對傳統修行體制的反制。他們的神異能力從何而來？若是天生而有，就是再來人；若否，則其內在或佯狂之前應有更精勤的苦修過程，只是缺乏其修行歷程的史料記載。因為無跡可循，可確有神通能力，像普化和尚就被禪宗系譜列於「散聖」，而非正員。❸這種分判本身，即透露就佛教解脫道的修行次第而言，此種行徑並非修行常道的訊息。因此，我們不免會起疑，佛教的苦修斷愛，到了中國文化中，如何融色空於一？如何以方便即智慧？這是一條險路，華人也許不耐煩印度式繁瑣綿密的修行階漸，而更具自信的創造力，擅長掌握義理後自創門徑。如何看待這樣的示現，仍算在佛教修行正軌之中而未偏於他道呢？誠如贊寧所言：「曾不知果證之人，逆化於物，終作佛事，用警未萌。」「如有妄云得果，此例而行，則如何野干鳴擬學獅子吼者乎？」❸

　　佯狂僧侶由表面的瘋癲破戒，到內在的定慧等持所展現的預言神通，以似傻非傻、似瘋非瘋的樣貌混跡人世，以超乎常理的生活模式示現神蹟。他們奇特的言行，顛覆世俗對於高僧形象的既定看法，以各種游戲神通超越固定的時、空、身體的區隔和疆界，突破理性思維世界的理解模式，展現心靈高度自由的任運變化，打破人們對於高僧的期待與依賴，這也許可以視為另一種破除偶像崇拜的

---

❸　〔宋〕贊寧撰，范祥雍點校，《宋高僧傳》卷 20〈唐真定府普化傳〉，頁 510。

❸　以上兩段引文，引自〔宋〕贊寧撰，范祥雍點校，《宋高僧傳》卷 21〈唐興元府梁山寺上座七名傳〉「系曰」，頁 550。

方式。

四、以幻離幻：
狂僧對游戲神通的發用與空性的展演

　　游戲神通的展演是一種較為個人化的行為，除了外在瘋癲不經的行徑，本質意義的基礎，才是發動其佯狂外相的內在動力；也就是佯狂只是一種手段，其背後有更深刻的思想內涵和存在作用值得深思。姑且不論可能存在無修無證僅僅處於東施效顰式的表面張狂一類人物，以真正達到「游戲三昧」而能自在施用的佯狂高僧為依準，來討論其「狂」何以為「佯」的運作基礎。

　　游戲是一種從日常真實跳入另一個短暫的，但完全由自己自由意志主宰的活動，可以說帶有某種假裝而又充分投入，甚至能暫時忘卻其偽裝的行為，我們從兒童的游戲最能夠明顯地理解這種情形。兒童都清楚他是在「玩」、在「演」，但是在游戲過程中又能全然入神地扮演他在游戲中的角色，也就是游戲者本身具有能自由出入於所游之戲的本能。❹僧侶佯狂從覺知層面而言，其內在清

---

❹　〔荷〕胡伊青加著，成窮譯，《人：游戲者——對文化中游戲因素的研究》，頁 10-12。這與文藝心理學上所說的移情作用也有點類似，因極其專注地投入情境中，而忘卻物、我的分別。朱光潛，《文藝心理學》（臺南：大夏出版社，1988 年），頁 204-7。

醒，絕不是真瘋；但又能完全融入游戲情境當中逢場作戲。也就是狂僧的游戲，是在專一凝定、自在點化中進行，絕不是任意散亂、中心無主。

在《華嚴經》、《大般若經》、《維摩詰經》中，多次出現諸佛菩薩於諸神通，出入施化，無礙自在，而為游戲。因為心無定執，乃能任運地示現種種游戲神通境界。❹以《華嚴經》卷八十〈入法界品〉為例，善財童子因見聞普賢菩薩無量不可思議游戲神通，即得十種智波羅蜜。❷

當我們檢視從慧皎、道宣到贊寧所撰高僧傳中收錄高僧的共通傾向和特質，就會發現雖然僧傳類分十科，但「神異」或「感通」的事蹟，卻散見於每一科，也就是整本高僧傳幾乎多數高僧的生平敘述中，或多或少都有特殊神異的能力或事蹟，這是高僧共有的特質，並不限於神異或感通篇，只是緣於其對佛教的貢獻不同而被歸於不同科中，否則僧傳的分科幾乎可以拿掉，而改成神異高僧傳了。因此，面對世俗社會對修行人的看法和期待，高僧的行為準則很難排除神通的運用。問題就在於這些高僧的超能力從何而得？從

---

❹ 《佛光大辭典》「游戲神通」條云：佛菩薩藉神通力，以度化眾生而自娛之謂。戲，意謂自在、無礙，含遊化、遊行之意。《大智度論》卷 7：「戲名自在，如師子在鹿中自在無畏，故名為戲。」（《大正藏》第 25 冊，頁 110 下）蓋佛菩薩於神通中歷涉為遊，出入無礙，如戲相似，故稱為戲。其如外道、二乘亦有通力，然其神通即有礙，不稱遊戲。頁 5619。

❷ 參見《大正藏》第 10 冊，頁 441 上。

佛教的觀點來看，神通本身是按照戒定慧的修行次第，在深度禪定的狀態下自然開發的一種能力，這並不是領受自外在任何非自然的力量，從而得到的一種能力；也就是神通不是被賦予的，而是眾生內在本然具有的能力，只是一般人長期處於散亂無明當中，使這種能力無法被開發出來。若能透過禪定訓練，隨著修證的程度，自然伴隨不同層級的神異感通能力的發用；然而，這完全不是佛教修行的目的。

　　佛陀的教示不重視世間五通，而強調趨於解脫才有的漏盡通。因此佛陀在制戒時，即特別強調除非在以智慧為引導的前提下，否則不准許弟子輕易顯現神通。大乘經典中諸多菩薩為救度眾生，而運用各種智慧善巧，顯現種種不可思議的神通變化，這原是其實踐利他精神的一種方便。只因佛經中對諸佛、菩薩、羅漢等神通奇蹟的生動描述，使得這些佛菩薩的形象逐漸成為眾生心靈依怙的對象而趨於他力信仰。慧皎《高僧傳・習禪篇》「論曰」：「禪用為顯，屬在神通。」❸適足以點出「禪定」與「神通」二者的關係。又說：「四等六通，由禪而起；八除十入，藉定方成。故知禪定為用大矣哉！」❹所以，神通能力來自修行者禪定之功的自然發用，差別只在外顯與否，也就是神通能力是具證量高僧的一種基本特質。那些未有神通事蹟記錄的高僧，未必沒有神異經驗，很可能限

---

❸　《大正藏》第 50 冊，頁 395 上。

❹　《大正藏》第 50 冊，頁 400 中。

於篇幅，或者為呼應高僧所歸類的科別，在擇要記錄的原則下，只好略去不錄而已。高僧神通感應的事蹟，可說是僧傳中最具戲劇性的情節，特別能夠引發讀者的信仰共鳴，但是，同樣的也可能引導讀者對神通產生幻想和追求，因此，慧皎在神異篇末「論曰」特別強調神通是「權」法施用，非佛法的究竟。❹

若以信解行證的修行歷程而言，神異感通是「果證也。」❻贊寧云：

> 動經生劫，依正法而修致，自然顯無漏果位中之運用也。知此怪正怪也。在人情則謂之怪，在諸聖則謂之通。感而遂通，故目篇也。故智論云：「以禪定力，服智慧藥。」❼得其力已，遂化眾生。❽

神異感通來自依正法修行，斷除煩惱，證得無漏果位後，任運而有的能力，雖然超出人情理解的範圍之外，卻異於神鬼之怪。

在《宋高僧傳》中，並無對癲狂僧侶的修行法門和修道歷程加

---

❹　《高僧傳·神異篇》卷 11「論曰」：「夫理之所貴者，合道也；事之所貴者，濟物也。故權者反常而合道，利用以成務。然前傳所紀，其詳莫究。或由法身應感，或是遁仙高逸，但使一介兼人，又便足矣。」《大正藏》第 50 冊，頁 395 上。

❻　〔宋〕贊寧撰，范祥雍點校，《宋高僧傳·感通篇》「論曰」，頁 578。

❼　《大智度論》卷 17，收入《大正藏》第 25 冊，頁 180 中。

❽　〔宋〕贊寧撰，范祥雍點校，《宋高僧傳·感通篇》「論曰」，頁 578。

以著墨，而是直接展現其游戲神通的表演。難陀即是一個典型的例證。

> 釋難陀者，華言喜也。未詳種姓何國人乎。其為人也，詭異不倫，恭慢無定。當建中年中，無何至于岷蜀，時張魏公延賞之任成都，喜自言我得如幻三昧，嘗入水不濡，投火無灼，能變金石，化現無窮。初入蜀，與三少尼俱行，或大醉狂歌，或聚眾說法，戍將深惡之，亟令擒捉。喜被捉隨至，乃曰：「貧道寄跡僧門，別有藥術。」因指三尼曰：「此皆妙於歌舞。」戍將乃重之，遂留連為置酒肉夜宴，與之飲唱。乃假襦袴巾櫛，三尼各施粉黛，並皆列坐，含睇調笑，逸態絕世。飲欲半酣，喜謂尼曰：「可為押衙蹋舞乎？」因徐進對舞，曳練迴雪，迅起摩跌，伎又絕倫。良久，曲終而舞不已，喜乃咄曰：「婦女風邪？」喜忽起，取戍將刀，眾謂酒狂，坐者悉皆驚走。遂斫三尼頭，皆踣於地，血及數丈。戍將大驚，呼左右縛喜。喜笑曰：「無草草也。」徐舉三尼，乃筇竹杖也，血乃向來所飲之酒耳。❹

根據上文描述，難陀為人詭異不倫，恭慢無定，自言已得「如幻三

---

❹　〔宋〕贊寧撰，范祥雍點校，《宋高僧傳》卷 20〈唐西域難陀傳〉，頁 512。

昧」，所以入水不濡，投火無灼，能變金石，化現無窮。他帶著三名妙齡女尼入蜀，或大醉狂歌，或聚眾說法，因而為當地戍將所惡。難陀乃以酒肉夜宴戍將，並命三尼粉黛歌舞來助興，此三尼含睇調笑，可謂逸態絕世。這種世俗世界中的聲色縱情，若是俗人並不為過，然而主角換成僧尼，不但犯了佛門酒、肉和色戒，從世俗者眼光看來，也是一件違俗而令人震驚的事。這齣荒唐鬧劇，就在參與的眾人酒酣耳熱十分投入，而讀者反感情緒已然被這荒腔走板的鬧劇推至臨界點之際，但見難陀舉刀立斷三尼頭，血及數丈。所有的情色至此戛然而止，只剩下鮮血淋漓的皮囊。眾人震驚之餘，方知這三尼頭原來是筇竹杖，而血乃剛才所飲之酒耳。至此，這個游戲「演完」了。眼前這一場虛驚，原來是如幻之影。在場的人，包括讀者，不禁驚疑，剛才那一幕到底是真？是幻？難陀用這種戲劇化，超乎常情的激烈手段，上演一齣超越色空有無界線的戲碼，多麼驚心動魄！其氣魄豈是理性邏輯可推。甚至還使人斷其頭，復取頭安之，當作游戲表演。

難陀的神通變化，來自他已證得「如幻三昧」❺⓿，對此贊寧於難陀傳末「系曰」：

---

❺⓿　《佛光大辭典》「如幻三昧」條云：指通達一切諸法如幻之理的三昧，亦指變現種種如幻之事的三昧。此三昧如幻師之變現男女、兵眾等，皆能如意而無所拘礙。菩薩即住於此三昧中，雖以如幻三昧之變化無礙廣度眾生，亦了知一切諸法如幻之理，故菩薩不執著度化眾生之相而化用自在。頁2345。

難陀之狀跡，為邪正邪？而自言得如幻三昧，與無厭足王同。❺此三昧者，即諸佛之大定也。唯如幻見如幻，不可以言論分境界矣。四神通有如幻通，能轉變外事。故難陀警覺庸蜀之人，多尚鬼道神仙。非此三昧，不足以化難化之俗也。❺

證得「如幻三昧」能了達一切諸法如幻，從而自在任運地於現象界做種種如幻變化以度化有情。因為蜀地崇尚鬼神，所以，難陀透過對世俗男女歌舞調笑的戲仿，幻變出三名妙齡女尼，使其模仿世間情色的演出，「非此三昧，不足以化難化之俗也。」蓋五陰身心皆是緣起法，緣起法本質為空，其所傳達的空觀智慧，就在整個情境展演當下不言自明了。

　　這個故事同時見於《酉陽雜俎》和《太平廣記》❺，而且此三文本所記非常相似，故事情節具有相當的一致性，僅敘述詳略和修辭上略有差異，而這修辭上的小差異並不致影響詮釋意義。這些狂

---

❺　無厭足王是善才童子參訪的五十三位善知識之一，他證得菩薩如幻解脫法門，幻化種種造惡眾生所受的惡果，令其國中造惡眾生見此惡果之苦而心生厭離，並能捨諸惡事，發菩提心，行菩薩道。參見《華嚴經》卷66，收入《大正藏》第10冊，頁355中。

❺　〔宋〕贊寧撰，范祥雍點校，《宋高僧傳》卷20〈唐西域難陀傳〉「系曰」，頁513。

❺　〔唐〕段成式撰，《酉陽雜俎》卷5（北京：中華書局，1985年），頁42。李昉等編：《太平廣記》卷285〈梵僧難陀〉，頁2275。

僧原本只存在於民間流傳的筆記小說，其可信度和真實性都有待檢
證，一旦他們被收入敕編的《宋高僧傳》，其人的真實性便得到肯
定；其狂態舉止也將因其入列高僧之林而得到更宗教高度的看待。
從文本成立時間進程來看，狂僧由筆記小說進入高僧聖傳的過程，
可視為是對狂僧的一種「聖化」書寫的歷程。

　　《大方廣圓覺修多羅了義經》中，世尊教導普賢菩薩如何為諸
眾生「修習菩薩如幻三昧方便，漸次令諸眾生得離諸幻」❺❹的方
法。在《大智度論》卷五十亦提到證得「如幻三昧」的功德：

> 入如幻三昧者，如幻人一處住，所作幻事遍滿世界，所謂四
> 種兵眾、宮殿、城郭、飲食、歌舞、殺活、憂苦等。菩薩亦
> 如是，住是三昧中，能於十方世界變化遍滿其中。❺❺

所以，證得如幻三昧，則能自在無礙地於現象界做諸變幻，作為化
導眾生的方便。❺❻這與西方文化藉由瘋癲而與超我聖靈接通截然不
同，西方的瘋癲狀態中，天啟的神性靈覺是一種突發的、被選擇的
聖靈示現的器皿，則癲狂的人本身是受聖靈控制不能自主的，這也

---

❺❹　引自《大正藏》第 17 冊，頁 914 上。
❺❺　引自《大正藏》第 25 冊，頁 418 中。
❺❻　關於佛教「神通」與外道「幻術」的區別，可參考丁敏，《佛教神通：漢譯
　　佛典神通故事敘事研究》（臺北：法鼓文化出版社，2007 年），第九章「神
　　通」與「幻術」多音複調的敘事，頁 407-433。

使得瘋癲充滿神秘難解的色彩。中國狂僧正好與之相反，他們是內在既有本然的智慧，自覺地用癲狂的方式來與世俗世界交流，其神異也不是得處在癲狂狀態才能與聖靈交通而獲得啟示或靈感，而是其內在定慧的發用，所以其瘋癲是一種自主性的抉擇，非必如此不可，完全可以按主體自覺和當下所處環境因緣而隨機施用。

　　又如僧伽大師的行為模式，無非行為乖張、外貌癡傻、衣著不整，他頂門有一穴，日則以棉絮塞之，夜則去絮，煙氣滿室，香味芬馥。❺❼他能預知災禍，並以奇特的方法治療各種疑難雜症：

> 或以柳枝拂者，或令洗石師子而瘳，或擲水瓶，或令謝過。驗非虛設，功不唐捐。卻彼身災，則求馬也；警其風厄，則索扇歟。或認盜夫之錢，或咋黑繩之頸，或尋羅漢之井，或悟裴氏之溺，或預知大雪，或救旱飛雨，神變無方，測非恆度。❺❽

僧伽能變現十一面觀音之形，萬迴師指其乃觀音菩薩的化身。滅度之後，仍時時化現解救各種災厄，對於信徒而言，即是其成道的明

---

❺❼　李昉等編：《太平廣記》卷 96〈僧伽大師〉，頁 638。

❺❽　〔宋〕贊寧撰，范祥雍點校，《宋高僧傳》卷 18〈唐泗州普光王寺僧伽傳〉，頁 448。

證。❺❾

元曉「發言狂悖，示跡乖疏，同居士入酒肆倡家，若誌公持金刀鐵錫，或製疏以講雜華，或撫琴以樂祠宇，或閭閻寓宿，或山水坐禪，任意隨機，都無定檢。」他化跡不恒，「或擲盤而救眾，或噀水而撲焚，或數處現形，或六方告滅。」❻⓪

智廣善以摑打治病，「凡百病者造之，則以片竹為杖，指其痛端，或一撲之，無不立愈。至有癃者則起，跛者則奔，其他小疾，何足言哉！」其後益加神驗，「或遇病者，一摑一叱皆起。或令燒紙緡，掇散飲食。或遇甚痛腦者，捩紙蘸水，貼之亦差。」❻❶以上這些治病過程，就像一種公開的神蹟表演，為眾生打開另一扇認識實相的大門，如果參與者沒有深刻的信心，便不可能接受。故贊寧於「通曰」解釋云：「菩薩作用，隨類化身。以神通為遊戲耳，於遊戲而利益世主焉。」❻❷

神鼎是一位外表狂狷，內在純直，髮垂眉際，一副似僧非僧的

---

❺❾ 僧伽信仰經由傳記流通，從地方擴大流行於全國而更形普及。參考黃啟江，〈泗州大聖僧伽傳奇新論──宋代佛教居士與僧伽崇拜〉，《佛學研究中心學報》第 9 期（2004.7），頁 177-220。

❻⓪ 以上兩段引文，引自〔宋〕贊寧撰，范祥雍點校，《宋高僧傳》卷 4〈唐新羅國黃龍寺元曉傳〉，頁 78。

❻❶ 〔宋〕贊寧撰，范祥雍點校，《宋高僧傳》卷 27〈唐雅州開元寺智廣傳〉，頁 687。

❻❷ 〔宋〕贊寧撰，范祥雍點校，《宋高僧傳》卷 18〈隋洺州欽師傳〉「通曰」，頁 447。

形象，他常在長安市中乞食，每得食，就而食之。如有施予蔽布、綺羅，他都毫無分別取捨地綴補成衣。他曾在利貞法師講法時，當眾與之對辯：

> （神鼎）問貞師曰：「萬物定否？」貞曰：「定。」鼎曰：「闍梨言若定，何因高岸為谷，深谷為陵，有死即生，有生即死，萬物相糾，六道輪迴，何得為定耶？」貞曰：「萬物不定。」鼎曰：「若不定，何不喚天為地，喚地為天，喚月為星，喚星為月，何得為不定？」貞無以應之。⑥③

神鼎佯狂於世，辯答如流，從萬物定或不定兩面詰問利貞法師，使利貞啞口無言，萬物定與不定，都落入現象界的兩端思維中，現象界既無本質的存在性，則現象界究竟是定或不定，其實是一個不存在的命題。從神鼎的詰難、舉證，可以看出他在狂狷背後，其實對於空性意義有深刻的掌握，所以，人謂其必為菩薩行位之人，神鼎隨即把世人對菩薩的外在印象加以顛覆：「菩薩得之不喜，失之不悲，打之不怒，罵之不嗔，此乃菩薩行也。鼎今乞得即喜，不得即悲，打之即怒，罵之即嗔。以此論之，去菩薩遠矣。」⑥④菩薩位階

---

⑥③ 〔宋〕贊寧撰，范祥雍點校，《宋高僧傳》卷 29〈唐京兆神鼎傳〉，頁 720。

⑥④ 李昉等編，《太平廣記》卷 97〈神鼎〉，頁 646。

似乎象徵著修行已達毫無個人好惡喜怒的境界，而神鼎說自己恰恰相反，即生活一切境而產生瞋怨喜怒，贊寧則代神鼎作解云：「有喜怒非菩薩者，菩薩雖喜怒非喜怒，非菩薩而誰也？」❻❺這顯示菩薩不是非人或超人，而完全視其情境之需來示現點化。

由於我人活在一個徹底「有」的世界，很難理解神通感應存在的可能，除了神蹟、恩典、異象，這些外加而「有」的想像之外，對於佛教主張當人體證生命本質的空性時，自然能夠打破實質的有，任運轉換物質空間的能量的說法，除了自證，或者採取相信或不相信之外，確實難以檢證。❻❻

大乘佛教將原始佛教「諸法無我」的概念加以延伸，從空的本質而言諸法無自性，就是因為一切自他諸法不是一個本然的、自存的實體，變動才有可能發生，人才有生死，時間才有生滅，宇宙才有成壞。我人慣性地生存在定執的相對世界中，並以此為正常，然而，有沒有可能這種執萬法為實體存在，容不下任何非理性存在的定見本身，才是一種真實的謬見？也就是很可能執著於常態現狀為實有本身，才是最荒謬的瘋狂。而一個現證空性的智者，對於現象界的所見，可能與一般人有所不同，因而能以各種神異言行，自在

---

❻❺ 〔宋〕贊寧撰，范祥雍點校，《宋高僧傳》卷 29〈唐京兆神鼎傳〉，頁720。

❻❻ 宗薩蔣揚欽哲仁波切在《近乎佛教徒》（臺北：商周出版社，2007 年），第三章一切是空，一再地用密勒日巴如何能躲進犛牛角一事來說明空性。頁96。

游戲於身體內外，打破時間空間的疆界，展現超越理性的認知面向。

　　證得空性者，即能自在轉化色空有無的存在，這時煩惱與菩提原是一體兩面，便能迴入如常的作務中，裝聾作癡而任運長養菩提。通過高度重視內在自性自度，則一切外在施為都只是作為引渡回歸自性的中介手段。騰騰和尚〈了元歌〉云：

> 修道道無可修，問法法無可問。
> 迷人不了色空，悟者本無逆順。
> 八萬四千法門，至理不離方寸。
> 識取自家城郭，莫謾尋他鄉郡。
> 不用廣學多聞，不要辯才聰俊。
> 不知月之大小，不管歲之餘閏。
> 煩惱即是菩提，淨華生於泥糞。
> 人來問我若為，不能共伊談論。
> 寅朝用粥充饑，齋時更餐一頓。
> 今日任運騰騰，明日騰騰任運。
> 心中了了總知，且作佯癡縛鈍。[67]

---

[67]　〈南嶽懶瓚和尚歌〉意義相當接近，可作為參照：「饑來吃飯，困來即眠。愚人笑我，智乃知焉。不是癡鈍，本體如然。要去即去，要住即住。身披一

由於主體精神的能動性作主，所以能夠自然任運地隨所在因緣環境，超越世俗常軌的言行舉措而施化。因此，其人往往展現非凡的智慧，提供參與者深沈的反思空間。從萬法本質的空性來看，瘋癲也是眾生相中的一種，相對於正常性的概念，它並不是有一個堅實存在的獨立事實所能對應的相狀，而只不過是異於多數他者的一種形貌的展現。當然，游戲神通的展現，是奠基於深厚的禪定三昧，若無此基礎，則只是徒有外表的佯狂光景，假禪悟之名而欺世流蕩而已。

綜之，唐代佯狂高僧的行為多半帶有表演性質，在現象界中自己扮演瘋子的角色，藉由瘋子的眼光來顛覆現象世界，當群眾能理解其瘋時，便有可能理解超越現象界的能動性，那麼，所謂神通之與日用並非相對的，當神通如日用一般可以被理解接受，不再是一種神怪，或者人們追求的奇異神變時，才能走向實相之道。這是因為內在真理體悟的難以傳達，而採行一種較難以令常人接受的癲狂形貌來面世，以令有同樣根基或法緣的人，從其異俗的表演中獲得啟悟。

破衲，腳著娘生褲。多言復多語，由來反相誤。若欲度眾生，無過且自度。」以上二歌，引自《景德傳燈錄》卷 30，收入《大正藏》第 51 冊，頁 461 中。

五、狂僧形象的異端色彩和叛逆精神

　　狂僧的行為，從正面來看，一方面表現出不合常理的舉措，以警悟學人在學法的過程中保持反省力；一方面使自己形跡不外露，以免無知凡夫徒增異心。他們的行徑，表面上與僧院中依循次第漸修的作法相反，跳脫固定的修行框架，實則內在有更細密嚴格的解證工夫，不是一般凡夫僧所堪任能解。其不合常規邏輯的舉措，帶領周遭的人或後世的讀者，將執現象世界為實存的認知加以顛覆、點化，從而使吾人對相對世界有更切身的感受，看到聖者與凡夫看待既定世界的眼光的不同，對比出相對世界的荒謬，從而重新理解常態世界。

　　就精神自覺層面而言，若更本質地看待戒律的根源，重點仍不離自性的開顯。回顧唐代中期，禪宗因應其修行方式和持戒態度不適合傳統律寺生活規範，因而有百丈懷海根據禪門修行所需，起而另制禪門清規，建立一個與傳統僧院不同的叢林制度，採行集體勞動的農禪生活模式，以適應日益增多的禪徒僧眾。南宗禪法重視平常心是道，生活當下任何情境都可以是修行悟道的契機，因此，將僧院過於重視外在生活形式的訓練，轉向對內在心念的掌握，如此發展則修行重點就從身體上的磨練，轉向放棄形式戒法的路線，可說是對戒律更本質性的反省的結果。這是一種透過外在生活制度來對僧侶修行模式進行的改革。而佯狂則是一種透過個人行為模式的轉變，對修行者的神聖形象加以顛覆。所以禪宗重視戒律與自性合

一，使規範在內在化的形式中恢復其意義。律範的內化，形成由自性清淨來作為行為的合理與否的準則，使得禪僧外在的舉措展現更活潑自由的面貌。所以表面行為的任性、慢戒，其實是對戒法有更深一層的見解。禪宗燈錄中對這種形象的書寫更為鮮明。❻❽因此，展現在宗門修行方式上，即具有不重細行，不拘小節，高深莫測的狂態成分。另一方面，狂僧獨樹一幟、全無倚傍的作風，與當時宗門、教門相互貶抑，宗門內為了爭奪系譜傳承的正統地位而相互排擠的現象，形成強烈對比和反諷。

從另一個角度來看，狂僧刻意違犯戒律，裝瘋賣傻，或許可以視為是一種對於以嚴格的戒律自期的僧侶的另類戲擬，帶有戲謔、調侃的性質，然而其背後卻有非常嚴肅深刻的意蘊。也就是狂僧並不是為違犯戒律而違犯戒律，其刻意違犯戒律，有其更深刻的用意，或許是對個別修行人的警誡，或許是對整個教內看待戒律角度的反省，或許是對戒律本身的一種反諷式的戲擬。❻❾

那麼，狂僧為何要選擇瘋癲的形象遊走於世間呢？對世俗觀點和信徒思維而言，神異本身非常容易吸引信徒，但是眾生因為神異

---

❻❽ 龔雋認為這顯示燈錄作者對律師撰作的僧傳所建立的苦行和持戒形象的破斥和嘲諷。參見氏著，〈唐宋佛教史傳中的禪師想像——比較僧傳與燈錄有關禪師的書寫〉，《臺大佛學研究中心學報》第 10 期（2005.9），頁 180。

❻❾ 這個觀點，是運用巴赫金所說的「戲擬」（Parody）來理解。參見劉康，《對話的喧聲——巴赫汀文化理論述評》（臺北：麥田出版社，2005 年），頁 229-231。

而接受佛教未必是好的發心，要救度眾生出離苦難，不得不使用神通時，如何施用而能不著跡且恰到好處則是一種智慧。透過瘋癲作為一種聖與俗溝通的中介橋樑，這時聖與俗二元對立自然不存在，或者完全融合於狂僧一身，其活動本身就是佛教二元對立消解的實踐者，加之隨機對於世俗人事的戲擬，更具有進一層警悟世俗的意味。

其次，在狂僧身上，神異與癲狂的結合，充滿詼諧與睿智。他們以一種揚棄理性的特殊行動，來敲擊當機眾的心靈，所以瘋癲是非常人的、超越常態理性的，藉此將其超越現象界的靈覺加以轉化，產生更強烈的覺性共鳴。其癲與狂，只是表象，內在理地則難以測知，所以是「佯」狂而非真狂。若是真正的瘋癲，將與現實社會人群產生無法溝通的裂痕，但是，狂僧並非如此，他們的表演常常帶有相當的游戲成份，站在旁觀者的立場，用戲謔、戲擬或嘲諷的形式，來針砭或點化他人。他們是屬於旁觀的智者，面對無明愚癡的眾生，基於菩薩不捨眾生苦的願力，而以狂者姿態示現化度，和沒有思考能力的真瘋子截然不同。

若從社會文化層面來看，這類人物在唐末群出，有其特殊的時代意義。癲狂本身就是對於既定的社會禮法，或者佛教內部戒律規範下，次第明確位階嚴正的寺院倫理的一種反動或顛覆，藉此行為方式向佛教僧團共修系統的模式可能日漸固定或僵化的偏鋒提出警誡，以瓦解宗教生活教條式的理性運作日益僵化的趨向。使個體超越既定價值系統或認知系統之外，嘗試另一種進路的教化方式。所

以，高僧是以佯狂神異展現其反叛傳統的主體自覺，在主流佛教發展的法度上，具有強烈的異端色彩和叛逆精神。事實上，這些行徑或許可視為他們超越理性疆界的一種策略，以及對佛教既有的權威和秩序的一種挑戰，即百姓日用之所需，作為神通變化的場域。

細觀這些瘋癲僧侶的行為模式和表現方式，往往具有相似性的發展歷程，從瘋癲、被誤解、展現神異到眾人崇拜。瘋癲成為信徒理解神異現象的一個中介。然而，佯狂神異行為模式一再出現之後，也將帶來另一種困擾，信徒對於神通可能因此產生錯誤的理解，而使佯狂僧侶的形象變得單一凝固，逐漸地被賦予某種神異性質。因此，當我們思考如何看待僧侶佯狂的同時，是否想過狂僧是以何種眼光來看待這個看似正常的世界？有沒有可能反而是我們蔽於僵化的眼光和觀念而扭曲他們，而他們才是真正能本然地看待事物實相的人？

佯狂游戲的表演方式，與其說它是荒誕不經或玩世不恭，毋寧說是旨在拆解了程序化或公式化了的系統法則，回到自性的解悟來。於是，在南宗禪法盛行的唐代，才會出現眾多修行之跡難測，應跡化俗之方異於常情的佯狂高僧。而且，他們多具有一定程度的神異感通能力，行為模式與寶誌之流近似，可說是印度佛教神通施化與中國禪宗「游戲三昧」精神的融合。不過，狂僧所對抗的不是像中國隱士文化中的政治亂世，也不是個人才性不得發揮的不遇落拓，更近於是對修行本質逐漸制式僵化而有的一種「反向運作」式的警示。所以，從文化行為的角度而言，狂僧可說帶有反傳統、反

權威的性格特質，剝落嚴肅的教證模式，代之以逍遙任運、隨機應化、逢場作戲的態度來施化，具有某種反文化的性格。**❼**

　　從佛典中的「游戲神通」，進而發展為中國禪宗強調的「游戲三昧」，更重視主體自性的覺悟。**❼**然而，內在的律制無法構成一種普遍有效的規範，取法雖高卻無外在律制那種可供掌握的具體行儀，因此，可以作為悟道者的行藏法則，卻難以成為叢林眾人的清規。末流者，自心持犯難免名存實亡而流弊滋生。

六、結語

　　六朝以來即有零星的瘋癲神異高僧存在，到了唐代，跳脫傳統僧院體制，看似瘋狂而混跡人世的狂僧群出，藉由外在的癡傻瘋癲、飲酒食肉，配合隱微的讖記徵驗，引發世人耳目，更進一步以種種游戲神通內顯其證悟實質，外應有緣眾生的病徵，善巧行化於人間。實則狂僧垂跡行化，必須有三昧的定慧力做基礎，才能隨緣

---

❼　反文化特別適用於解釋社會文化變遷加遽的轉型時期的現象。彌爾頓·英格（Yinger, J. Milton）著，高丙中等譯，《反文化：亂世的希望與危險》（臺北：桂冠文化出版社，1995 年），頁 27。

❼　龔雋認為神通或感應易使焦點從內在自覺落到外在的奇蹟現象上，因此禪師是不喜歡運用神通，並非不能。參見氏著，〈在自由與規範之間——略論中國禪的「游戲三昧」及其與律制的關係〉，《哲學研究》第 9 期，2003 年，頁 65-67。

起用。其表面上佯狂而無視戒儀，卻又具有難測的神通變化，帶有對僧院日漸穩固的共修體制的顛覆和挑戰的意義，以瓦解宗教教條實行日久，可能淪為形式並日益僵化的危機。佯狂、游戲與神通的連結，凸顯其垂跡施化的方式充滿活潑創意和詼諧警策，有助於唐代主流宗派與個別行動之間的相互折衝，保持佛教的發展動力。在此，清醒與癲狂或許不再是對立的概念；而能於世間做種種幻化，根本上是奠基於其內在定慧等持，對於萬法本質空性的證悟，才得以自在無礙地轉化物質時空。

表面上看來，這似乎是修行法門的一種簡化的表現，退卻宗教儀式、苦行所能達至的對於染污的淨除，而朝向簡易普及的世俗意向發展。事實上，從另一個角度而言，其泯除聖俗的界線，並非向下俗化，相反地，反而是連日常舉心動念全盤提升到體證之道，這時宗教修持與內在心念更緊密結合，是更綿密艱難的一種門徑，全然之俗務即是全然之聖境。

其次，僧侶佯狂的現象，可視為是對佛教主流苦修文化的一種背反，或者說是反抗，從而傳達另外一種個別修行方式的需求的呼聲，也為集體共修的寺院環境，開闢一個走向自我獨一無二的啟悟之道的空間。對於主流寺院共修模式而言，是一種互補性的邊緣少數的存在，透過狂態逸格使修行者自我特質能完全展現，而不致被主流僧人形象所淹沒。或者，更進一步而言，甚且可以說它是對於傳統次第漸修共住模式，可能對個別修行者產生壓制或失去個人修行活力的一種警策機制，挑戰過去的成佛之道的權威性，回歸到個

人按其心性所走的獨一無二的成佛之道。

　　尤其唐代以來禪僧為求證悟，喝佛罵祖，佯狂不經的生活態度，由佛門的歧出逐漸演變成世俗對禪僧的印象，這樣的認知，歸結於南宋道濟（1150？-1209）的出現而成熟，「濟癲」從禪僧逐漸為小說、話本改造神化，瘋癲和尚神通濟世的形象遂深入於民間。**⑫**中國社會之所以可以接受或容忍狂僧的存在，可能是由於他們示現神通，如同濟度眾生解除苦難的人間菩薩，對重實用性格的中國文化而言，因此能於戒律禮法之外，認同這類人的存在。

　　從唐人筆記收錄各種異行狂僧，到《宋高僧傳》將狂僧放入「感通篇」，可說是透過官方的書寫體製，對於這些在民間受到大眾崇拜或信仰的特異人士，給予正式的認可，強化其特異行為的合理性。這不是傳統藉由高僧具有道德的、模範的形象以激勵信徒的方式，而在於認可主流聖僧傳統之外，方便而另類的指引傳統的存在。同樣書寫狂僧，小說和聖傳的修辭系統，書寫策略有所不同，從筆記志怪到佛教僧傳，不同的書寫體製和創作意圖，對狂僧形象塑造的差異，歸結出狂僧形象的聖化發展歷程，都是值得繼續深入考察的重點。以期能更貼近當時狂僧群出，並被不同文本體製記錄下來的時代意義，同時能懂得欣賞或讚嘆他們的表演。

---

⑫　參見周純一，〈濟公形象之完成其社會意義〉，《漢學研究》第 8 卷第 1 期
　　（1990.6），頁 535-556。

第六章

禪師形象的三種呈現方式：
以《宋高僧傳》、《景德傳燈錄》
與《禪林僧寶傳》為例

一、前言

　　中國佛教僧傳從南朝時已有之，三朝高僧傳中的習禪篇，只是
眾多修行成就中的一類，並未被特別強調。晚唐以來禪宗大盛，逐
漸發展出專為禪宗祖師之傳法歷程作記錄的僧傳❶，但記錄形式和

---

❶　包括以北宗法系為主的《楞伽師資記》、《傳法寶記》、《歷代法寶記》，
　　以及以南宗法系為主的《寶林傳》、《祖堂集》等，運用「記」、「傳」、
　　「集」等標題，用詞雖異，意義實相當於傳記。

敘事文字尚在發展中。宋代佛教史家致力於僧傳體裁、寫作方式的開發，各類僧傳撰作呈現多元拓展的狀態，對於唐宋間佛教歷史，乃至正史的研究都有輔助之功；在中國佛教傳記文體的發展史上，更具有重要的地位。這一方面是受到當時文化風潮，以及朝廷大規模史書和類書編輯風氣的推波；另一方面是受到正史刪汰佛教事蹟的刺激，加上教內對舊有僧傳體例的不滿，以及宗派意識的成熟，推動僧傳體裁的創製而累積了豐碩的成果。禪宗內部一方面不滿於《宋高僧傳》固守十科並列的分科方式，及其對禪僧的歸類；一方面承繼宗門僧傳創製的成果，道原《景德傳燈錄》的出現，代表「燈錄」❷體禪宗僧傳體製的成熟，以宗門系譜的傳承和禪師悟道的對話為主，從而建立自己的僧傳敘事特色，與傳統十科僧傳的書寫重點有極大的差異。《景德傳燈錄》繼承記言的敘事傳統，專記祖師法法相承的機緣話語；《禪林僧寶傳》則以紀傳的方式，融合記言與記行兩種敘事特質，鎔鑄祖師一生言行片段而成完整傳記。

過去關於僧傳的研究，大多集中於三朝僧傳。或視僧傳為佛教史料，藉以說明佛教發展的現象；或從史實層面，考證個別僧傳事蹟之真偽。關於禪宗史書的研究成果相當豐碩，臺灣以禪學思想研究為主，大陸則以歷史研究居多，少數學者能關注史料中的作者性

---

❷ 柳田聖山稱之為「燈史」，強調其作為禪宗史書的意義。《初期禪宗史書の研究》（東京：法藏館，2000 年），頁 11。

問題。❸日本禪學研究主要從文獻考證，對包括敦煌出土禪宗文獻
作精密的校勘和解釋，以歷史實證態度尋繹禪宗發展的脈絡，試圖
從史料中還原出真實而可靠的禪宗歷史。多數日本學者認為禪宗由
初祖傳至六祖，形成南北二宗，其後又一花開五葉，經會昌法難而
由盛轉衰。❹西方學者對於中國禪宗的文獻解讀多仰賴日文研究成
果，其擅於從社會權力的角度思考禪宗系譜建立背後法統和權力之
爭的關係，近來亦逐漸對日文學界以文獻實證所拼合出來的單一禪
宗發展史實表示高度的質疑。❺進而從社會文化層面，給予禪宗發

---

❸　楊曾文在日文研究成果的基礎之上，完成唐五代和宋元禪宗史兩大鉅著。
　　《唐五代禪宗史》（北京：中國社會科學出版社，1999 年），《宋元禪宗
　　史》（北京：中國社會科學出版社，2006 年）。龔雋〈唐宋佛教史傳中的禪
　　師想像──比較僧傳與燈錄有關禪師的書寫〉，從作者所屬不同宗派，討論
　　律師和禪師對於禪師形象書寫的差異，是很有意義的嘗試。收入氏著，《禪
　　史鉤沈──以問題為中心的思想史論述》（上海：三聯書店，2006 年），頁
　　362。

❹　重要著作包括：宇井伯壽《第二禪宗史研究》，柳田聖山《初期禪宗史書の
　　研究》，而石井修道《宋代禪宗史の研究──中國曹洞宗と道元禪》，第一
　　章《景德傳燈錄》的歷史性格，討論從《宋高僧傳》到《明高僧傳》之間，
　　僧傳十科分類的中斷，而出現燈史來補足禪宗發展史，並比較《景德傳燈
　　錄》與《宋高僧傳》、《祖堂集》不同的歷史敘事特色。柳田聖山在《禪の
　　文化資料篇：《禪林僧寶傳》譯注（一）》的前言，對《禪林僧寶傳》的版
　　本、作者、體例作了詳細的題解。

❺　佛雷(Bernard Faure), *The Rhetoric of Immediacy – A Cultural Critique of
　　Chan/Zen Buddhism*, Princeton, N.J.: Princeton U. Press, 1991.和馬克瑞(John R.
　　McRae), *The Northern school and the formation of early Ch'an Buddhism*,
　　Honolulu: University of Hawaii Press, 1986.對日本學者從既有禪宗僧傳的考證

展的事實更多層次的可能想像，認知到歷史實證對客觀歷史的還原過度樂觀，而忽略了作者性問題，因而從批判日本禪宗史書研究出發，放下真實性的包袱，挖掘禪宗史料中更多的敘事話語和虛構歷史的存在，啟發我們對禪宗文獻作更多元的解讀和想像。❻

　　客觀重建過去的歷史是不可能實現的，歷史多少包含歷史學家對過去的詮釋，包括作者和讀者，以及隱在作者和讀者背後的時代氛圍，都共同在創造傳主的生命史。敘事本身就是在重新建構傳主的一生，從史料到僧傳的完成，可以有多重的書寫面貌呈現，所以重點並非真實的傳主與其傳記相符與否，而是僧傳作者運用什麼樣的書寫方法而形成讀者所見到的傳主面貌？這種面貌的呈現，透露了什麼樣的作者意識和時代意義？因此，從傳記書寫的角度來看禪宗系譜的建立歷史及宗門禪師典範形成的特點，這對於正史中刻意忽略的宗教人物而言，更具研究意義。

研究，建構出唐代是禪宗的黃金時代，而宋代禪宗已經衰微的歷史，表示高度懷疑。參考龔雋，《禪史鈎沈——以問題為中心的思想史論述》，頁 415。

❻　懷特《話語轉義學》謂，歷史裡的解釋相當於一種特定的情節結構，它有一套歷史事件，歷史學家希望賦予這些事件一種特殊的意義。但是後來的結論卻令人驚訝：「這樣的解釋在本質上是一種文學操作，亦即虛構杜撰。」（1978：85）情節編排＝文學操作＝虛構杜撰，這個雙重等式並不是分析的結果，而是同義詞代換的結果，至少懷特把這些術語看做同義詞。歷史與虛構等式以同義反複方式擠進了後現代主義的範式。情節編排是一種文學操作，因此歷史等同於虛構杜撰。歷史敘事＝文學敘事＝虛構敘事。參見 David Herman 主編，馬海良譯，《新敘事學》（北京：北京大學出版社，2002 年），第七章 虛構敘事與歷史敘事：迎接後現代主義的挑戰，頁 181。

本章將從僧傳文類的發展考察出發，比較北宋前期僧傳中，十科僧傳體製最後的繼承者《宋高僧傳》，禪宗燈錄體僧傳的成熟之作《景德傳燈錄》，以及融合傳統僧傳和語錄記錄的《禪林僧寶傳》，三者傳記結構、書寫重點，及所形成的禪師形象風格的差異，以尋繹不同僧傳體製的建構特色。此三書皆或改編或參考自前人史料，作者對史料的取捨，關乎其所欲塑造的高僧形象，及其所設定的書寫模式，而採取不同的書寫策略。所以，討論重心不在考證傳文或引用史料的真偽，而是從書寫脈絡檢視其對禪師形象塑造的風格差異。

二、十科體製僧傳的沒落與禪師傳記的開拓

六朝以來，佛教僧傳創作蓬勃發展，從梁慧皎（497-554）《高僧傳》，經唐道宣（596-667）《續高僧傳》，到宋贊寧（919-1001）《宋高僧傳》，以十種類型的高僧來反映佛教在中土發展的多元性，高僧自我實踐方式的差異，以及高僧與世俗互動的樣貌。三部僧傳所述，正是魏晉到唐宋兩個佛教發展高峰期的活動記錄。晚唐以來，因應宗派意識的發展，使得僧傳體裁漸趨多元，宗門著史風氣大開，十科體製僧傳因而逐漸沒落。❼

---

❼　從《宋高僧傳》之後，到《明高僧傳》完成，中間中斷超過六百年。參見石井修道，〈《大宋高僧傳》から《大明高僧傳》へ——十科の崩壞と高僧傳

　　從編輯體例而言，慧皎曾指出前輩所輯僧傳的缺點在於「各競舉一方，不通古今，務存一善，不及餘行。」❽因而綜輯前人僧傳體製的優點，創製十科體例來劃分高僧的成就類型，廣納眾品僧格。其後，道宣根據其時佛教發展的勢態而略加改動。❾贊寧身處佛教史籍體製蓬勃發展的宋代，卻未考慮宗派興起的趨向，完全遵循道宣十科舊例來劃分高僧類型，已不能呼應當時佛教發展的實況，雖然「習禪」和「感通」兩科人數為十科之最，而〈感通篇〉的高僧許多是屬於禪宗法系❿，但是禪僧被分散各科，使得活躍於唐五代的禪宗歷史無法完整的呈現，加上宗門為了強調其法脈傳承的正統地位，從晚唐以來便逐漸發展出自己的宗派祖師傳記體裁，藉此建立其傳承系譜。⓫

　　の斷絕〉，《宋代禪宗史の研究：中國曹洞宗と道元禪》（東京：大東出版社，1987 年），頁 1。

❽　引自《高僧傳・序》，《大正藏》，第 50 冊，頁 418 中。慧皎認為前人僧傳著述的缺失，或僅專言某科，或辭事缺略，或體兼三寶，或不通古今，或揄揚過當，或實理無稱，以致一些特殊事蹟隱沒不傳。

❾　道宣將《高僧傳》〈神異篇〉改名〈感通篇〉；在〈明律篇〉之後增加〈護法篇〉；將〈經師篇〉與〈唱導篇〉合為〈雜科聲德篇〉；〈亡身篇〉改為〈遺身篇〉；〈誦經篇〉改為〈讀誦篇〉。關於僧傳體例的發展，可參考黃敬家，《贊寧《宋高僧傳》敘事研究》，第二章第四節中國僧傳的發展與類型，頁 74-78。

❿　藉由修習禪定而產生神異能力，是早期禪法的特色，從《高僧傳》、《續高僧傳》的「論曰」，可以了解二者的關係。慧皎云：「禪定為用，屬在神通。」（《大正藏》，第 50 冊，頁 395 上。）因此，將習禪僧列於感通篇，並非錯置，而是當時對禪僧既有的印象。

⓫　從宗派史書發展的歷史來看，以禪宗和天台宗對其自身歷史的創造最為努

從《續高僧傳》到《宋高僧傳》之間，正好是禪宗蓬勃發展的黃金時期，禪師豐富的言跡史料，自然引發編撰禪門僧傳的需求和思考。宗門傳記大量出現並有固定的記錄形式成熟於北宋，對十科僧傳無論在選人或編排上均發出不滿之聲。契嵩（1007-1072）批評道宣論列「不公」，贊寧「所斷浮泛」，且未能顧及禪宗傳承。**⓬**覺範惠洪（1071-1128）**⓭**批評道宣不擅文辭而表達刻板，贊寧學識淵博卻見識愚昧，以致將延壽歸於〈興福篇〉、全豁歸於〈遺身篇〉；選擇高僧的地域偏於江南，資料搜集有所偏見；對禪宗的理

力；兩方的傳承系譜也頗有針鋒相對的意味。天台宗史較禪宗晚出，主要創作於南宋，意在反擊禪宗。這是另一個層面的問題，此處不論。

⓬ 契嵩：「初宣律師以達磨預之習禪高僧，而降之已甚，復不列其承法師宗者，蒙嘗患其不公。而吾宗贊寧僧錄，繼宣為傳，其評三教乃曰：心教義加，故其論習禪科，尤尊乎達磨之宗，曰：如此修證，是最上乘禪也。又曰：禪之為物也，其大矣哉。諸佛得之昇等妙，率由速疾之門，無過此也。及考寧所撰《鷲峰聖賢錄》者，雖論傳法宗祖，蓋亦傍乎《寶林》、《付法藏》二傳矣，非有異聞也。然其所斷浮泛，是非不明，終不能深推大經大論而驗實佛意，使後世學者益以相疑，是亦二古之短也。」《傳法正宗論》卷下，《大正藏》，第 51 冊，頁 783 中。

⓭ 惠洪，又名德洪，字覺範，自號寂音尊者。江西筠州人，得法於臨濟下黃龍慧南弟子雲庵克文，成為南嶽第十三世禪僧。與黃山谷善，又習其鄉歐陽、王、曾諸公之緒，故雖出家，而才名甚籍。惟性粗率，輕於立論，故生平毀譽參半。關於惠洪的生平，主要見於《石門文字禪》卷 24 有寂音自序，《僧寶正續傳》卷 2 有其傳。對於博學多才的惠洪，因被捲入北宋政爭，而為王安石之女誣為「浪子和尚」，以致後世對其多所誤解。林伯謙參考眾多史料，作了詳細的辯解，來為惠洪翻案。參見氏著，〈惠洪非「浪子和尚」辨〉，《東吳中文學報》，第 6 期（2000.5），頁 19-72。

解和評述不當；連綴碑傳以成文，敘事文體時有不一致的現象等。❹於是北宋時更能凸顯禪宗特色的「燈錄」體僧傳蘥出，從而建立宗派的傳承系譜，對僧傳體製發展而言，具有重大的意義；從佛教發展來看，其背後的法統之爭是宗派傳記形成的重要因素。

「燈錄」可說是佛教文獻的一種創製，很難將其歸入傳統文類中的任何一類，因為它包含了傳記、語錄和詩偈等形式。其體製與十科僧傳作法有極大的差異，重視禪宗系譜的傳承和完整，呈現燈燈相傳法脈不絕的意義，就此而言確有史學上的功能，卻不能以此否定燈錄體製的傳記特徵，因為燈錄以記言為主，而對傳主言跡的記錄，是展現禪師性格、禪法最直接的材料。

早期禪宗史書，以達摩到神秀、普寂等一系的傳記為主，可看出禪宗初成時期的禪法特色和北宗禪師傳法的精神面貌。❺五代以

---

❹ 〈題佛鑒僧寶傳〉：「禪者精於道，身世兩忘，未嘗從事翰墨，故唐宋僧史皆出於講師之筆。道宣精於律，而文詞非其所長，作禪者傳，如戶婚按檢；贊寧博於學，然其識暗，以永明為興福，巖頭為施身，又聚眾碼之文為傳，故其書非一體，予甚悼惜之。」《石門文字禪》卷 26（臺北：臺灣商務印書館，1981 年），頁 287 上。《林間錄》卷上亦對贊寧的人物歸屬表達不滿：「贊寧作大宋高僧傳，用十科為品流，以譯學冠之已可笑，又列巖頭谿禪師為苦行，智覺壽禪師為興福，雲門大師，僧中王也，與之同時竟不載，何也？」《新纂卍續藏》，第 87 冊，頁 246 中。此外，惠洪在《林間錄》、《石門文字禪》中，有多處對《宋高僧傳》不假詞色的批評。

❺ 敦煌所見早期禪宗史書中，《楞伽師資記》以《楞伽經》譯者求那跋陀羅為初祖，次序弘傳《楞伽經》的菩提達摩，及其後繼弟子弘忍、神秀等人的事蹟。事實上求那跋陀羅與達摩並無師承關係，很可能是作者為了弘傳《楞伽

來禪宗僧傳則逐漸以慧能以下南宗禪師為主。北宋燈錄對禪師言行
的記錄，不再只是開悟過程的對話，同時也著力於建立五家傳承系
譜的不同風格。禪宗內部已經從創造性的公案對話，轉向藉由禪師
傳記的整理，來創造自身的歷史。贊寧進呈《宋高僧傳》（988）之
後十六年，東吳僧道原完成三十卷《景德傳燈錄》（1004）。**⓰**
「景德」是宋真宗的年號，道原是天台德韶之法嗣，法眼文益的法
孫，所以全書對於青原一系敘述尤詳。書成後經翰林學士楊億、兵
部員外郎李維、太常寺丞王曙等，共同修訂潤飾而成，大中祥符四
年（1011）繼《宋高僧傳》之後敕定編入大藏經，代表其正統史書
的地位與權威。不同於《宋高僧傳》兼收多樣成就的高僧，《景德
傳燈錄》專收禪宗祖師，按其禪法流派記錄禪師悟道的機緣語錄，
由七佛以至大法眼之法嗣，全書列名五十二世，一千七百零一人，
自釋尊以來二十八祖傳承之說亦漸趨確立。此書關於百丈以前，中
國及印度諸祖師的記載與史實不符，從百丈至法眼之間禪師，可見
出禪宗從唐末至宋初逐漸發展而獨立成宗的過程。

經》的禪法，而尊推其譯者。《傳法寶紀》則將法如置於弘忍的傳承之後，
這可能與作者自身所屬宗派的親疏有關。楊曾文，《唐五代禪宗史》，頁
121-6。

⓰　石井修道《宋代禪宗史研究》第一章〈景德傳燈錄的歷史性格〉，將《佛祖
同參集》與《景德傳燈錄》作比較，指出二書同異之處。大陸學者楊曾文謂
《景德傳燈錄》剛完成，未獻給朝廷之前原名《佛祖同參集》。參見氏著，
〈道原及其《景德傳燈錄》〉，《中國佛教史論——楊曾文文集》（北京：
中國社會科學出版社，2002 年），頁 256-7。

在敦煌遺書出現之前，《景德傳燈錄》是當時最具代表性的宗門僧傳，被視為研究中晚唐禪宗最真實的史料，但其上距慧能圓寂已過三百年，對照於敦煌禪宗僧傳，便會發現不盡能以史實視之。馬克瑞謂：「在禪宗傳承體系中具有意義的不是發生在釋迦牟尼、菩提達摩、慧能和其他人身上的『事實』，而是這些人物在禪宗的神話裡如何被看待。最重要的是軼事經由什麼過程而被創作、流傳、編輯與修訂，因而傳遍禪宗修行人與支持者全體。」❼宋代禪僧以其所認同的觀點和宋代流行的禪門制度所想像的唐代禪宗歷史，是為他們的禪法和宗派主張建立歷史的依據，這種理想化的禪宗史，距離事實是有差距的。《景德傳燈錄》吸收了早期禪宗傳記，並創造性地將禪師間的機緣對答加以豐富增飾，完成更系統性、合理性的傳承系譜。❽《景德傳燈錄》之後，禪宗燈錄創作不歇，而惠洪因為不滿於燈錄體製重言不重行的書寫偏向，遂以其史才鎔鑄前人僧傳體製優點，創製兼具禪僧言、行記述的《禪林僧寶傳》，代表另一種禪宗僧傳體製的產生。傳中共記八十一人，以雲

---

❼ 馬克瑞，〈審視傳承——陳述禪宗的另一種方式〉，《中華佛學學報》第 13 期（2000.5），頁 281。

❽ 《祖堂集》、《景德傳燈錄》是從五代到北宋去建構唐代的禪宗史，與敦煌所發現的初期禪宗史書的敘事或有出入。包括日本學者柳田聖山、椎名宏雄均認為二書有若干篇章內容相近，可能是編撰時均參考了《寶林傳》，也就是兩書所使用的材料來源相近。參見楊曾文，《唐五代禪宗史》，頁 481。對於早期禪宗史書與宋代燈錄內容的承繼，是另一個值得探討的問題，此處暫且不論。

門、臨濟二系人數居多。❶

　　禪師的事蹟從口傳到記錄下來有一段時間，起初都是傳說，傳說不免有異說；傳說者的宗派不同，傳說時就有所補充、修正與減削。傳說的多樣性，加上傳說者聯想而來的附會，或為了宗教目的而成立新說，或故意改變前人傳說而更複雜。因此，與其探求禪者事蹟的事實，不若尋求不同僧傳體製的書寫特色和時代意義來得有價值。

三、《宋高僧傳》、《景德傳燈錄》與《禪林僧寶傳》的撰作旨意和敘事結構

　　傳記結構是指把分散在不同史料中，未經處理的素材加以安排取捨，賦予關於傳主事蹟的斷簡殘篇以情節連結，形成有意義的組織，所建構出來的傳主生涯。三本僧傳初始創作的方向便有其差異，對於呈現禪師精神面貌的取徑也就有所不同。十科傳僧從慧皎綜輯前人僧傳體製的優點，並提出明確的選人標準和敘事重心，以

---

❶　根據陳垣統計，除未詳所屬法系者 3 人外，屬青原一系者 11 人，曹洞者 10
　　人，臨濟 17 人，雲門、黃龍各 15 人，法眼宗 5 人，溈仰 1 人，楊岐 4 人。
　　詳見《中國佛教史籍概論》，頁 121。然楊曾文統計人數略有出入，其謂曹
　　洞宗 11 人，雲門宗 19 人，不明法系者 2 人。詳見氏著，〈北宋惠洪及其
　　《禪林僧寶傳》〉，《江西師範大學學報》，第 37 卷第 1 期（2004.1），頁
　　28。

「高」作為僧傳的取擇標準。❷其後道宣、贊寧繼之，皆以僧品高低作為衡量準則，〈大宋高僧傳序〉：「偉哉！釋迦方隱，彌勒未來，其閒出命世之人，此際多分身之聖，肆為僧相，喜示沙門。言與行而可觀，槩兼觚而爭錄。」❷贊寧認為在世尊入滅、等待彌勒降生之間，許多聖德以高僧之相示現娑婆，其言、行並有可觀之處，足為取法之典範，蒐羅具時代典範性的高僧行誼，可「列僧寶之瑰奇，知佛家之富貴」。❷

十科僧傳的敘事結構，大抵由佛傳中八相成道的敘事模式予以增減，並承襲中土史傳傳統第三人稱全知視角，形成三朝僧傳一脈相承的敘事模式。《宋高僧傳》模式化傾向尤為顯著，不論傳主生平多麼豐富，都可以將之簡化納入既定的敘事結構中，它重視的是一位高僧的典範性被記錄下來，所以重點似乎已經從個人生平情節，轉化成以固定的敘事結構來完成一群高僧的生命記錄。❷並塑造一個具有明顯傳教事功和神異能力的高僧典範，在潛移默化中使

---

❷ 《高僧傳·序》：「自前代所撰，多曰名僧。然名者本實之賓也。若實行潛光，則高而不名；寡德適時，則名而不高。名而不高，本非所紀；高而不名，則備今錄。故省名音，代以高字。」《大正藏》，第50冊，頁419上。

❷ 〔宋〕贊寧撰，范祥雍點校，《宋高僧傳》，頁1。

❷ 〈宋高僧傳序〉，〔宋〕贊寧撰，范祥雍點校，《宋高僧傳》，頁2。

❷ 包括：出身世系，出生瑞兆，性格特質，出家因緣，修證求道，駐錫度化，臨終遷化，封諡功德，補述，系通等。參見黃敬家，《贊寧《宋高僧傳》敘事研究》，頁154-5。高僧傳記的敘事模式和敘事意義，乃根據「高僧」這一特殊群體的精神修持和生命價值發展而成。

讀者自然形成對修行之道的理解模式，具有強烈的普勸修行的教化功用。

　　敦煌所見早期禪宗史書以禪法傳承和師資語錄為主，為禪宗傳記奠定了敘事模式和書寫側重的基礎，其敘事特色被宋初的燈錄吸收，形成宗門僧傳自成一格的書寫傳統。❷❹因此，早期的禪宗史書和宋代所編的公案集成之間有明顯的互文性，共同創作逸聞、對話和傳說的豐富性。❷❺宋代以來禪宗內部從創造性對話，轉而整理自身的歷史，燈錄只是在傳文前後簡單敘述禪師的出身和圓寂，主要重點在其逗機對話，並且按照禪宗的傳承系譜來編排。楊億推本《景德傳燈錄》之創作重心有二：「披弈世之祖圖，采諸方之語錄。」❷❻亦即禪宗源流世系的完成，和諸方禪師之對答語錄的記錄。其云：

> 考其論譔之意，蓋以真空為本，將以述纍聖入道之因，標昔人契理之說，機緣交激，若拄於箭鋒，智藏發光，龐姿於鞭影，誘導後學，敷暢玄猷。

---

❷❹　柳田聖山，《初期禪宗史書の研究》，頁33。

❷❺　Steven Heine 著，呂凱文譯，〈禪話傳統中的敘事與修辭結構〉，《中印佛學泛論——傅偉勳教授六十大壽祝壽論文集》（臺北：東大圖書公司，1993年），頁186。

❷❻　楊億，〈景德傳燈錄序〉，《景德傳燈錄》卷1，《大正藏》第51冊，頁196下。

楊氏認為道原是為了記錄往聖「入道之因」、「契理之說」，亦即禪師得法的因緣，以及點化弟子的開示，以達到誘導後學的目的。而楊億等人對於《景德傳燈錄》審訂潤筆的原則約有二方面。

一者，文采風格的統一：

> 若乃別加潤色，失其指歸，既非華竺之殊言，頗近錯雕之傷寶。如此之類，悉仍其舊。況又事資紀實，必由於善敘，言以行遠，非可以無文，其有標錄事緣，縷詳軌跡，或辭條之紛糾，或言筌之猥俗，並從刊削，俾之綸貫。

楊億等相當尊重道原原著的精神，以免於文字潤色反傷其真，當然，善敘歷史必得藉助於流暢的文筆，故而其所修正者，乃發言紊亂錯謬或語言鄙俗者，使得《景德傳燈錄》文辭風格相當一致。

二者，書寫方向與過去僧傳做出區隔：

> 若乃但述感應之徵符，專敘參遊之轍跡，此已標於僧史，亦奚取於禪詮。聊存世系之名，庶紀師承之自。❷

《宋高僧傳》以高僧形諸於外的感應事蹟和求道傳教等成就行跡為

---

❷ 以上三段引文，引自楊億，〈景德傳燈錄序〉，《景德傳燈錄》卷 1，《大正藏》第 51 冊，頁 196 下。

主要內容，楊億等在刊定《景德傳燈錄》時，便有意識地另闢蹊
徑，僅以禪師燈燈相傳的機緣語句和世系傳承為主，以形成不同的
書寫特色。

若回歸到禪宗基本精神來看「燈錄」，其固然不似十科僧傳，
從傳主出生到臨終等生命階段一一序列，然而，若就此而認定它非
屬僧傳，則又失之偏頗，這其中似乎隱藏著以首尾一貫的記述方式
記錄高僧生平者，方可稱之為僧傳的標準。僧傳的記錄本來就是根
據高僧的修行歷程，以及史料的傾向而有不同的書寫重點。為了與
十科僧傳有所區別，並強調宗門修行方式的特殊性，而創造出屬於
禪宗特有的燈錄體僧傳。這個體製的形成，是經過前人創作累積發
展而來，到了《景德傳燈錄》，禪宗燈錄體製的僧傳方告成熟，其
後並陸續有仿其體製的燈錄出現。

敘事結構取決於敘事對象，以及編撰者的敘事重心，燈錄體僧
傳乃是根據禪僧特有的精神修持方式發展而來。禪僧的修行重心在
於參悟，不同於一般僧侶按戒、定、慧學拾級而上的修行次第，所
以燈錄作者在書寫重點上，也有意識地與傳統僧傳重視高僧生平行
誼的記錄做出區別。《景德傳燈錄》的編排方式是以傳承系譜關係
來連貫，每位禪師傳記均包含其得法經過和傳法弟子的機緣對話，
所以，一位禪師除了出現在自己的傳記之外，有時會同時出現在其
老師和弟子的傳記中，形成一個「串珠式」師徒僧傳系譜，並且透
過互見編排，使彼此記載的對話不致重複。《景德傳燈錄》的敘事
結構可歸納為六個部分：㈠籍貫姓氏，㈡參學尋師，㈢得法因緣，

㈣傳法接機，㈤示寂前開示或傳偈，㈥封諡、壽數、僧臘等。此中
以得法因緣和傳法接機兩部分為主要內容，前者記錄禪師與其老師
的對話，凸顯其開悟得法的語句；後者記錄禪師得法後，與弟子之
間的逗機對話，以見禪師機教話語的獨特性。

　　《禪林僧寶傳》修正了《景德傳燈錄》只注重禪僧的機緣語句
和傳承世系的作法，更重視禪僧「入道之緣」，「臨終之效」等事
蹟的書寫，可說是將宗史和僧傳合而為一的新僧傳體製。在僧寶傳
之前，惠洪已著有《林間錄》，以筆記形式條列記載禪林高僧、士
夫的高行遺事，為日後撰作僧傳打下基礎。其云：「頃嘗經行諸
方，見博大秀傑之衲，能袒肩以荷大法者，必編次而藏之，蓋有志
於為史。」❷❽惠洪自言其撰作動機云：

　　予初游吳，讀贊寧《宋僧史》，怪不作雲門傳。有耆年曰：
　　「嘗聞吳中老師自言尚及見寧，以雲門非講學，故刪去
　　之。」又游曹山，拜澄源塔，得斷碣曰：「耽章號本寂禪
　　師，獲五藏位圖，盡具洞山旨訣。」又游洞山，得澄心堂
　　錄，書谷山崇禪師語，較《燈錄》皆破碎不真。于是喟然而
　　念雲門不得立傳，曹山名亦失真，崇之道不減巖頭，叢林無
　　知名，況下者乎？自是始有撰敘之意。❷❾

---

❷❽　《石門文字禪》卷26〈題佛鑑僧寶傳〉，頁287上。
❷❾　《石門文字禪》卷26〈題珣上人僧寶傳〉，頁288上。

惠洪述及其立志撰作僧傳的動力，一是《宋高僧傳》獨缺雲門傳，
二是曹山又名耽章而後人不知，三是《景德傳燈錄》所錄谷山行崇
禪師之語破碎不真。❸⓿可見惠洪是通過實際訪查，廣搜史料，在檢
討前人僧傳的優缺點後，調整其撰作編輯方向，並補足《宋高僧
傳》獨缺雲門傳之失。惠洪又言：

> 嘉祐中，達觀穎禪師嘗為《五家傳》，略其世系入道之緣，
> 臨終明驗之效，但載其機緣語句而已。夫聽其言之道，以事
> 觀，既載其語言，則當兼記其行事。因博采別傳遺編，參以
> 耆年宿衲之論增補之。又自嘉祐至政和之初，雲門、臨濟兩
> 宗之裔，卓焉冠映諸方者，特為之傳。依倣史傳，各為贊
> 辭，統八十有一人，分為三十卷。❸❶

惠洪強調其撰作，除了燈錄所重的機緣語句，還有禪師的入道之緣
和臨終之效，也就是語言、行動和思想的綜合。張宏敬〈禪林僧寶
傳重刻序〉：

---

❸⓿　陳垣認為《宋高僧傳》未收錄雲門傳，是史料不足，與雲門非講學無關；曹
　　山又名耽章，未見其他史料提及，未可信也。參見氏著，《中國佛教史籍概
　　論》，頁 119。

❸❶　《石門文字禪》卷 23〈僧寶傳序〉，頁 250 上。另，侯延慶〈禪林僧寶傳·
　　序〉云：「德洪以謂影由形生，響逐聲起，既載其言，則入道之緣，臨終之
　　效，有不可唐捐者，遂盡捃遺編別記，苴以諸方宿衲之傳。」引自《禪林僧
　　寶傳》，收入《新纂卍續藏》第 79 冊，頁 490 下。

從古明大法人，莫非瑰瑋傑特之材，不受世間繩束，是以披
緇祝髮，周游參請，必至於發明己事而後已。蓋有或因言而
悟入，或目擊而道存，一剎那間轉凡成聖，時節因緣各自不
同，苟非具載本末，則後學無所考證，此僧寶傳之所由作
也。㉜

《宋高僧傳》包羅高僧生平始末，《景德傳燈錄》則僅側重於宗門
祖師的參悟話語，惠洪結合二者優點，使「佛祖之微言，宗師之規
範」㉝得為後學所知，以救北宋以來禪子徒參話頭，摒絕經論的弊
病。惠洪雖屬馬祖系下，然其僧傳編排，卻依其禪教合一的撰作傾
向，反而將石頭一系置前，佔去大半篇幅，而洪州一系反置於後。
也許是他在江西筠州寫作《禪林僧寶傳》，此地是馬祖道場的所
在，也就是唐代禪宗主流洪州宗的發源地，使惠洪對以撥去文字為
禪的風氣感受特別深刻而不以為然，因此其撰作的動機，有其歷
史、地理的條件因素，在這樣的背景條件及歷史課題之下，選擇八
十一位具有特殊意義的禪僧以反映其對禪門修行方式的看法。㉞正
是由於惠洪對於十科僧傳分類深感不滿，所以其僧寶傳在編輯上並
未做任何類型的分類，阿部肇一認為，惠洪是以禪僧立場，對於僧

㉜　《禪林僧寶傳》，收入《新纂卍續藏》第 79 冊，頁 490 下。
㉝　《石門文字禪》卷 26〈題隆道人僧寶傳〉，頁 290 上。
㉞　參見柳田聖山，《禪林僧寶傳譯注》（京都：京都大學人文科學研究所，
　　1988 年），總說，頁 6-7。

傳類型化，作畫一的批判；並以自身宗派思考，強調其批判立場。顯然是一種「否定形式的類型化之餘，而成為內在類型化的編輯方式。」㉟所以，惠洪之為僧寶傳，實時時以贊寧和道原之編撰方式和成果為參照，力求突破其體。

　　《宋高僧傳》所收錄的高僧，以禪宗法系者最多，習禪成為當時最普遍的修行法門。㊱敘事者以全知視角總覽傳主一生，少有傳主言跡的記錄，僅〈習禪篇〉有較多的對話。贊寧非常嚴格遵守精省文字的原則，若是其他僧傳已有記錄者，便不再浪費篇幅重複敘述，而以「語見別錄」一筆帶過。㊲例如禪門五宗祖師，除了雲門文偃無傳之外，其餘四宗祖師傳皆極簡略，臨濟義玄傳僅百餘字，曹山本寂傳和洞山良价傳均兩百五十字不到。㊳這些開宗祖師的生平資料絕不少，其傳文卻比其他禪師精簡，可知贊寧簡筆處理重要禪師是有意的，不僅考慮史料的有無，還考慮與其他傳記詳略互

㉟　阿部肇一著，關世謙譯，《中國禪宗史》（臺北：東大圖書公司，1988年），第十四章北宋贊寧與德洪的僧史觀，頁612。

㊱

	總人數（正傳＋附見）	感通篇	習禪篇
宋高僧傳	657(531＋126)	113(89＋24)　17・17%	132(103＋29)　20・21%

本表參考柳田聖山：《初期禪宗史書の研究》，頁11。

㊲　例如〔宋〕贊寧撰，范祥雍點校，《宋高僧傳》卷13〈梁撫州疎山光仁傳〉的附傳「居遁」傳末有「語詳別錄」。（頁305）卷30〈唐南嶽山全玭傳〉全傳僅108字，末句曰：「事詳《南嶽高僧傳》云。」（頁744）

㊳　〔宋〕贊寧撰，范祥雍點校，《宋高僧傳》卷12〈唐真定府臨濟院義玄傳〉，頁277。

補。《景德傳燈錄》對這些祖師言跡的敘述則極為詳盡。所以，道原和惠洪站在以禪僧為中心的僧史觀，和贊寧以各類僧侶在佛教的整體貢獻為衡量基準，有相當大的差距。

《宋高僧傳》、《景德傳燈錄》和《禪林僧寶傳》的禪師傳記敘事焦點明顯不同，這種差異來自作者對禪宗的認知觀點，以及著述目的有別，導致書寫重點截然不同。因此，僧傳敘事模式的差異，必須回到不同的僧傳體系，不同的史料，以及作者的編撰目的，來看待其中的差異。

四、《宋高僧傳》、《景德傳燈錄》與《禪林僧寶傳》禪師形象塑造的重心差異

根據柳田聖山在《禪の文化・資料篇──禪林僧寶傳譯注》總說的統計，《禪林僧寶傳》所收錄唐末至宋初的禪僧中，有十二人同時見錄於《宋高僧傳》和《景德傳燈錄》。❸將三傳相互對讀，將可看出不同的編撰目的，會影響作者對敘事結構的取擇安排，對同一禪師形象書寫就會產生側重的差異。

---

❸ 詳見書末「附錄三」。另，根據石井修道統計，唐宋禪僧於《宋高僧傳》和《景德傳燈錄》兩書均有立傳者，共 127 人。參考氏著，《宋代禪宗史の研究：中國曹洞宗と道元禪》，頁 46。

㈠　《宋高僧傳》強調神通情節的書寫

慧皎《高僧傳》謂：「禪定為用，屬在神通。」❹以為神通是深度禪定能力的一種發用，差別只在外顯與否，並藉以對抗外教的神仙方術。禪定是僧人修行必備的訓練，順著禪定功深，自然會有神通感應的能力產生。《宋高僧傳》承此思維，對於高僧的修行成果，往往以外顯的神異事功來展現；加之部分禪僧被歸於〈感通篇〉，由此可見贊寧對禪定與神通關係的理解。在《宋高僧傳》中，不只是〈感通篇〉，可以說多數傳文或多或少都有神異事蹟，誠如贊寧所言：「展少小神功，使已發心、初發心、未發心、不信心、必信心五等人，目我神蹤，知有佛有神，有能有不能，有自然有非自然者。」❹可見其以神通作為修行有成和化導眾生的衡量準則和方便。

贊寧又謂：「神異感通，果證也。」雖然超出人情理解的範圍之外，卻異於神鬼之怪。

> 動經生劫，依正法而修致，自然顯無漏果位中之運用也。知
> 此怪正怪也，在人情則謂之怪，在諸聖則謂之通，感而遂
> 通，故目篇也。故智論云：「以禪定力，服智慧藥。」得其

---

❹　《大正藏》，第 50 冊，頁 395 上。

❹　〔宋〕贊寧撰，范祥雍點校，《宋高僧傳》卷 19〈唐嵩嶽閑居寺元珪傳〉，
頁 476。

力已，遂化眾生。❷

透過禪定而能施展神通，是三朝僧傳共有的特質，並不限於神異、感通篇，其對禪僧的看法和期待，很難排除神異的敘事特徵。因此，《宋高僧傳》往往利用高僧出生稟質、行化人間或臨終遷化的「異相」經營，以見其修行績效，藉此塑造其超凡的聖者形象。

首先，強調禪僧秉具宿世善根，出生有其願力因緣，強化其本質的、先天的品質。如無業的母親「忽聞空中言曰：『寄居得否？』已而方娠。誕生之夕，異光滿室。及至成童，不為戲弄，行必直視，坐即跏趺。商從緇徒，見皆驚歎，此無上法器，速令出家，紹隆三寶。」❸桂琛「甫作童兒，篤求遠俗，齋茹一餐，調息終日。秉心惟確，鄉黨所欽。」❹其次，好習禪坐，樂求頓悟的禪僧，性格多屬超然物表，閒雲野鶴之屬，如道悟「身長七尺，神韻孤傑，手文魚躍，頂骨犀起。」❺惠符「登其弱冠，勇氣過人，角力馳逐，無能及者。然其任俠，且厭在家，忽投香嚴寺，矯跡柔

---

❷ 以上兩段引文，引自〔宋〕贊寧撰，范祥雍點校，《宋高僧傳·感通篇》「論曰」，頁578。

❸ 〔宋〕贊寧撰，范祥雍點校，《宋高僧傳》卷11〈唐汾州開元寺無業傳〉，頁247。

❹ 〔宋〕贊寧撰，范祥雍點校，《宋高僧傳》卷13〈後唐漳州羅漢院桂琛傳〉，頁308。

❺ 〔宋〕贊寧撰，范祥雍點校，《宋高僧傳》卷10〈唐荊州天皇寺道悟傳〉，頁231。

心，淳淑頓變。納法之後，練行孤標，每夜沿山據草座，安禪不動。」**⑯**強調禪僧的出生因緣和特殊的秉性，用意在彰顯他們成為一位修行者有其不同於世俗的先天特質。另一方面，透過禪僧臨終的異徵以見其證量。如文益將示滅時，預知時至，「剃髮澡身，與眾言別，加趺而盡，顏貌如生。」**⑰**德韶未終之前，華頂石崩，震驚百里，山如野燒蔓延，果然應驗其終，荼毘後舍利繁多。**⑱**

　　《宋高僧傳》注重禪僧出生、稟性和臨終的細節描寫，將禪僧塑造成先天上異於常情眾生，不染世俗，遁隱山林，高深難測的高僧形象，然而卻未對禪僧的禪修內容加以著墨，也就是贊寧並未因為禪僧修行方式的特殊性而調整其敘事重心，禪僧傳的書寫模式與其他修行法門的僧侶並無明顯的區隔。可見《宋高僧傳》只是藉由種種外在神異徵相來形塑禪僧超越凡俗的聖跡，至於禪僧禪修悟道的內容，並非其關心的重點。然而，展現神通可能會模糊禪宗頓悟自心的修行重點，使弟子朝向外在神異現象的崇拜或追求，所以《景德傳燈錄》對神通的書寫，與《宋高僧傳》重視禪僧修行功效的立場明顯不同，其重視的是一位智悟禪僧的智慧話語。

---

⑯　〔宋〕贊寧撰，范祥雍點校，《宋高僧傳》卷 19〈唐廬江灊山天柱寺惠符傳〉，頁 477。

⑰　〔宋〕贊寧撰，范祥雍點校，《宋高僧傳》卷 13〈周金陵清涼院文益傳〉，頁 314。

⑱　〔宋〕贊寧撰，范祥雍點校，《宋高僧傳》卷 13〈大宋天台山德韶傳〉，頁 317。

　以大梅法常傳為例。《宋高僧傳》謂大梅法常「容貌清峻，性度剛敏，納衣囊鉢，畢志卯齋。」傳文主要書寫其入住梅山的因緣：

> 貞元十二年，自天台之于四明餘姚之南七十里，寓仙尉梅子真之舊隱焉。昔梅福初入山也，見多龍穴，神蛇每吐氣成樓閣，雲雨晦冥。邊有石庫，內貯仙藥神仙經籍。常寄宿于房，乃夢神人語之曰：「君非凡夫，因話及石庫中聖書懸記既往將來之事，受之者為地下主，不然為帝王之師傅矣。」常謂之曰：「石庫之書非吾所好。昔僧稠不顧仙經，其卷自亡。吾以涅槃為樂，厥壽何止與天偕老耶？」神曰：「此地靈府，俗氣之人輒難居此，立致變怪。」常曰：「吾寓跡於梅尉之鄉，非久據焉。」因號梅山也。由是編苫伐木，作覆形之調，居僅四十年，驗實非常之人也。❹

梅山地多龍穴，原是梅子真隱居之處，法常寄宿之夜，夢神人告其山中藏有神仙經籍，記載過去未來之事，得之者可成地下主或帝王師，但法常所求非世間之主宰或帝師，而是以涅槃為樂，所以不為所動。其寓居梅山四十年，並無久據之心。此傳涉及神怪，並借法

---

❹　以上兩段引文，引自〔宋〕贊寧撰，范祥雍點校，《宋高僧傳》卷11〈唐明州大海山法常傳〉，頁259。

常之招感神靈，烘托其為「非常」之人。

　　相較之下，《景德傳燈錄》的書寫面向則截然不同，主要以法常求法和傳法的對話連綴成文。先述法常得法大寂的經過：「初參大寂，問如何是佛。大寂云：『即心是佛。』師（法常）即大悟。」次述法常住錫梅山因緣：

> 唐貞元中，居於天台山餘姚南七十里，梅子真舊隱。時鹽官會下一僧入山采拄杖，迷路至庵所。問曰：「和尚在此山來多少時也？」師曰：「只見四山青又黃。」又問：「出山路向什麼處去？」師曰：「隨流去。」僧歸，說似鹽官。鹽官曰：「我在江西時，曾見一僧，自後不知消息，莫是此僧否？」遂令僧去請出師。師有偈曰：「摧殘枯木倚寒林，幾度逢春不變心。樵客遇之猶不顧，郢人那得苦追尋。」

同樣是寫法常住錫梅山因緣，卻絕無神異事蹟，藉由法常與迷路僧的對話，展現其身心安頓，忘卻年月而堅住山林的隱者形象。後述大寂派人試探法常悟境進境如何：

> 大寂聞師住山，乃令一僧到問云：「和尚見馬師得箇什麼便住此山？」師云：「馬師向我道即心是佛，我便向遮裏住。」僧云：「馬師近日佛法又別。」師云：「作麼生別。」僧云：「近日又道非心非佛。」師云：「遮老漢惑亂

> 人未有了日。任汝非心非佛，我只管即心即佛。」其僧迴，
> 舉似馬祖。祖云：「大眾，梅子熟也。」

以及，法常評斷弟子夾山、定山悟境高下的故事：

> 夾山與定山同行言話次。定山云：「生死中無佛即非生
> 死。」夾山云：「生死中有佛即不迷生死。」二人上山參
> 禮。夾山便舉問師，未審二人見處那箇較親。師云：「一親
> 一疏。」夾山云：「那箇親？」師云：「且去明日來。」夾
> 山明日再上問師。師云：「親者不問，問者不親。」❺⓿

兩傳相比，可明顯見出《宋高僧傳》環繞法常入大梅山感召住山仙
人，終得駐錫的經過，而《景德傳燈錄》完全未提及梅山仙人，僅
以師資對話連結成篇。由之可見燈錄並不是以禪僧個人生命情節來
催化讀者的宗教情操為目的，而希望讀者從禪僧的機智對答中獲得
啟悟。

　　《宋高僧傳》並沒有因禪僧的修行法門而調整其傳記書寫模
式，感通神異事蹟幾乎是多數僧傳皆備的情節，從文學的角度來
看，它結合了歷史的真實與宗教的聖蹟，彰顯禪僧的神異事蹟，增

---

❺⓿　以上三段引文，引自《景德傳燈錄》卷 7「法常禪師」，《大正藏》第 51
　　冊，頁 254 下。

加《宋高僧傳》的宗教感染力。《景德傳燈錄》為強化其以禪僧悟道的機緣語錄為書寫重心，所以刻意擺脫神異的面向，呈現一個自性自悟的智者形象。

(二)《景德傳燈錄》著重機緣語句的收錄

三本僧傳中的禪僧形象，均呈現一種潛隱山林，不染世俗的生活方式，相較於當時一些律學僧與士林交遊頻繁；譯經、講經僧藉由譯院、講堂與世俗保持互動；乃至擅於興福、講唱以利生的僧侶等，禪僧則能保持山林佛教的特色，將世俗色彩降至最低。所以，晁公武云：

> 嘗考其世，皆出唐末五代兵戈極亂之際，意者亂世聰明賢豪之士，無所施其能，故憤世嫉邪，長往不返。而其名言至行，譬猶聯珠疊璧，雖山淵之高深，終不能掩覆其光彩，而必輝潤於外也。故人得而著之竹帛，罔有遺軼焉。[51]

世亂之時，聰明超逸者，往往退而尋求生命的根本解脫，所以禪僧中多慧黠智者，這是禪宗盛行於五代的原因。所以，陳垣先生曾謂

---

[51] 引自〔宋〕晁公武撰，孫猛校證，《郡齋讀書志校證》（上海：上海古籍出版社，1990 年），卷 16，釋書類，「《景德傳燈錄》三十卷」，頁 784。

《景德傳燈錄》，不啻一部唐末五代高逸傳。❺雖於傳記始末略述禪僧出身籍貫和臨終僧臘等，對於禪師的外在生平事蹟並未多加著墨，而側重在師徒之間的機緣對答，並使每一位禪師在禪宗師資傳承的系譜中都有一個確定的位置。燈錄書寫便在於強調他所處的是哪一個位子，也就是該禪師的傳承是什麼？以及其曾有哪些禪法施化？這時候禪師的生平並非重點，屬於該宗派施展的特殊啟悟方式，才是燈錄書寫的重點。以香嚴智閑從潙山處參悟而得法的經過為例。《宋高僧傳》卷十三〈梁鄧州香嚴山智閑傳〉，記智閑因潙山召對，茫然無所應，於是將諸方語錄付之一炬，轉往南陽忠國師遺跡處居，「偶芟除草木，擊瓦礫，失笑，冥有所證，抒頌唱之，由茲盛化。」❺對於智閑悟道的經過，僅輕描淡寫帶過，並無特加經營。《景德傳燈錄》則詳述其悟道情節的來龍去脈：

> 祐和尚知其（智閑）法器，欲激發智光。一日謂之曰：「吾不問汝平生學解及經卷冊子上記得者。汝未出胞胎未辨東西時本分事，試道一句來，吾要記汝。」師懵然無對，沈吟久之。進數語，陳其所解，祐皆不許。師曰：「卻請和尚為說。」祐曰：「吾說得是吾之見解，於汝眼目何有益乎？」師遂歸堂，遍檢所集諸方語句，無一言可將酬對，乃自歎

---

❺　參見氏著，《中國佛教史籍概論》，頁92。

❺　〔宋〕贊寧撰，范祥雍點校，《宋高僧傳》，頁303。

曰：「畫餅不可充飢。」於是盡焚之，曰：「此生不學佛法也。且作箇長行粥飯僧，免役心神。」遂泣辭溈山而去。抵南陽，睹忠國師遺跡，遂憩止焉。一日因山中芟除草木，以瓦礫擊竹作聲，俄失笑間，廓然惺悟。遽歸沐浴焚香，遙禮溈山。贊云：「和尚大悲，恩逾父母。當時若為我說卻，何有今日事耶？」仍述一偈云：「一擊忘所知，更不假修治，動容揚古路，不墮悄然機。處處無蹤跡，聲色外威儀，諸方達道者，咸言上上機。」❺❹

智閑從經教語錄的尋索，與溈山對機的失敗，失望之餘決定此生做個平凡的粥飯僧，息心除妄，專志於做務中，不求開悟，反而偶聞瓦礫擊竹作聲而得悟，頓感當年溈山不說破，令其自悟的苦心。此中清楚描述智閑與溈山的話語，以及智閑的開悟偈。

再以德韶參悟得法的經過為例。德韶國師的生平，《宋高僧傳》記之甚簡，但他是道原的老師，所以《景德傳燈錄》對於德韶接機教授的話語記錄尤詳，先述其出家因緣，及歷參五十四位善知識，可惜皆法緣未契。最後謁見臨川淨慧禪師，淨慧一見深器之。有僧問淨慧：「如何是曹源一滴水？」淨慧回答：「是曹源一滴水。」其僧惘然而退。德韶卻於座側豁然開悟，平生凝滯渙若冰

---

❺❹　《景德傳燈錄》卷11「智閑禪師」，《大正藏》第 51 冊，頁 283 下。

釋。❺此段覓師經過，《宋高僧傳》僅概括云：「初發心於投子山和尚，後見臨川法眼禪師，重了心要，遂承嗣焉。」❺德韶因遊天台山，見智者大師遺跡，又與智者同姓，時謂之智者後身。《景德傳燈錄》接著敘述德韶與吳越忠懿王的一段淵源，並有天台宗義寂請求德韶協助搜尋智者著述，經德韶之助，方有忠懿王遣人往新羅請回智者天台法教的一段歷史。以下則一一詳細列述德韶應接弟子的對答，中間夾雜幾段長短不一的開示。文末記述一日華頂西峰忽摧，聲震一山，德韶因知住世未久，示寂前星隕峰頂，林木變白。最後集眾言別，跏趺而逝。❺這篇傳記相當完整，尤其對於傳主言跡的蒐集更是詳盡，充分展現法眼家風擅於以綿密話語提點弟子的特色。如此讀者腦中映現的並非禪師的具體形象，而是他曾經對學生說過的話語，這些話語的語境，就會形成禪師的形象風格，正好符合世尊強調重法不重人的傳法原則，同時，破除佛教中過度崇拜或依賴高僧的心理。《宋高僧傳》對於德韶的度生事蹟，重點則全放在預知能力方面，謂其「有先見之明」，「每有言時，無不符合。」「術數尤精，利人為上。」❺並預言壽年而終。顯然《宋高

---

❺ 《景德傳燈錄》卷 25「德韶國師」，《大正藏》第 51 冊，頁 407 中。

❺ 〔宋〕贊寧撰，范祥雍點校，《宋高僧傳》卷 13〈大宋天台山德韶傳〉，頁 317。

❺ 《景德傳燈錄》卷 25「德韶國師」，《大正藏》第 51 冊，頁 407 中。

❺ 以上三段引文，引自〔宋〕贊寧撰，范祥雍點校，《宋高僧傳》卷 13〈大宋天台山德韶傳〉，頁 317。

僧傳》和《景德傳燈錄》對德韶傳記書寫的側重點不同，所形塑的禪師風格形象亦相逕庭。

　　就書寫風格而論，《景德傳燈錄》中的禪僧多睿智自在，與《宋高僧傳》中嚴毅堅忍的修行態度，給讀者的印象是截然不同的。《宋高僧傳》中的隱峰禪師傳放在〈感通篇〉，主要描述隱峰於元和中遊五台山，路經淮西，遇吳元濟阻兵，此時官軍與賊兵交鋒，未決勝負，於是隱峰在這場對峙中施展神異而平息戰事：「（隱峰）乃擲錫空中，飛身冉冉隨去，介兩軍陣過，戰士各觀僧飛騰，不覺抽戈匣刃焉。」在場軍賊兩方因睹隱峰飛身空中的聖跡而頓息兵戈。「既而游徧靈跡，忽於金剛窟前倒立而死，亭亭然其直如植。」[59]隱峰先顯神蹟，繼而往生，兩件事似乎只是按時間進程發生，並沒有任何關連。觀諸《景德傳燈錄》卻將隱峰示滅，歸因於他顯現神通：

　　　　師既顯神異，慮成惑眾，遂入五臺，於金剛窟前將示滅。先問眾云：「諸方遷化，坐去臥去，吾嘗見之，還有立化也無？」眾云：「有也。」師云：「還有倒立者否？」眾云：「未嘗見有。」師乃倒立而化。亭亭然其衣順體。[60]

---

[59]　以上兩段引文，引自〔宋〕贊寧撰，范祥雍點校，《宋高僧傳》卷 21〈唐代州北臺山隱峰傳〉，頁 548。

[60]　《景德傳燈錄》卷 8「隱峰禪師」，《大正藏》第 51 冊，頁 259 下。

隱峰因示現神通，恐造成信眾的疑慮，遂迅急示滅。其倒立而化使讀者聚焦於他睿智灑脫生死自在的印象，而非神異色彩。因為展現神通可能會模糊禪宗頓悟自心的修行重點，使弟子朝向外在神異現象的崇拜或追求，《景德傳燈錄》承襲了世尊以來制戒不准弟子隨意在白衣面前示現神通的傳統，所以對神通的書寫，與《宋高僧傳》的立場明顯不同。

《宋高僧傳》的撰述取向，與其說是呈現高僧的生命精神，不如說是總結高僧的生平事功。傳記最主要的任務是刻畫傳主的思想性格，然而，這卻是《宋高僧傳》最弱的一環，讀者所憶起的高僧形象，往往不是具體的某個人，而是一群同類型的人物印象不斷堆疊而成的形象。相對而言，禪僧的具體形象並非《景德傳燈錄》的敘事重點，讀者往往是透過禪僧與他的老師或弟子的對話來揣摩其人之脾性風格，也就是它並不重視禪僧的外在形象的刻畫，而是透由對話所彰顯的智慧，來建立禪僧生命的主體性，其所傳者神，而非其形。

對話是最能直接表現人物精神的書寫素材，在禪宗而言，也最能彰顯禪僧悟道的智慧。燈錄就是用語體記錄禪僧上堂或日常開示的話語而成的對話錄，使之傳神而質樸地保存禪僧的教說風格。禪之所重者悟也，故所記均側重於禪僧悟道的機緣語句，而不在其生平事蹟。《景德傳燈錄》以慧能以下的南宗禪僧為主，南宗禪法主要以機鋒交接來提點悟性，所以，重點便放在禪僧本人如何從祖師那兒悟道，如何接引禪徒的對話經過，但不同的對話對象和語境，

提點方式則靈活多樣。至於禪僧如何出家、如何以戒定慧的修習累積福德智慧資糧，乃至出家僧務或與信徒往來種種瑣務均略而不記，代之以一種極其綿密緊湊的師徒問答，似乎禪僧的所有日常生活從未與本體的思維分離，禪僧隨時拋出問題，隨時接受弟子的質問，整個人的身心全然地包覆於見性的狀態之下，所以即使是看似輕鬆的日常做務，或順手拈來的笑語，卻能與本體之心一刻不離。表面看來全然不依經教立意，只是日常生活應答，實際上卻是以一個個峻切綿密的機鋒交涉，來呈現禪僧本體之心與形下作務片刻不離的聖者形象。

　　《景德傳燈錄》以對話來展現禪僧的風格特質，師徒之間的對話具有當下情境性，並無強烈的主題或組織觀念，一旦將之寫定為文本時，極可能失去其原貌。從歷史學的觀點來看，燈錄的功能固然在於禪宗系譜的建構，然而，若從其內涵來看，燈錄的重點其實是祖師得法、傳法過程中，那些充滿創造性的智慧話語的載錄。從《祖堂集》、《寶林傳》的組織結構看來，作者已經意識到以禪法傳承世系來編輯人物的方便，到了《景德傳燈錄》，已能按照不同傳承法系來排列龐大的禪僧群體，形成明確的系譜意義。禪宗系譜的建立，應該是作者在編輯時，思考如何組構這些人物而建立起的架構，按照祖師傳承的脈絡，即可將龐大的禪門人物化繁為簡，並脈絡清晰地組構起來。《景德傳燈錄》著重禪僧參悟話語的記錄，禪僧的話語對後代修行者具有高度修行指引的價值，藉由記錄、流傳這些話語，使其法門更加普及。相對而言，《宋高僧傳》則側重

於表彰禪僧宗教成就的意義。

唐代早期禪宗傳記被宋初的燈錄所吸收，《景德傳燈錄》對於禪僧對話內容有意無意的添加或改造，一方面可能是作者對史料的理解和整理，使對話的語意更加顯豁。在中國文化傳統中，文人引用文字從來不講究精準抄錄，而是一種印象式的，帶有個人理解的「筆記」抄錄，所以將《景德傳燈錄》中對於祖師話語的改寫視為刻意的「虛構」，以創造自身的歷史或神話，或許僅是片面的看法。佛教本質並不重視歷史，雖然受到中國重視歷史傳統的影響，產生各類僧傳來記錄其行跡，但是這些僧傳的創作目的，記錄高僧典範，激勵後進修行的用意，恐怕多於記錄史實。

㈢　《禪林僧寶傳》擴及心理層面的鋪陳

《景德傳燈錄》的重心在於蒐羅禪僧每一次具啟發性的禪機對話，把這些言跡留存下來，做為後代禪人開悟的一把鑰匙。雖於每傳首尾附述禪僧籍貫出身和往生世壽，然而師徒之間的每一段對話並無連貫關係，這就收集話語的目的而言已然達成目標；若就文章連貫流暢性而言，則有其缺失。惠洪認為聽其言必觀其行，祖師的言行同時具現其修證功德，若要撰作僧傳作為後代學人師法的指南，不應偏廢任何一方，是以所撰《禪林僧寶傳》遂綜合十科僧傳與禪宗燈錄之優點，形成兼具高僧生平行事和禪師話語記錄的書寫特質。所以，同樣只收錄禪宗祖師，然其書寫重心則異於《景德傳

燈錄》。陳垣即謂：「《僧寶傳》為傳記體，然與以前僧傳不同，
以前僧傳，統括十科，此則專詳禪者。又與《燈錄》不同，燈錄詳
載語言，此則兼載行事。然同載行事，其文體又有不同，一則類聚
眾文，裁剪而成傳，其作用為物理的；一則鎔化眾說，陶鑄以成
文，其作用為化學的。二者優劣，誠未易言，然洪則主張後說者
也。」❻

《禪林僧寶傳》不僅史料翔實，更因惠洪善於鎔鑄眾體，加以
細微刻畫，烘托情境，使傳文更為流暢引人。例如《景德傳燈錄》
記述天台德韶國師因梵僧「勉令出家」。❻《禪林僧寶傳》則將這
段事由放大書寫：「有梵僧見之，拊其背曰：『汝當出家，塵中無
置汝所也。』」乃往龍歸寺剃髮。❻《景德傳燈錄》又述德韶歷參
五十四位善知識，「皆法緣未契」。❻惠洪則揣摩德韶此時心理狀
態：「括磨搜剝，窮極隱祕，不知端倪，心志俱疲。至曹山但隨眾
而已，無所咨參。」❻道盡參禪者歷盡千辛萬苦不得開悟的心路歷
程。然而，這是德韶當時心境？抑或惠洪以同理心加以揣度？前人
書寫僧傳往往儘量避免主觀臆測，因此甚少涉及傳主的心理層面，

---

❻　《中國佛教史籍概論》，頁 135。陳垣又云：「所謂一體者，即鎔眾說以成
　　文，此文家之法也；所謂聚眾碣之文為傳者，此史家之法也。二者不同道，
　　洪既以文家之法成書，故其書琅琅可誦。」（頁 136）

❻　《景德傳燈錄》卷 25「德韶國師」，《大正藏》第 51 冊，頁 407 中。

❻　《禪林僧寶傳》卷 7〈天台韶國師〉，《新纂卍續藏》第 79 冊，頁 505 中。

❻　《景德傳燈錄》卷 25「德韶國師」，《大正藏》第 51 冊，頁 407 中。

❻　《禪林僧寶傳》卷 7〈天台韶國師〉，《新纂卍續藏》第 79 冊，頁 505 中。

即使《宋高僧傳》和《景德傳燈錄》二者敘事重心不同，卻以禪僧
外在言、行記錄為主。惠洪則已注意到傳主生命歷程的心理轉折，
就文學表現而言，可說是一種進步。然而，因為這種主觀臆測的書
寫，使得後代史家對惠洪的評價褒貶不一，一方面讚賞他能運用流
暢簡練的敘事能力，融合記言和記行這兩種僧傳主要內容，使其傳
文甚具可讀性；一方面也由於其傳文刻畫生動，而使人懷疑其對史
事有編造妄誕之嫌。祖琇《僧寶正續傳》卷七，〈代古塔主與洪覺
範書〉云：

> 及足下成書，獲閱之，方一過目，爛然華麗，若雲翔電發，
> 遇之駭然。及再三伸卷，考覈事實，則知足下樹志淺矣。夫
> 文所以紀實也，苟忽事實，而高下其心，唯騁歆豔之文，此
> 楊子所謂從而繡其鞶帨，君子所以不取也。❻

　　南宋亦有僧人對於惠洪之僧寶傳有所批評，惠彬《叢林公論》
評曰：「傳多浮誇，贊多臆說。」❻葉夢得《避暑錄話》、胡仔
《漁隱叢話》、吳曾《能改齋漫錄》等也都對惠洪頗有微詞批評。
胡仔云：「《僧寶傳》，洪覺範所撰。但欲馳騁其文，往往多失事

---

❻　《新纂卍續藏》第 79 冊，頁 582 下。
❻　〔宋〕惠彬，《叢林公論》，《新纂卍續藏》第 64 冊，頁 767 上。

實。至於作贊，又雜以詩句，此豈史法示褒貶之意乎？」❻❽《郡齋讀書志》評曰：「（惠洪）著書數萬言，如《林間錄》、《僧寶傳》、《冷齋夜話》之類，皆行于世。然多夸誕，人莫之信。」❻❾

惠洪善於敘事，其文詞曉暢流利，較之《景德傳燈錄》更易於閱讀。然而其以文學家之筆，鎔眾說以成文，此種敘事風格的轉變，雖更能誘發讀者的閱讀興趣，卻因其欠缺既往僧傳的嚴謹和莊重而備受批評。這些批評或許是因為對於惠洪自詡不滿前人僧傳體裁，刻意自鑄新意的作法表達不滿而有的批評。若從修辭文采而論，惠洪行文韻散夾雜，頗見其敘述才華，與以往僧傳專重史實，確實有頗大的差異。

其次，惠洪對於傳主的機教話語，並不像《景德傳燈錄》般一一著錄，而是經由其主觀判斷，擇錄能表現禪師機教特色者。也就是惠洪有更強烈的作者意識，他不是史料的記錄者，而是傳記的撰述者。由於北宋禪門普遍存在毀棄語言文字的風尚，惠洪意識到禪宗發展的危機，為使後輩學人掌握正確的修行之道，而精思《禪林僧寶傳》的書寫內容：「因編五宗之訓言，諸老之行事為之傳。必書其悟法之由，必載其臨終之異，以譏口耳傳授之徒，謂之《禪林

---

❻❽ 〔宋〕胡仔，《苕溪漁隱叢話後集》（臺北：長安出版社，1978 年），卷37，頁179。

❻❾ 〔宋〕晁公武撰，孫猛校證《郡齋讀書志校證》，卷19，別集類（下），「洪覺範《筠溪集》十卷」，頁1034。

僧寶傳》。」❼所以，侯延慶對於惠洪為史之才、學、識推崇備至，〈禪林僧寶傳序〉稱讚惠洪：「其才則宗門之遷固也。」❼黃啟江也認為惠洪因憂心禪法衰微，藉僧傳表揚前輩得法之功，寓「禪教合一」的觀念，以端正禪風。❼

明代覺浪道盛（1592-1659）亦評讚《僧寶傳》云：

> 吾獨拈出洪覺範所著《僧寶傳》，八十一人，其人雖少，而二支五派，門庭堂奧，無不精攝，洪公大才，傳各為贊，激揚此旨。其筆如太史公，得《春秋》遺意，大有關于宗門。又況此卷帙不多，足以配《楞嚴》而便于參究。❼

廖肇亨先生認為由於惠洪於明末以來至清初的叢林地位不斷提升，其所著僧傳已不僅於史事，而更有益於參悟，甚至與《楞嚴》等量齊觀。可見晚明叢林透過對惠洪形貌和著作貢獻的稱揚，來投射其理想的文化型態。❼

---

❼　《石門文字禪》卷 26〈題隆道人僧寶傳〉，頁 290 上。

❼　《新纂卍續藏》第 79 冊，頁 490 下。

❼　黃啟江，〈僧史家惠洪與其「禪教合一」觀〉，《北宋佛教史論稿》（臺北：臺灣商務印書館，1997 年），頁 313。

❼　覺浪道盛，〈合刻四當參序〉，《天界覺浪盛禪師全錄》，卷 22，《嘉興藏》第 34 冊，頁 716 下。

❼　參見氏著，〈惠洪覺範在明代：宋代禪學在晚明的書寫、衍異與反響〉，《中邊·詩禪·夢戲：明末清初佛教文化論述的呈現與開展》，頁 138-143。

　　《禪林僧寶傳》的敘事結構，較之《景德傳燈錄》，除了機緣
語句，更強調入道之機和臨終之效，並載明得法弟子何人。❼❺《景
德傳燈錄》和《禪林僧寶傳》敘事結構的差異在於連綴傳文的修辭
方式和書寫脈絡的不同，前者的經營重點在於公案對話，以一個個
對話為單位連綴成篇；後者則是先以全篇概念為前提，來取擇刪汰
所要納入傳文中的公案長短，所以讀起來較具有傳記的完整性。

　　《宋高僧傳》是透過相當穩定的敘事結構，呈現禪僧的重要事
蹟和歷程，以形成首尾俱全的生平演述，從先天的性格，求法的堅
忍，而廣開法幢，臨終徵驗等，一步一步將傳主由人而聖化，完成
作者所定義的「高」僧形象。《景德傳燈錄》只是在傳文前後簡單
敘述禪僧出身和圓寂，主要重點在於禪僧對話的記錄，並且追溯禪
宗的傳承系譜。年代越久遠，傳文中所混雜的傳說成分也就越難釐
清，其將達摩以前祖師以串珠的模式，形成燈燈相傳的神話故事，
這當中象徵意義往往大過歷史真實。可以說燈錄是傳說與創作的結
合，此時，歷史的真實已不是重點，而在藉由原來的傳說，塑造充
滿創意而動人的故事。這種故事有人視為歷史和神話的綜合體。❼❻
《禪林僧寶傳》則是擷取前面二傳的書寫優點，兼備禪僧的言行功

---

❼❺　侯延慶〈禪林僧寶傳・序〉云：「德洪以謂影由形生，響逐聲起，既載其
　　言，則入道之緣，臨終之効，有不可唐捐者，遂盡掇遺編別記，茸以諸方宿
　　衲之傳。」《新纂卍續藏》第 79 冊，頁 490 下。

❼❻　參考 Steven Heine 著，呂凱文譯，〈禪話傳統中的敘事與修辭結構〉，《中
　　印佛學泛論──傅偉勳教授六十大壽祝壽論文集》，頁 196。

德，加上惠洪深厚的史學訓練和文采，對於禪僧生平形跡、機緣語錄、臨終徵驗等皆多方面兼顧，並針對其時代禪宗發展弊病加以論述，兼具僧傳和僧史的意義。

五、結語

《宋高僧傳》敘事結構模式化特徵，並未因禪僧特殊的修持方式而有所調整，其看待禪僧仍承襲將禪定與神通相互為用的觀點，使得禪僧傳記普遍地充滿神異感應事蹟，較之《景德傳燈錄》所彰顯的頓悟自性的睿智形象，在書寫意趣上有極大的差異。禪宗「燈錄」體僧傳是一種新創的佛教史籍體裁，它以記言為主，包含了傳記、對話、語錄和詩偈等形式，不同於十科分類的僧傳，很難將其歸入傳統文類中的任何一類。其機鋒對話都是用語體寫成，在文學史上為敘事語言開啟了新里程；為宗教傳記開闢了一個新的表述工具；《景德傳燈錄》則代表此種體裁的成熟。其影響所及，不僅禪宗內部陸續出現燈錄體僧傳，宋代理學家也受其啟發，而有儒家的語錄、學案和宗派系譜書的出現，以記錄理學家的言行、語錄和學術法統。⓴陳垣即謂：「自燈錄盛行，影響及於儒家，朱子之《伊洛淵源錄》，黃梨洲之《明儒學案》，萬季野之《儒林宗派》等，

⓴ 參見曹剛華、張美華，〈試論宋代佛教史學對後世文獻撰述的影響〉，《古籍整理研究學刊》第 1 期，2006 年 1 月，頁 71。

皆仿此體而作也。」❼❽惠洪身處以毀棄經教，口耳相授為妙的禪林
風尚，欲以《禪林僧寶傳》兼備禪僧言教和身教的僧傳撰作來重新
樹立禪林典範，實有其針對時代而發的深刻用心，縱使偏重文詞鎔
鑄而褒貶不一，其為禪僧傳記書寫嘗試新創體製，在僧傳發展史上
仍有其貢獻意義。

　　平心而論，以上三種僧傳各有不同的宗派立場和創作觀點，所
形塑的禪僧形象便大異其趣，由此更凸顯僧傳背後作者的主觀詮釋
因素。禪僧的悟道歷程本身即是不斷被引用、改寫而製造出的歷
史；加上禪僧的對話語義缺乏客觀性的評斷標準，使人不免懷疑其
真實性和存在價值。不過換個角度來看，這也正說明不同時代的求
道者，都迫切地需要從對於自己時代有意義的觀點來掌握禪僧言行
的寓意和禪宗歷史的發展。所以公案故事一再被改寫創作，並加油
添醋，不是缺乏歷史意識的隨意想像，而是每一個作者依據其所處
時代的宗教經驗累積，使得注目焦點轉變的結果。因此，禪僧的禪
機對話故事所流露的創意思維和應機智慧，都是經過長時間的耕耘
累積，具有可以不斷開顯意義的可能。

---

❼❽　《中國佛教史籍概論》，頁 92。

第七章　智慧的女性形象：
禪門燈錄中禪婆與禪師的對話

一、前言

　　近年來，由於佛教在歐美社會的傳播日漸普及，在西方世界引起相當熱烈的迴響，並開啟與各種學說對話的空間。其中女性主義學者特別關注女性的宗教實踐在佛教傳統中的定位，並對東方佛教文化中男尊女卑的關係提出異議之聲。這些學者的研究多伴隨爭取女性宗教地位和主權提升的改革運動，從而致力於改善女性修行者的處境❶；並釐清佛教貶抑女性的觀念是受到世俗社會文化影響所

---

❶　「這項活動與這份迫切，繫於一位女性所能做的重要決定：她要尊重自己身為一個人類，要信任從自己最深刻與真實的經驗所帶來的訊息，不要由他人口中了解自己，要超越自我內心裡對女性的歧視，能夠尊重並與其他的女人結合，獲得支援與可能的共同行動。」但是，這樣的努力並不是要扭轉或另外建立屬於女性的佛教，「它不是一個女性的宗教，而是包容了男女兩性需

致。那麼，立基於當代全球思潮，女性修行者的價值絕對有重新檢視的必要。李玉珍教授謂：「佛學的女性主義所織成的學術領域和研究趨勢（復興比丘尼法脈、解析性別象徵和建立女性宗教生活史）一樣，都反映了目前全球女性在提昇其宗教角色上的努力。」❷因此，從女性的角度來呈現她們的宗教活動歷史，建立屬於女性自己的修行者系譜，成為當今女性主義佛教學者的重要研究方向。

由於此研究領域尚處於起步階段，所以研究對象主要以比丘尼為主（包括藏傳、漢傳和南傳三大系），較少注意到在注重家庭倫理的東方社會中為數更眾的歷代在家女性的修行生活。❸基於此點，本文希望從女性的角度，以禪宗燈錄中與唐代的在家禪婆子有關的公案為探討對象❹，藉由禪婆與禪師的對話分析❺，尋繹在家女性在

要的靈修之道。」參見 Sandy Boucher 著，葉文可譯，《法輪常轉：女性靈修之路》（臺北：立緒出版社，1997 年），頁 5-6。

❷ 引自李玉珍，〈佛學之女性研究——近二十年英文著作簡介〉，《新史學》第 7 卷第 4 期（1996.12），頁 211。

❸ 釋恆清："Chinese Bhiksunis in the Ch'an Tradition"（〈禪宗女性觀〉）一文，專就禪宗比丘尼之禪悟經驗及其地位加以討論，肯定禪宗持有較為平等而富於同情女性的觀點，對女性禪師的修行成就加以肯定，但是未論及在家女性的部分。《臺大哲學評論》第 15 期（1992.1），頁 181-207。不過，其另一本著作《菩提道上的善女人》（臺北：東大圖書公司，1995 年），最末一章有提舉一些歷史上在家女性的禪修體驗並不下於當時禪師的例子。

❹ 禪師悟道機緣的記錄中，南唐靜、筠二師所編《祖堂集》成書於五代末，是最早的燈錄合集。北宋道原編的《景德傳燈錄》成書於北宋初，在《祖堂集》出土之前，是最早的禪史，二書去唐不遠，較能真實反映唐代禪宗傳法的情形。此二書中有關禪婆的記錄，可參考書末的「附錄四：《祖堂集》與

禪門中的活動情狀，提供對禪宗女性在家修行者一個側面的理解。

　　不過，本章的詮釋有相當具體的限制，一方面燈錄中關於禪婆的記錄有限；再者，如何在有限的公案對話中，確定禪婆話語的意義性。因為公案底蘊唯有熟悉此種禪境者，方能無誤地體解這些語境的意蘊，以免將禪悟體驗降低為理性知解的層面。關於此點，筆者僅以詮釋女性禪婆存在的文化意義為主，對公案的多重意蘊盡量保持開放性。

《景德傳燈錄》中的女性文本」。《景德傳燈錄》之後陸續有《天聖廣燈錄》、《建中靖國續燈錄》、《聯燈會要》、《嘉泰普燈錄》等燈錄傳世，普濟將之刪繁就簡、去其重複而成二十卷的《五燈會元》，然此書所記難免經過改寫增添，故本文之例證引文，以年代較早、內容較完整者為主，前二書所無者，方以此書作為補充。

❺　本文結合巴赫金（或譯為巴赫汀）文化理論中的「對話」觀念作為論述的參照觀點。蘇聯語言哲學家巴赫金（1895-1975）研究的對象是人類社會交流過程中的話語（Discourse），並以言談（Utterance）作為其語言學的核心。巴赫金從個別的、獨特的、具體的個人之間的相互對話、交流的歷史事件出發，來論證人與人的主體之間相互對話、交流、補充的社會性。「意義位於對話者之間，意義只能在積極的、對應的互相理解過程中產生。意義不存在於講者的心中或口中，也不存在於聽者的心中或口中。意義是講者和聽者由特殊的聲音系統的物質材料所進行相互交流的效果。意義如同電光火花，在兩個電極碰撞的一剎那迸發出來。」這個對話觀念，很能契合禪宗機緣對話的存在意義。引自劉康，《對話的喧聲——巴赫汀文化理論述評》（臺北：麥田出版社，1995 年），頁 165。

二、佛教歷史中女性地位的演變

　　本節的重心放在歷史上女性的宗教生活經驗，而非佛教經典對女性的看法。釋迦牟尼佛於兩千五百多年前於北印度初轉法輪伊始，佛教經歷原始、部派、小乘、大乘到密乘的演變過程。從佛教歷史的發展來看，女性身份、地位的變化與其時代社會、歷史脈絡的互動息息相關。印度是種姓階級制度的社會，婦女地位卑微，所以相較於當時社會環境，佛教對女性在社會面或靈性面都持有較平等的態度。根據佛經記載，佛教史上第一位比丘尼是佛陀的姨母大愛道瞿曇彌，她三度向佛陀請求出家被拒，仍與五百位釋迦族的貴族女性追隨佛陀遊行至舍衛城，於是阿難興起一念同情而代為懇求，才得以成立比丘尼僧團。❻雖然佛陀對於女性能否成佛給予肯定，但是在比丘尼僧團的制度方面，卻順應當時印度文化，制定男尊女卑的「八敬法」。❼即使如此，比丘尼僧團的成立，在比丘僧

---

❻　關於大愛道比丘尼出家因緣，見載於《毘尼母經》卷 1、《大愛道比丘尼經》卷上、《五分律》卷下、《四分律》卷 48、《中本起經》卷下、《中阿含經》卷 28《瞿曇彌經》。

❼　「八敬戒」，巴利語 attha garu-dhammā，又作「八敬法」，即比丘尼尊重恭敬比丘之八種法。其條目在各部派律典的記載有些許的出入，中國依《四分律》所制次第為主，其內容如下：一、雖是已受具足戒多年的百歲比丘尼，也應禮敬迎請剛受完具足戒的比丘；二、比丘尼不得罵詈讒謗比丘；三、比丘尼不可舉發比丘或見或聞或疑的過失，但是比丘可舉發比丘尼的過失；四、二年學法完畢後，於兩眾（比丘、比丘尼）請受具足戒；五、比丘尼犯僧殘罪，應在二部僧中半月行摩那埵（梵語 mānatta）；六、每半個月從比丘

團間仍引發相當的爭議。但另一方面，佛陀在初轉法輪時，便度了耶舍之母、妻皈依成為最早的優婆夷❽，當時佛教的在家信女，包含社會各個階層，她們提供僧團各種供養、協助，僧俗間建立了和諧的互動關係。

部派時期的佛教，從經典到制度，均非常歧視女性，視女性為不淨染污的來源，會對比丘的修行形成威脅和障礙。由於對女身染穢的看法根深蒂固，所以必須是男身才能證得佛果。根據小乘的觀點，女性之所以為修行者所拒斥，主要是因為女人在傳統文化上被視為情慾的化身，而形成其特重比丘戒的特點。所以，在《長老尼偈》（Therīgāthā）中，便強調女性出家眾在修行上，對異性誘惑的抗拒和修行態度的堅定。大乘佛教經典對女性的看法就有顯著的改觀，對女性能否成佛的立場也逐漸修正，初期大乘經典就出現有能力以神通變化轉身為男性的女性菩薩，然而轉身成佛的觀念顯然不夠徹底，所以晚期如來藏系思想則承認眾生皆有如來藏性，不因性別而有所差異，進一步破除男女身見，是以女性可以即女身而成

眾請教誡，問布薩；七、不得於無比丘處安居；八、安居結束後，於兩眾行自恣。參見《佛光大辭典》「八敬戒」條，頁299。

❽ 耶舍，梵名 Yaśa 或 Yaśoda。又作耶輸陀、耶輸伽，意為名聞、善稱。他是中印度波羅奈國（現今瓦拉那西）大富長者善覺之子，因厭離俗世而出家，詣釋尊於鹿野苑，在五比丘之後，成為佛陀第六位弟子。後來，其父母及妻子亦歸依三寶，是為最早成為優婆塞、優婆夷者。參見《佛光大辭典》「耶舍」條，頁3930。

佛，對女性證悟能力展現最積極肯定的態度。❾

中國佛教史中，關於女性修行者的記錄方面，除了梁寶唱編撰的《比丘尼傳》和民初震華法師編述的《續比丘尼傳》兩本專書❿，清代郭凝之彙編《優婆夷志》一卷；彭際清編《善女人傳》二卷之外⓫，其他都僅附見於僧傳中零星的記載，有關女性在中國佛教史上的地位、角色和貢獻的相關論述實亟待開發和補遺。根據《比丘尼傳》的記載可知，當時中國傳譯的經典主要以般若系禪法為主⓬，比丘尼普遍修習禪定，而六朝王室和權貴多數是佛教徒，對於尼師甚為禮遇，也常加供奉，其中才學出眾又善於結交權貴的比丘尼，常能出入宮闈講經說法或與人辯論。例如卷一〈妙音尼傳〉，因其博通內外學，竟可與當時士林權貴，甚至晉孝武帝談玄

---

❾ 大乘佛教的女性觀之發展，大致可分成四個面向：一、初期大乘經典仍受部派影響，持否定的女性觀；二、淨土思想的經典記載淨土無女人之說；三、菩薩思想成熟，承認女性可為初階菩薩，並有女性轉身成佛說出現；四、進一步主張女人能夠即身成佛，不論在家菩薩或出家菩薩二者在成佛之道上並無高下，女性可以女身成佛，例如：《法華經》中八歲龍女即身成佛。參考釋恆清，《菩提道上的善女人》，頁79。

❿ 《比丘尼傳》共四卷，是編年體的簡傳，記錄從東晉升平年間至梁天監年間（BC357-516）六十五位比丘尼的修行行誼。《續比丘尼傳》共六卷，收錄從梁朝至民國年間兩百位比丘尼的修行傳記。

⓫ 此二書分別收錄於《新纂卍續藏》第87冊和第88冊。

⓬ 菩提達摩來華之前，中土禪法約可分為三系：一是鳩摩羅什所傳般若系禪法；二是佛陀跋陀羅小乘禪數；三是《楞伽經》的如來禪法。

論道。**⓭**可見當時比丘尼的社會活動相當活躍，可惜梁代之後再無人為比丘尼作傳，以致無法得知唐代比丘尼的具體面貌，僅能從僧傳的記錄或附錄中，略見一個模糊的印象。

　　唐代並無比丘尼傳專著，比丘尼講經也只侷限於後宮的內道場中，一方面由於唐代明令禁止私人立傳；另一方面與當時佛教界對比丘尼的評價降低有關。比丘尼在時人心目中的地位還不如在家修行的居士，傳奇中甚至出現極端歧視比丘尼的現象。**⓮**《新唐書》卷四十八〈百官志三〉崇玄署下記天下女尼數有五萬五百七十六人**⓯**，此為唐代前期的記錄，估計中唐以後應該更多。遁入空門的階層，包括一般百姓、官僚子女、姬妾、妓女、宮人、嬪妃、公主等，她們出身階層差異，出家因緣不同，其宗教生活的情況亦有所區別。由於政治力量刻意削弱，乃至壓抑佛教勢力的擴張，歐陽修重修《新唐書》時，甚至將《舊唐書》中涉及佛教和僧侶的相關文字予以刪除，其中包括比丘尼的事蹟，而使得佛教修行女性的記載資料更加貧乏，更別說在家女性的宗教生活記錄了。

　　大乘佛教在中國開枝散葉，發展出八個兼具中國文化特色的宗

⓭　《比丘尼傳》卷 1，《大正藏》第 50 冊，頁 936 下。

⓮　參見李玉珍，《唐代的比丘尼》（臺北：臺灣學生書局，1989 年），頁 8、97。此書廣搜類書、史書、碑銘資料中有關唐代比丘尼的記錄。

⓯　〔宋〕歐陽修、宋祁撰，《新唐書》（北京：中華書局，1975 年），頁1252。《唐會要》卷 49〈僧籍〉所記女尼數同。

派⑯，其中禪宗對女性的宗教活動記錄算是較生動的。關於女性禪師的記錄，散見於各史傳、語錄和燈錄中，並無獨立的傳著，比起男性禪師的傳述仍顯微不足道。不過禪宗對女性持有較平等而開放的態度，這可從達摩欲付法時，命門人各言所得，四位上首弟子之中，竟有一位尼師「總持」而得到印證。⑰

從邏輯來推，每個人的出生都是仰賴兩性的結合，不是生為男性，就是女性，基於此深重的依緣關係，缺乏任一方都無法獨立傳衍下去。從如來藏的觀點來看，男女兩性具備同質的佛性，兩者追求解脫的目標也相同，僧見俗見，男見女見，都落入相對法中。《景德傳燈錄》卷九，「京兆大薦福寺弘辯禪師」即謂：

> 佛者西天之語，唐言覺，謂人有智慧覺照為佛心。心者佛之別名，有百千異號，體唯其一，本無形狀，非青黃赤白男女等相，在天非天，在人非人，而現天現人，能男能女，非始非終，無生無滅，故號靈覺之性。⑱

因此，認為女性不堪為法器的觀念，實是受到歷史文化影響的制約。《景德傳燈錄》卷二十七〈諸方雜舉徵拈代別語〉載錄以下的

---

⑯　包括：三論宗、天台宗、華嚴宗、法相宗、禪宗、淨土宗、律宗和密宗。
⑰　見《景德傳燈錄》卷 3「第二十八祖菩提達摩」，《大正藏》第 51 冊，頁 217 上。
⑱　《大正藏》第 51 冊，頁 269 中。

故事，可視為對女性禪定能力的一大肯定：

> 僧舉佛說法，有一女人忽來問訊，便於佛前入定。時文殊近
> 前彈指，出此女人定不得。又托昇梵天，亦出不得。佛曰：
> 「假使百千文殊，亦出此女人定不得。」❶

可見禪宗打破男女俗見，回歸到人普遍的本覺之性的基礎來看待修
行，對女性是很大的鼓勵。又《五燈會元》卷六之末，收錄亡名道
婆的公案，展現禪門內以破除僧俗男女之見為入道的基礎，若連這
些外象都無法破除，就別談悟道了。

> 昔有一僧參米胡，路逢一婆住庵。僧問：「婆有眷屬否？」
> 曰：「有。」僧曰：「在甚麼處？」曰：「山河大地，若草
> 若木，皆是我眷屬。」僧曰：「婆莫作師姑來否？」曰：
> 「汝見我是甚麼？」僧曰：「俗人！」婆曰：「汝不可是
> 僧？」僧曰：「婆莫混濫佛法好。」婆曰：「我不混濫佛
> 法。」僧曰：「汝怎麼豈不是混濫佛法？」婆曰：「你是男
> 子，我是女人，豈曾混濫？」❷

---

❶　《大正藏》第 51 冊，頁 436 上。

❷　〔宋〕普濟撰，《五燈會元》（臺北：文津出版社，1986 年），頁 367。

僧人自覺於僧人的身份，則易拘於形象而分別俗人、僧人，所以這婆子故意用反話說僧人非僧來點撥去執，使僧人超越出家在家的外在形象之區別，能等觀一切萬法，則山河大地皆我眷屬，這是多麼廣大的胸懷！

三、禪婆與禪師對話的社會語境

㈠ 禪門對話模式的存在意義

禪門對話是在具存時空中，師徒之間當下照面，以問答語意的交通來勘驗悟境，沒有太多中介干擾，可說是最經濟又效用性最高的言說方式。問答之間必須當機把握，不然聲滅即逝，連時間空隙都極有限，有時一言半語即可啟悟，有時則一再複問，此中關鍵在當機者的悟力。悟得靠自己，祖師再老婆心切也不可能說得更多，只是換個角度去說而已。問答話語的涵義完全是由其上下文語境所決定，有多少個使用該話語的語境，它就有多少個意義。❷❶因此，重構當時對話的語境，從問答雙方的互動，觀察語意銜接的線索和

---

❷❶ 巴赫金在〈語言、言語和表述〉中云：「話語的涵義完全是由它的上下文語境所決定的。其實，有多少個使用該話語的語境，它就有多少個意義。」參見巴赫金著，李輝凡等譯，《巴赫金全集》第二卷《周邊集》（石家莊市：河北教育出版社，1998年），頁428。

逐步顯豁的過程，比較能使我們從公案對話情境中了解其意涵。

　　慧能《六祖大師法寶壇經·付囑品第十》將現象界的相對性歸納出三科法門，動用三十六對，出沒即離兩邊：

> 若有人問汝義，問有將無對，問無將有對，問凡以聖對，問聖以凡對。二道相因，生中道義。如一問一對，餘問一依此作，即不失理也。❷❷

因此禪師問答常以現象界的相對性來破除兩邊之執，故而用「出語盡雙，皆取對法，來去相因，究竟二法盡除，更無去處。」❷❸之法接引。唐代禪師與弟子之間機鋒的往來，最常見的形式就是問答，一問一答正是參禪契入的急切處，歸納起來大約有兩個走向：一是答非所問，截斷思慮，以極端非理性的言句消解禪人對語言意義的思量；一是以機智、犀利、隱晦的言語，突出語言的多重表意或暗示功能，從消極的否定語言轉變為積極的利用語言。❷❹前者常用直指的方式，直指是以身體語言作禪境的直接揭露，如默然、棒、喝

---

❷❷　〔元〕宗寶編，《六祖大師法寶壇經》，《大正藏》第 48 冊，頁 360 下。

❷❸　〔元〕宗寶編，《六祖大師法寶壇經》，《大正藏》第 48 冊，頁 360 中。

❷❹　參見周裕鍇，《禪宗語言》（杭州：浙江人民出版社，1999 年），頁 92-3。另外，楊惠南將這些公案問答形式歸納為三種類型：矛盾的、不可說的、兩者混用的。參見氏著，〈論禪宗公案中的矛盾與不可說〉，《禪史與禪思》（臺北：東大圖書公司，1995 年），頁 265。

等，以喚醒蟄伏內心深處的悟性。後者常用暗示的方式，暗示是以語言的暗示性啟發弟子，令學人泯滅有無之間的分別意識，以不同的音調，微妙地傳達師徒之間的心意，顛覆常規的語言，建立禪宗內部通行的交流方式和言說規則。禪師在回答學人的提問時，力求截斷學人邏輯思維一切尋思之必要程序，包括概念、判斷和推理等，突破物象的界限、語言的束縛，以看似荒謬無稽的話語作答，其獨特的思維方式反映到禪宗的對話中，形成其違背邏輯思維和生活常理的特質。這種言說模式並非故意標新立異，而是為了恪守禪宗對自性「不說破」的原則，突破語言、物象、概念、判斷、推理的慣性，跳躍式地隨所見所聯想之事物來稱引其道。

　　無論如何，公案對話是有意義的，透過無意義的問答言句，令學人意識到語言的荒謬；通過與語言思辯的衝突或隔絕，以把握那個絕對的自性。如圓悟禪師所言：「具正眼大解脫宗師，變革通塗，俾不滯名相，不墮理性，言說放出活卓卓地，脫灑自由，妙機遂見，行棒行喝，以言遣言，以機奪機，以毒攻毒，以用破用。」㉕如同回答「如何是祖師西來意？」這類問題時，並無固定的答案，但唯一錯誤的答案就是緊緊扣住問題，作合乎常理的正確推理

㉕　《圓悟佛果禪師語錄》卷 14「示隆知藏」，《大正藏》第 47 冊，頁 777 上。圓悟之意，正如巴赫金所言：「對于說話者，語言形式重要的不是作為固定的和永恆不變的標記，而是作為永遠變化著的和靈活的符號。這就是說話者的態度。」參見李輝凡等譯，《巴赫金全集》第二卷《周邊集》，頁 414。

的回答或解釋，因為這就掉入語言意義的思維中。唯有直觀下胡言亂答，乖違生活經驗，顛倒通常道理，才能使彼此的了解，從意義溝通，進入悟力交感。

問答其實是一種權宜之法，藉由牛頭不對馬嘴的對話，以提點背後所隱藏的意蘊，所以說出來的，往往只是權指，未說出的才是重點。因此對話語言是存在於一個意義脈絡之中，讀者的理解不能抽離語言情境之外作分析，而必須就整個問答的語言脈絡去理解，當然也不可能有絕對正確的詮釋，只能作到最大的逼近。任何不在此對話的第三者，都無法插入對話雙方所共築的語義網絡，只能透過回溯語言陳跡的脈絡，即表達者的歷史情境，以揣摩其語意。由此可見，交談的特性是：只有在交談中的人可以相互理解，一個突然插進來的第三者，絕無法加入對話。這顯示交談的情境性，在交談中，重點不在突顯說話者的主體性，而是顯示其互為主體性；此中沒有人可以堅持己見，宰制對方，卻須向真理開放，隨時迎接存有意涵的開顯。❷❻

禪宗的對話是在彼此共許達到傳遞真理的目標下進行，所以至少有其交談的倫理規則，即無論外表看來是如何的不對邏輯、不合常理，都是在說真話，並且說得不多也不少。這種情況下，語言運

---

❷❻　高達美認為「交談是兩個相互理解的人之間的歷程」。沈清松在《真理與方法》一書的導讀說，高達美甚至以「交談」為其詮釋學的範本。參見高達美（Hans-Georg Gadamer）著，洪漢鼎譯，《真理與方法——哲學詮釋學的基本特徵》（臺北：時報出版社，1993 年），頁 1。

用純粹是針對實際狀況而設，不能單從認知理解角度來解釋。其對話的禪意未經過語言形式的重塑及文字記錄的中介，所答與所欲表述的意蘊之間的關係，外表看來並不是那麼相干，甚至不合常理和邏輯，重點就在於如何參透？所謂疑情來自凡夫地揣度勝義諦而起，實際上，禪宗用語的矛盾，只是在語義表面否定常識見解，並無內在的矛盾，其所欲表詮的義蘊更在語義之外，所以不僅能夠鬆動一般人對常識的執著，更可鬆動人們對語言的執著。❷此即香嚴智閑所謂：「語中埋跡，聲前露容，即時妙會，古人同風。」❷

(二) 禪婆與禪師對話的歷史情境與社會氛圍

唐代佛教興盛，在民間具有廣泛的影響力，平民因為文化素養因素，較青睞於修行方式簡易的宗派，以淨土宗和禪宗的信徒最多。晚唐五代社會藩鎮割據，封建皇室面臨崩潰危機，社會精神趨於頹弱，加之武宗毀佛，經論研究多被毀壞而失傳，教下諸宗一時

---

❷ 「禪之疑惑暨詭論，一般說來，主要是源於對話者故意把公案之表面語意與其深一層存有論的指涉二者的關係，予以切斷、打破。經過此一程序之後，表面意義的語言失去了本身的指涉架構，從而喪失其在存有論中的指涉者。但亦因為這樣，同一禪之語言卻因而能自由的獲得新的語意上的意義；亦即，能形成具有新的表面語意的語言形式，而其本體的指涉卻仍然不變，亦即其本體指涉者沒有特定的指涉對象。」引自成中英，〈禪的詭論和邏輯〉，《中華佛學學報》第 3 期（1990.4），頁 187。

❷ 引自〈答鄭郎中問〉二首之一，見〔宋〕子昇錄：《禪門諸祖師偈頌》卷下之上，《新纂卍續藏》第 66 冊，頁 745 上。

沈寂，使得不立文字的禪宗反而大行其道。

　　禪宗由達摩、慧可、僧璨，到道信將楞伽與般若合一，五傳至弘忍，他明確提出教外別傳、以心傳心的「達摩禪」。❷❾接著南慧能、北神秀的局面，打破一代一人而多頭並傳。唐開元中以前，北宗神秀弟子義福、普寂活躍於長安，傾動朝野。到了開元二十二年，慧能弟子神會北上，在滑臺大雲寺設無遮大會，立南宗頓教宗旨，批判北宗凝心入定，住心看淨，起心外照，攝心內證的法門是「漸」，傳承是「傍」。於是「南北二宗，時始判焉。」❸❿中唐以後，禪宗盡歸曹溪，其後「自江西主大寂（馬祖），湖南主石頭（希遷），往來憧憧，不見二大士為無知矣！」❸❶越祖分燈，傳為五家，各自發展出不同的禪法和接機方便。❸❷禪法方便的開發和轉

---

❷❾　佛教學者一般認為禪宗的思想基礎有二：一是《金剛經》的般若空觀；一是《楞伽經》的佛性論。禪宗融合二者，加之中國文化對心性本體的掌握，形成其理論體系。

❸❿　〔宋〕贊寧撰，范祥雍點校，《宋高僧傳》，卷8〈唐洛京荷澤寺神會傳〉，頁179。

❸❶　〔宋〕贊寧撰，范祥雍點校，《宋高僧傳》，卷9〈唐南嶽石頭山希遷傳〉，頁208。

❸❷　包括曹洞宗、臨濟宗、溈仰宗、雲門宗、法眼宗等五家。陳榮波將五家接引方法、宗旨、宗風、目的表列如下：

宗名	方法	宗旨	宗風	目的
曹洞	五位	正偏互協	穩健綿密	
臨濟	四料簡	無位真人	機鋒峻烈	
溈仰	七十九圓相	大圓鏡智	體用圓融	明心見性
雲門	三句	直下無事	高古隱約	
法眼	六相	即物契神	中庸篤實	

變，主要是因應當機眾生的根基和傾向而施設，這也是禪宗充滿活潑的生命力之所在。因為個人的根基因緣有別，參禪悟道的過程，總不免如瞎子摸象一般，須經一番山窮水盡的摸索，才得桶底脫落，親見爹娘。這個過程，生也自己、死也自己，諸佛菩薩、歷代祖師都救汝不得，更與性別無關。

宗門內從百丈懷海開始建立農禪的生活規範，漸漸形成群居共住的規模，禪人必須自己耕田、植樹、種菜，還要從事砍柴、挑水、燒飯等各種日常雜活等勞動，在這些普請勞動的過程中磨鍊心志。由於禪師農耕生活的背景，使得宗門對話的語言充滿平民口語，卻又完全超出一般人日常熟悉的理解內容。禪師應接學人或主客問答時使用的話語，在宗門內部慢慢形成不言而喻的語意系統，除非弟子對悟境有相同的感受，才可能因其內證經驗而進入此語境中，否則就無法得到知解的入處。

社會氛圍和廣泛的社會環境會決定表述的結構，語言是人為的符號，必然會受到特定時空的限制而脫離不了歷史文化的背景；外在環境是由我們的語言所建構，也不可能獨立於文化語境之外，因此禪師之間的對答，也是具體歷史環境的產物。禪師所處的文化階層、派別不同、個性差異等因素，其接引學人的方法也隨之有異，如慧能本身不識字，所用語言通俗家常，接近口語；其後百丈、趙州等亦多用俗語、諺語，出言率真，甚至是粗鄙的喝罵，使其脫卻

參見〈禪宗五家宗旨與宗風〉，《佛光學報》第 6 期（1981.5），頁 197。

嚴肅的宗教性，代之以生活的體味，許多話語即是從生產勞動用語轉化而來，由此可見禪宗的平民性格。

　　從公案記錄的對話情境推之，禪門燈錄中出現的女性居士，包括凌行婆、臺山婆、燒庵婆、點心婆等，這些婆子多半屬於唐代社會中的勞動階層。唐代下層勞動婦女，主要從事農業、家務、紡織和工商業等勞作。尤其唐代商業發達，其中不乏女性從業者，《太平廣記》卷二八六「板橋三娘子」條，引自《河東記》，記錄唐汴州西板橋店的店主三娘子，「有舍數間，以鬻餐為業」，並自製糕餅，兼供商人停宿。❸像點心婆❹應該就是類似從事這樣的小型販賣為生。另一方面，唐代女性社會地位相對地較高，由於科舉盛行，私人辦學講學風氣極盛，包括女子在內，常有機會接受民間文化知識的教育，加上佛道盛行，為爭取信眾，往往利用寺院舉辦俗講宣教，其聽眾多為文化層次較低的市井民眾，其中婦女佔相當的比重。

　　這些禪婆日常生活應對和社交言談語言通俗潑辣，善於配合動作、表情、姿態等強勢地傳遞信息，可能是唐代整體社會風氣較為開放，婦女社會活動活躍，使得女性的言談舉措較能自由地展現其個性，並開發女性獨當一面的聰明才智和氣魄，因此產生多位具大丈夫氣概和智慧的禪婆。以下便透過燈錄中的禪婆與禪師的對話，來討論在家禪婆在禪門中的活動形象。

---

❸　〔宋〕李昉編，《太平廣記》（北京：中華書局，2006年），頁2279。
❹　參見〔宋〕普濟撰，《五燈會元》卷7「德山宣鑒禪師」，頁371。

四、一婆當關，眾師莫敵：
具行動力和主體性的女性形象

　　話語是一種說話者和聽話者互動的兩面性行為，其中的主題和意義須藉由雙方對話交流才得以彰顯。㉟任何一個言談都有其語意架構，但語意架構的真正意涵，則是直接來自言談者心中自然的反應、回想或選擇。禪宗燈錄中所記錄的種種機緣問答，其對話的目的，在透過對話以提點悟境，但不同的對話對象和語境，提點的方式則靈活多樣。禪婆在禪師悟道的過程中，環繞著悟道主題，因緣際會的對話所產生的點撥作用，呈現出相當鮮明的主體形象，以及不受傳統男尊女卑和出家人高於在家人的觀念束縛。下面舉幾則公案所記禪婆與諸禪師的對話為例，以見其中的主題與意義。

㈠ 凌行婆

㉟　巴赫金從具體、個別、特殊的言談出發，將對話分成五個部分：主題、意義、講者、聽者和音調。透過對話，「它突出了語言在社會交往過程中的歷史與意識型態性」，頗切近於禪門公案問答的情境性。主題和意義是言談不可或缺的兩方面，主題是每一個別言談在具體語境中的獨特意義；意義則指字面上可重複的涵意。語言固有的字面意義，只有通過講者和聽者的對話和交流，所創造出的主題才能實現。意義是固定的、言談所固有的；主題是隨機的、外在的。巴赫金強調主題的首要性，意義的輔助性，二者均需在具體的對話和交流行為中產生。參見劉康，《對話的喧聲——巴赫汀文化理論述評》，頁 27-8；164-5。

　　凌行婆的故事，見於《景德傳燈錄》卷八南嶽第二世馬祖嗣，
「浮盃和尚」：

> 有凌行婆來禮拜師（浮盃和尚），師與坐喫茶，行婆乃問云：
> 「盡力道不得底句，還分付阿誰？」師云：「浮盃無剩
> 語。」婆云：「某甲不恁麼道。」師遂舉前語問婆。婆斂手
> 哭云：「蒼天中間，更有冤苦。」師無語。婆云：「語不知
> 偏正，理不識倒邪，為人即禍生也。」後有僧舉似南泉。南
> 泉云：「苦哉浮盃！被老婆摧折。」婆後聞南泉恁道，笑
> 云：「王老師猶少機關在。」有幽州澄一禪客逢見行婆，乃
> 問云：「怎生南泉恁道猶少機關在？」婆乃哭云：「可悲可
> 痛！」禪客罔措。婆乃問云：「會麼？」禪客合掌而退。婆
> 云：「待死禪和，如麻似粟。」後澄一禪客舉似趙州。趙州
> 云：「我若見遮臭老婆，問教口啞卻。」澄一問趙州云：
> 「未審和尚怎生問他？」趙州以棒打云：「似遮箇待死漢，
> 不打待幾時。」連打數棒。婆又聞趙州恁道，云：「趙州自
> 合喫婆手裏棒。」後僧舉似趙州。趙州哭云：「可悲可
> 痛！」婆聞趙州此語。合掌歎云：「趙州眼放光明，照破四
> 天下也。」後趙州教僧去問婆云：「怎生是趙州眼？」婆乃
> 豎起拳頭。趙州聞，乃作一頌送凌行婆云：「當機直面提，
> 直面當機疾；報爾凌行婆，哭聲何得失。」婆以頌答趙州
> 云：「哭聲師已曉，已曉復誰知；當時摩竭國，幾喪目前

機。」❸❻

　　這凌行婆不知是何方人物，可能是禪院常客或施主，此番顯然有備而來，借與禪師對坐吃茶以考驗其悟力。此中以一在家婆子坐鎮，眾家大禪師輪番與之交手逗機，氣魄驚人。

1.浮盃和尚與凌行婆的對話

　　行婆以在家女性身份，禮拜奉茶，先禮後兵，所問「盡力道不得底句」，即在逼問浮盃對非擬議的自性有多少悟力？浮盃無話可說，這無話可能是至道難以言詮，只好順從古德默然；也可能是不知該說什麼，所以行婆再次確認，沒想到浮盃轉而反問行婆，行婆哭云：「蒼天中間，更添冤苦。」指又一個生死未了漢，不識現象界均不出偏正倒邪兩邊之執見，則有苦頭吃了。

2.南泉普願與凌行婆隔空對話

　　南泉和浮盃同出於馬祖道一門下，他強調「平常心是道」❸❼，普願俗姓王，當時禪門中人慣稱他王老師，行婆亦如是稱呼，可見對當時禪宗祖師的來歷及禪門情形頗為熟悉。普願為浮盃喊苦，行婆顯然相當得意，想把南泉一同拉下水，故意以話相激，可見婆子

---

❸❻　《大正藏》第 51 冊，頁 262 下。
❸❼　這句話可以有兩層意義：一者，將學人以為高深莫測的道，拉回到平常心來看，打破高下之差別見；二者，平常心即是現成的這一念真心，超越知與不知。參見吳怡，《公案禪語》（臺北：東大圖書公司，1995 年），頁 80。

的自信。因為行婆評浮盃對語言偏正和正邪知見不能徹知，以致在現象世界裡生出顛倒妄想，可惜南泉未再做回應，難以確定究竟如行婆所言，南泉猶未透悟行婆對浮盃的開示；還是南泉因為了解行婆之言而讚歎浮盃遇到高手。

3.澄一禪客與凌行婆的對話

　　澄一的師承不詳。他接續南泉回問行婆，可這一問反而暴露他對行婆和南泉的對話內容完全在狀況之外，對於行婆的評語才會摸不著頭腦，不知所措只好合掌做禮。然而這樣的反應，正好是禪宗訓練所要避免和去除的，沒有想法就接受，或者不知如何是好就慣性作禮，所以行婆說他是死禪和子。

4.趙州與凌行婆隔空傳話

　　趙州是南泉的法嗣，有青出於藍之勢，繼承南泉「平常心是道」的思想，常以日常生活中的眼見即境說道，形成其獨特家風。趙州話語直接粗俗，開口便罵凌行婆「臭老婆」，先聲奪人，雖然禪宗本身即充滿平民性格，但這種率直不避低俗的語言習慣竟現聲法堂，並為燈錄所記錄流傳，實有值得觀照之處。這澄一果然是個禪呆子，一如多數的禪人穿梭在祖師的話尾門外，卻不得其門而入，故而看不出趙州在表演給他看，還當真以為趙州是站在他這邊，果然要挨棒。其實趙州是以棒打澄一來呼應行婆的見地。行婆語氣亦不讓趙州，說趙州可以接得下行婆手中的棒。這棒就有傳承的意味，這是對趙州認可的回應，然而以一介在家婆子，竟能自出

豪語，要當代大禪德承接其棒，其膽力悟力豈可等閒視之？趙州聽
聞後，以可悲可嘆推翻這種契會，當即跳出圈套，更令行婆佩服。
行婆以「豎拳」回答何為「趙州眼」，是禪門常見的一種招式，以
破除語言，更直接地直示其道，當然，此中能默會者，只有悟力相
當的趙州而已。最末二人互傳的偈語中，「哭聲」是指生死根本，
「摩竭國」是指摩竭陀國，世尊因思惟諸法寂滅相，不可言宣，故
曾在此掩室靜坐，不為眾人講說法道，此即禪門常提的「摩竭掩
室」一事。❸婆子的回答是其生死大事已了，唯趙州能相印證，所
以深能體會當年世尊若不為眾生宣說其所證悟的宇宙真諦，後代眾
生將無緣得入解脫門。

　　禪宗公案的矛盾對立，乃其詮釋空和不可說的方便，禪師正面
的問題，禪婆卻故意從反面回答，使得問與答之間形成尖銳的矛
盾。這是將正話反著說，試圖在看似荒謬矛盾的陳述中，表現一種
對真諦的誠實，而非現實口是心非的背謬。在對話往來當中，禪婆
對問題的回應，上一輪與下一輪之間的承接，往往可以看出整個問
答的主題所在；在禪師與禪婆答非所問的表象下，可以尋繹出某種
藕斷絲連的語意銜接與照應的線索。禪婆回答真理的方式是把問題
的本體否定，使該問題不具特定的本體指涉或根本沒有任何指涉，

---

❸　指佛陀成道後，於三七日間，坐思而不說法。《肇論新疏》卷下曰：「所以
釋迦掩室於摩竭，淨名杜口於毗耶。（中略）《法華》說：『如來成佛，三
七中，而不說法。』《智論》第七云：『佛得道五十七日不說』等，義言
掩室也。」參見《佛光大辭典》，「掩室」條，頁4585。

再以禪師所決定的意涵呈現出來，因此其回答可以任意替換。這麼做才不會提出字面上看起來是正確的回答，因為這樣的回答只會產生概念的障礙，而與其回答問題的初衷相違，然而未悟者如澄一，總是試圖拼湊出問題與答案，這種思維模式本身就難與悟境相應。

(二) 點心婆

《五燈會元》卷七「德山宣鑒禪師」，其傳中有一點心婆。德山宣鑒禪師常講《金剛經》，時謂之「周金剛」，著有《青龍疏鈔》。後聞南方禪席隆盛，氣頗不平，遂擔《青龍疏鈔》出蜀。

> （德山）至澧陽路上，見一婆子賣餅，因息肩買餅點心。婆指擔曰：「這箇是甚麼文字？」師曰：「《青龍疏鈔》。」婆曰：「講何經？」師曰：「《金剛經》」婆曰：「我有一問，你若答得，施與點心；若答不得，且別處去。《金剛經》道：『過去心不可得，現在心不可得，未來心不可得。』未審上座點那箇心？」師無語。遂往龍潭。❸❾

德山宣鑒在龍潭崇信處頓悟心要後，便取一把火將其疏鈔燒了。這是德山得法於龍潭崇信之前，對他很具啟發的一段經歷。此點心婆

---

❸❾　〔宋〕普濟撰，《五燈會元》，頁 371。

一來熟諳《金剛經》；二來深具禪門當機指點的洞察力。不但將
「點心」的「點」字轉化為動詞，一語雙關，又將之與講般若空性
的《金剛經》中過去、現在和未來三心不可得比意，更能從旁觀者
的角度看出德山此際只將《金剛經》掮在肩上，而非從自性契悟空
性，真是位冥跡潛藏為賣餅婆子的化外高人。從另一個角度觀之，
或許我們不須神話婆子的潛在身份，唐代平民女性從事小本生意自
食其力者所在多有，然而這樣的勞動階層婦女之中，竟能產生悟力
和當機應對如此超凡慧黠之人，對於唐代參禪的在家女性不能不另
眼看待了。

㈢ 燒庵婆

燒庵婆的故事，見於《五燈會元》卷六「亡名道婆」：

> 昔有婆子供養一庵主，經二十年，常令一二八女子送飯給
> 侍。一日，令女子抱定，曰：「正恁麼時如何？」主曰：
> 「枯木倚寒巖，三冬無暖氣。」女子舉似婆，婆曰：「我二
> 十年祇供養得箇俗漢！」遂遣出，燒卻庵。❹

中國佛教文化中，在家人供養出家人令其安心辦道參禪，乃是累積

---

❹　〔宋〕普濟撰，《五燈會元》，頁366。

福德的方法之一。婆子利用妙齡女子來勘驗庵主的修行進境，誰知庵主自比寒巖，視二八佳人如枯木，二者俱為無情之物，豈有生息？由此亦可見庵主仍執著於男女外相，婆子以二十年的時間來供養一個僧人，何等老婆心切❹的耐心；而此人二十年只修得心如槁木死灰，且尚拘於身見，所以婆子當機立斷，一把火燒掉困此俗漢二十年的牢，這是何等氣魄，其行事作風，宛似祖師作略。

以上公案，人物鮮活、情節生動，跳躍式的對話和出人意表的動作，都是為了將禪人的心識，從散亂、理智和向外攀緣，轉向內在的主體覺照，充分展現老婆心切的一面。這些對話都是環繞「逼顯悟境」的主題而機設的問答。像凌行婆主動拋出問題，然後自己對對話者下個人的評語，四個對話的結語都出自行婆，一來充分展現當時女性也有獨到的禪境體驗；二來可見其悟力絕不下於當時大禪師浮盃、南泉、趙州。不僅如此，這些婆子更進一層充當禪師悟力開展的點化師，像點心婆，這個角色不但個人得具足一定的悟力，還得有相當敏銳的觀察力和善巧。婆子豐富的生活歷練，有助於其成為一位稱職的點化師，在整個對話中，顯現禪婆能自如地將自我投射於他者身上，以他者的價值系統和眼光來觀看現象界，當自己置身於他者的位置，領會了他者內心體悟的層次後，再回到自身發出他者角度的盲點或不同的看法，來提點他者的視野和悟境。

---

❹ 老婆心切，指禪師接引學人的用心良苦，以言句施設或動作棒喝的慈悲心，企盼學人早日開悟的心情，如同老婆子苦口婆心。

能夠領會者，自我與他者的對答形成相互關照、投射，角度也能互換互補；不能回應者，則失去更上層樓的契機。

這些婆子既無姓名，亦不知其師承，記錄簡略，只能說是禪師開悟過程的配角，因此著墨並不多。但從其對話表現，宛然可見其獨立人格。她們能與禪師機鋒相對，甚至擔負禪師開悟的臨門一腳之重任，充分顯示其證悟的能力。相對地，禪師能從婆子受教，顯示禪門中無論男女相，但論悟道與否的開放心胸，及對女性悟力的肯定態度。

五、十字街頭與孤峰頂上：
禪婆悟力之勘驗與參照

以《景德傳燈錄》卷十，南嶽第三世南泉普願嗣，「趙州觀音院從諗禪師」與臺山婆的對話為例：

> 有僧遊五臺。問一婆子云：「臺山路向什麼處去？」婆子
> 云：「驀直恁麼去！」僧便去。婆子云：「又恁麼去也。」
> 其僧舉似師（趙州）。師云：「待我去勘破遮婆子。」師至
> 明日便去問臺山路向什麼處去。婆子云：「驀直恁麼去！」
> 師便去。婆子云：「又恁麼去也。」師歸院謂僧云：「我為
> 汝勘破遮婆子了也。」僧問：「恁麼來底人師還接否？」師

云：「接。」僧云：「不恁麼來底師還接否？」師云：「接。」僧云：「恁麼來者從師接，不恁麼來者如何接？」師云：「止止不須說，我法妙難思。」師出院，路逢一婆子問：「和尚住什麼處？」師云：「趙州東院西。」婆子無語。師歸院問眾僧：「合使那箇西字？」或言東「西」字。或言「棲」泊字。師曰：「汝等總作得鹽鐵判官。」僧曰：「和尚為什麼恁麼道？」師曰：「為汝總識字。」❷

這位婆子可能住在五臺山附近，或者常在五臺山勞動或做小買賣，對那一帶地理環境相當熟悉。此中趙州如同前面僧人一樣問：「臺山路向何處去？」婆子亦同回答前面僧人地回趙州：「驀直去！」趙州亦同前面僧人一樣「驀直」而去。兩造對話表面看來完全一樣，趙州卻說他已識破這婆子。所以，問題就在「什麼處是勘破婆子？」趙州自己當演員，重複相同的問話，得到相同的答案，這當中與禪人所希望的答案一定有某種落差，卻說已勘破婆子。對照下面趙州對「那麼來」和「不那麼來」的人等而視之，作風類婆子前番的回答，欲令弟子有所醒覺，弟子卻落入思量擬議而不得出路，趙州因此說我法玄妙，非思量可至。接著，趙州回答婆子住在「趙州東院西」，婆子聽後「無語」，趙州即興以其回話勘驗弟子是否能進入他與婆子對話的語意脈絡，結果弟子們卻落入趙州的語言圈

---

❷　《大正藏》第51冊，頁277中。

套裡去擬議是「西」或「樓」。可見只有趙州能同理了解臺山婆，所以照面當即以同樣問題回敬婆子。

公案的對答形式常常是循環性問答，答案又回到問題上，根本沒有推展，這種循環對答，必待禪人跳脫慣性邏輯思維模式，才能走出循環圈。表面上禪婆的答話和趙州的問話都是重複上一回的問答，似乎沒有增進彼此的理解，事實上，他們相互交流的內容絕不同於上一回，因為對話者主體不同，感悟程度不同，所傳之意亦截然不同。所以，言談永遠是特殊、個別的現象，由具體的個人每一瞬間在不同場合說出，即使是重複千百遍的最簡單的字詞，在每次說出的時候，對每個特殊的對話對象和語境都有不同的意涵。❹

再以《景德傳燈錄》卷二十七，禪和子與傾茶婆的對話為例：

> 昔有三僧雲遊，擬謁徑山和尚，遇一婆子，時方收稻次。一僧問曰：「徑山路何處去？」婆曰：「驀直去。」僧曰：「前頭水深過得否？」曰：「不濕腳。」僧又問：「上岸稻得恁麼好？下岸稻得恁麼怯？」曰：「下岸稻總被螃蟹喫卻也。」僧曰：「太香生。」曰：「勿氣息。」僧又問婆：「住在什麼處？」曰：「只在這裏。」三僧乃入店內。婆煎茶一瓶，將盞子三箇安盤上，謂曰：「和尚有神通者即喫茶。」三人無對，又不敢傾茶。婆曰：「看老婆自逞神通

---

❹　參見劉康，《對話的喧聲──巴赫汀文化理論述評》，頁89。

也。」於是便拈盞子傾茶行。❹

　　這婆子在徑山路旁以賣茶點為業，遇到三位遊方僧向她問路，又問些不相干的瑣事，即測知此三人的心性未定，因此婆子提醒「勿氣息」，即勿動念分別諸境。接下來換婆子出招，要他們展現修行的成果。表面看來，這婆子有點在戲弄這三位僧人，深一層想來，現僧相的禪僧追求悟道是其本分，但也是其執病所在，一聽人家要出考題，未得大自在神通變化者，必冷汗直流，被婆子唬弄住了，結果婆子表演的神通，就是當下拿起茶杯就倒茶罷了。禪婆在此對話的語境中，即興地以一些簡單卻意味深長的動作或話語來逗機，生動活潑而富於啟發性，事實上說的都是極平常的話語，帶有婆子自身生活經驗色彩，若將此婆子接機的智慧方便與禪門尼師相比，可說毫不遜色。

　　下面再以其他女性的悟道表現，作為禪婆悟道層次的參照。先以禪尼為例。《祖堂集》卷十九「俱胝和尚傳」中的「實際尼」，行略之丈夫氣可說甚於禪師：

　　　師（俱胝）因住庵時，有尼眾名實際，戴笠子、執錫，繞師三匝，卓錫而立。問師曰：「和尚若答，某甲則下笠子。」師無對，其尼便發去。師云：「日勢已晚，且止一宿。」尼

────────────

❹　《大正藏》第 51 冊，頁 435 下。

> 云：「若答得則宿，若答不得則進前行。」師歎曰：「我是
> 沙門，被尼眾所笑。濫處丈夫之形，而無丈夫之用。」❹

這個故事可貴之處是禪門中的男性禪師能跳脫男尊女卑之俗見，被
尼師逼得無立足之地，尚能自省不足，此見禪宗但論悟道與否，無
論男相女相的精神，因此而知「大丈夫」並非性別上的區別，而是
指修持上能頂天立地之人。

又《景德傳燈錄》卷十一「筠州末山尼了然」：

> 灌溪閑和尚遊方時，到山先云：「若相當即住，不然則推倒
> 禪床。」乃入堂內。然遣侍者問：「上座遊山來？為佛法
> 來？」閑云：「為佛法來。」然乃升座。閑上參。然問：
> 「上座今日離何處？」閑云：「離路口。」然云：「何不蓋
> 卻。」閑無對，始禮拜。問：「如何是末山？」然云：「不
> 露頂。」閑云：「如何是末山主？」然云：「非男女相。」
> 閑乃喝云：「何不變去？」然云：「不是神、不是鬼，變箇
> 什麼？」閑於是服膺，作園頭三載。❹

---

❹ 〔南唐〕靜、筠禪師編，張華點校，《祖堂集》（鄭州：中州古籍出版社，
  2001 年），頁 645。
❹ 《大正藏》第 51 冊，頁 289 上。

灌溪至末山較量悟力，一開始姿態橫霸，而了然以一介女尼，得為高安大愚禪師之法嗣，並住山升座說法，雖然燈錄中這種女性禪師並不多，但男性禪師願來向女性禪尼請法，已足以說明禪宗超越男女外相的開闊心胸。了然謂末山主非男女相，眾生佛性均等，但悟得自性，男女皮相並非重點，其能升堂作主亦非關神通變化，而是把得自性本來面目，否則就算有神通變化，也是野狐精，因此他斷然否決以外相神通表演來說服他人的蠢法子。❹灌溪服膺，留在末山當三年園頭，得為末山之法嗣，這在中國佛教歷史中可說是絕無僅有的。

　　再以年輕女子的悟力為參照，例如《祖堂集》卷九「羅山和尚傳」中的「鄭十三娘」：

　　　　鄭十三娘年十二，隨一師姑參見西院大溈和尚。才禮拜起，大溈問：「這個師姑什麼處住？」對云：「南臺江邊。」溈山便喝出。又問：「背後老婆子什麼處住？」十三娘放身進前三步，叉手而立。溈山再問：「這老婆子什麼處住？」十三娘

------

❹　《景德傳燈錄》卷 12，臨濟義玄法嗣，「幽州譚空和尚」的記錄可為參照：有尼欲開堂說法，師曰：「尼家不用開堂。」尼曰：「龍女八歲成佛又作麼生？」師曰：「龍女有十八變，汝與老僧試一變看。」尼曰：「變得也是野狐精。」師乃打趁。《大正藏》第 51 冊，頁 294 下。此說引自《法華經》中記有龍女轉身成佛的故事，這意味必須是男性身份才能獲得最高的證悟境界，實違背含生同一真性之理。此公案正可呼應末山之言，她們都斷然否決轉身的必要。

云:「早個對和尚了也。」潙山云:「去,去。」才下到法堂外,師姑問十三娘:「尋常道我會禪,口如鈴相似。今日為什麼大師問著總無語?」十三娘云:「苦哉!苦哉!具這個眼目,也道我行腳,脫取衲衣來與十三娘著不得?」十三娘後舉似師(羅山),便問:「只如十三娘參見大潙,與麼只對,還得平穩也無?」師云:「不得無過。」娘云:「過在什麼處?」師乃叱之,娘云:「今日便是錦上更添花。」❹

鄭十三娘才十二歲,潙山卻偏將他喚作婆子,顯然別具慧眼,要來勘驗十三娘,十三娘的表演就是一個大丈夫的氣概,不過身為修行人的師姑卻對十三娘和潙山二人的印證內容全然不解,後來十三娘將其與潙山的對話轉達羅山,羅山之喝叱是第二度的勘驗,所以是「錦上添花」。

又《景德傳燈錄》卷八「襄州居士龐蘊」,記其有一女名「靈照」,常隨龐居士製竹漉籬令鬻之,以供朝夕。

居士將入滅,令女靈照出視日早晚,及午以報,女遽報曰:「日已中矣,而有蝕也。」居士出戶觀次,靈照即登父座,合掌坐亡。居士笑曰:「我女鋒捷矣!」❹

---

❹ 〔南唐〕靜、筠禪師編,張華點校,《祖堂集》,頁330。
❹ 《大正藏》第51冊,頁263中。

靈照年紀輕輕，卻已能得生死自在無礙的境界，連龐居士都得自嘆弗如了。另外，在卷十四「丹霞天然禪師」的傳文中，記錄一段丹霞天然去拜訪龐居士，見女子取菜次，師云：「居士在否？」女子放下籃子，斂手而立，師又云：「居士在否？」女子便提籃子去。❺⓿此女子可能即是靈照。她斂手而立，獨當一面，丹霞卻視若無睹，靈照索性走人，充滿率性勇氣，她答話的方式和丹霞的提問毫不相關，這種答非所問，無法以思辨層面探究，可能丹霞看她只是名勞動中的年輕女孩，未放在心上，卻顯得丹霞不具平等之法眼。

　　再對照於在家男性的禪悟經驗：以《五燈會元》卷三「龐蘊居士」為例。龐蘊初參石頭希遷，與丹霞天然為友，又到江西參馬祖道一。他以在家人身份，一方面擺脫官僚體系的瓜葛，與塵俗隔絕；一方面又堅持自我的路子，不採取出世的生活，以自由人的形式，定位其人生的方向，過著與其女靈照一起靠編籬到市井販賣維生的生活型態。在靈照捷足先登坐亡後，居士更延七日，留下偈語：「但願空諸所有，慎勿實諸所無。好住世間，皆如影響。」❺①枕著來探病的州牧于頔之膝而化，灑脫生死，父女不相上下。

　　從之前所舉趙州與臺山婆、凌行婆若合符契的對話可以推知，十字街頭的婆子之流以深深海底行潛隱人間，與孤峰頂上的禪門宗師在高高峰頂上坐相比，是兩種生命型態的展現，作為在家的婆

---

❺⓿　《大正藏》第 51 冊，頁 310 下。

❺①　〔宋〕普濟撰，《五燈會元》卷 3「龐蘊居士」，頁 186。

子，未必不能嚐到禪法三昧。而從禪婆、禪尼到夙慧早悟的少女之悟力參照比觀，可見當時女性能自覺地從從屬於男性的地位中獲得解放，並積極掘發其與男性不異的覺性，打破聖與俗的形象界線。

六、與禪婆相關公案的循環傳釋

宋代出現大量語錄、燈錄的結集，及評唱、頌古文字的製作。唐代祖師千姿百態的教化問答形式，被後來參禪者視為求悟的媒介，將之整理成一則則「公案」典範；精采的關鍵性對話被當作「話頭」來參究，於是以參讀公案、話頭作為悟道的門徑，形成一種對古德公案語錄重新詮釋所作的拈古、頌古詩，而後來禪人參讀拈古、頌古詩，則更是門徑中的門徑了。

禪的語言是對象語言（Object Language），隨個人修持體悟境界不同而有不同的展現和詮釋；但公案頌古則屬於後設語言（Meta Language），是已抽離了當下時空所做的理性知解活動。❺後世學人

---

❺ 語意學上分語言為幾個層次：客觀的事物是語言所指稱的對象，直接指謂「客觀事物」的語言，就是「對象語言」；指謂「對象語言」的語言，就成了「後設語言」。參考黃宣範，《語言哲學：意義與指涉理論的研究》（臺北：文鶴出版社，1983年），第二章意義與指涉理論，頁17。例如現代邏輯及語意學認為「萬法皆空」這句話屬於「後設語言」，並不包括在對象語言當中；即萬法皆空這一條理則本身，並不包括在此句所說的萬法當中。如此就可以解除語言本身自我指涉的矛盾問題。

不知前人機感所應的時空情境為何，不斷的引用、評唱前人公案，評唱者的話語和被引用的公案之間，因互相滲透而界線逐漸模糊，形成一個循環性的詮釋模式及循環相生的語意網路。此中評唱者話語中的語境音調，包括幽默、反諷、扭曲、創造等，不斷地創新公案的意義，此種多音調的引語和敘述手法，類似巴赫金所說的「複調」敘述。❸

以趙州與臺山婆對話公案為例，禪婆與禪師的對話，形成禪宗勘驗悟境的一個互動模式的經典，被後代禪家不斷地引用評唱和重新詮釋。例如《續傳燈錄》卷六「修撰曾會居士」：

> （曾會）幼與明覺同舍。及冠異途。……天聖初公守四明。以書幣迎師（明覺）補雪竇。既至。公曰：「某近與清長老商量趙州勘破婆子話。未審端的有勘破處也無？」覺曰：「清長老道箇甚麼？」公曰：「又與麼去也？」覺曰：「清長老且放過一著。學士還知天下衲僧出這婆子圈不得麼？」公曰：「這裏別有箇道處。趙州若不勘破婆子，一生受屈。」覺曰：「勘破了也。」公大笑。❹

從天下衲僧出不得這「婆子圈」，可知「趙州勘婆」已成為當日禪

---

❸　參考劉康，《對話的喧聲──巴赫汀文化理論述評》，頁 184-5。

❹　《大正藏》第 51 冊，頁 502 中。

林重要的參究公案。那麼，關鍵就在怎樣算是勘破了婆子呢？明覺禪師能一舉放下這個疑團包袱就是勘破。也許眾禪家懷有一個婆子家若不勘破，禪門臉面何處擺放的罣礙，這其中就有男女等差的觀念，一旦放下此念，婆子悟道也就不必驚怪了。而《續傳燈錄》卷十六「洪州上藍順禪師」，曾作趙州勘婆子偈曰：「趙州問路婆子，答云直恁麼去，皆言勘破老婆，婆子無爾雪處。」❺❺直接以婆子無立足之境，否定婆子的悟力境界，來解除勘破婆子這道難關。

又如《續傳燈錄》卷三十大隨靜禪師法嗣，「合州釣魚臺石頭自回禪師」：

> （石頭）世為石工。雖不識字，志慕空宗，每求人口授法華能誦之。棄家投大隨供掃洒，寺中令取崖石，師手不釋鎚鑿，而誦經不輟口。隨見而語曰：「今日碪磕，明日碪磕，死生到來，作甚折合。」師愕然釋其器設禮，願聞究竟法。因隨至方丈，令且罷誦經，看趙州勘婆因緣。師念念不去心，久之因鑿石，石稍堅，盡力一鎚，瞥見火光，忽然省徹。走至方丈，禮拜呈頌曰：「用盡工夫，渾無巴鼻。火光迸散，元在這裏。」隨忻然曰：「子徹也。」復獻趙州勘婆頌曰：「三軍不動旗閃爍，老婆正是魔王腳，趙州無柄鐵掃帚，掃蕩煙塵空索索。」隨可之，遂授以僧服。人以其為石

工，故有「回石頭」之稱也。**⑯**

以如幻之帚，掃撤虛幻的魔王腳，又替趙州勘破了婆子，婆子變成禪人渡越悟境的一個考驗境界，這裡也許並無性別歧視的問題，只因原始公案中，臺山婆與趙州表現出勢均力敵的悟道氣勢，則如何勘破婆子成了百代禪和子悟境的標竿。因此「趙州勘婆」變成一個經常被後代禪師拿來教示弟子的一個公案，他們雖已脫離趙州與婆子當時的對話語境，但公案本身意蘊的開放性，使得後來的師徒仍能不斷藉此公案，創造更多的對話觀點。

《續傳燈錄》卷二十九「安吉州何山佛燈守珣禪師」，上堂舉「婆子燒庵」的公案時，即謂：

> 大凡扶宗立教須是其人，爾看他婆子，雖是箇女人，宛有丈夫作略。二十年筵油費醬固是可知，一日向百尺竿頭做箇失落，直得用盡平生腕頭氣力，自非箇俗漢知機，泊乎巧盡拙出。**⑰**

這番話是對禪婆存在於禪宗歷史的角色和意義的一個極懇切的註解。

---

⑯　《大正藏》第 51 冊，頁 677 上。
⑰　《大正藏》第 51 冊，頁 666 下。

另外，從燈史製作流傳一面來看，龐蘊居士是唐代以在家人身份躋身宗門法堂系譜之林的唯一一人，其傳奇性的大隱隱於市朝的修行生活，不斷地為後代燈史所記錄、改寫和增添，因此其家族成員悟道的記錄，由《祖堂集》所記，只有他和女兒靈照以賣竹籬維生。❺❽《景德傳燈錄》從之，但添加了對靈照敏悟傳奇的描寫，及丹霞天然去拜訪龐蘊，卻先遇到靈照，並有一段機鋒交手的過程。❺❾後來禪史又繁衍出龐婆和龐子，儼然一個完整的世俗家庭，然而一個個都生死自在，如同戲劇示現一般。❻⓪《祖堂集》成書於南唐，編著者廣採碑文、語錄及時人之言，可信度應相當高，至於後來的龐婆，很可能是燈史作者為了樹立一個在家悟道的典範而塑造出的人物。

以上公案，人物鮮活、情節生動，跳躍式的對話，和出人意表的動作，這些都是為了將禪人的心識，從散亂、理知和向外攀緣，轉向內在的主體覺照。在我們日常的對話中，有多重環境、社會、文化、意識型態交互作用，匯合於語言意涵當中，所以即使是個人語言，也充滿整體社會共許的意念在內，這也是語言一旦形成意涵共識，便進而熟濫、僵化的原因。而一則公案經過後代禪師一再引用，形同對該公案的詮釋或翻案，這種循環詮釋的作用，隨著不同

---

❺❽ 〔南唐〕靜、筠禪師編，張華點校，《祖堂集》，頁 527。

❺❾ 《大正藏》第 51 冊，頁 263 中；頁 310 下。

❻⓪ 參見《龐居士語錄》，收入《新纂卍續藏》第 69 冊，頁 134 上。

的禪風、時代環境，形成一個互相含攝的語意系統，和環環相扣的詮解模式，終極目標仍是指向悟道。因此，解讀一則公案，就必須了解此公案的歷史暗碼，否則將很難掌握其文字表面之下的內蘊意涵。當然這種解碼方式亦非一成不變，相反的，這些公案符碼在不同的時空情境下被創新和延伸，詮釋本身就是一種創造的過程。

七、結語

從禪婆與禪師的對話，可想見其悟力與智慧，展現不同於出家尼師的女性修行者典型。由以上禪婆與禪門祖師或學人對話的討論，可歸結出這些女性在家修行者不同於出家尼師的幾個特點：

一者，從燈錄對在家女性的記錄來看當時禪宗對女性的態度，雖然這些禪婆子既無姓名，亦不知其師承，只能說是禪師開悟過程的配角，記錄相當簡略。但是禪師能從婆子受教，顯示禪門中無論男女相，但論悟道與否的開放心胸，以及對女性悟力的肯定態度。

二者，從社會文化層面來看，唐代女性的社會參與度相當活躍，這些禪婆多以在家老婆子的形象，出現於大禪德叢林附近的路旁或茶棧，與路經的禪人交會論禪，其修行方式就是在日常生活的作務中修道，充分展現唐代文化的世俗性特色，即經驗世界而不違本體，將二者泯然融合於當機之照面中。

三者，從禪婆與禪師的對話來判斷其悟力，這些具行動力和主

體性的女性禪婆的話語多是平易通俗的口語，或者以日常事物為雙關語，用詞根本少有佛教的專業術語，甚且出言粗鄙，加上肢體語言的配合，充滿俚俗的生活氣息，卻能以此解構禪宗祖師的權威，打破禪門話語系統的僵化危機。她們能與禪師機鋒相對，甚至擔當禪師開悟臨門一腳之提點重任，即是其證悟層次的明證。而從其對話表現，更宛然可見獨立的人格與智慧的典型。

從禪宗歷史發展來看，六祖慧能本是一個不識字的柴夫，其直指人心的語句多質樸平實，其後青原、馬祖、百丈等循此自耕勞動的農禪家風，用語亦多開門見山、脆快俐落，只要機緣湊泊，村姑野老因而悟道者亦所在多有，如凌行婆、臺山婆、燒庵婆等，見地透徹，機鋒靈活，實不讓得道高僧。可惜宋代以後，禪師隨手所拈皆前賢公案頌語，當下所論盡是前人風流，禪史中關於村姑野老參禪悟道的記錄相對地就更為減少了。

第八章 結 論

　　佛教修行隨個人根基因緣差異而有不同的成佛之道,從而產生各種法門、宗派以適應不同的眾生,禪宗在傳播過程中,刻意強化自性迷悟的重要性大於禪定工夫,使其更切近於中國文化重視心性修養的性格特質,以致從文人士夫到凡夫小民,無論何種文化根柢,皆能契入禪宗之門。禪門中才會出現千姿百態的人物類型,無論是詩僧、狂僧或禪婆,他們所展現的創意特質和獨特魅力,都是禪的精神的一種具體發揚。

　　以上透過前三章的討論,對於晚清詩僧八指頭陀之苦吟精神、詠梅禪境與家國情懷,有了深刻的認識,從而為晚清時期的詩僧構築了更清晰的生命圖像之側影。通過後三章對唐代狂僧、禪婆子,以及僧傳書寫對禪師形象塑造作用的探討,看到禪門修行者全無依傍地走出獨一無二的修行之道的創造精神。

　　實則禪宗與中國文學的滲透交融,豐富並深化了中國文學與文化的精神內涵,詩歌體裁方面,主要展現在接合意、象之間的「境」意識之思維取向與美感興味的建立;敘事文學方面,則以豐富的時空交錯,展延三世因果、神異人物和故事等的想像,成為小

說故事可以不斷衍生取用的題材。所以，研究唐代以下的文學，無論是詩、小說或其他文學體製，若未能深入佛教思維表達和宇宙人生觀對文學的滲透面向，恐怕無法精確掌握文本的內在精神特質。孫昌武先生認為研究佛教與中國文學的關係，有兩方面的重大意義，一是加深我們對中國文化發展規律的了解，二是從佛教東傳了解中國對外來文化吸收交流的經驗。❶因此，欲更深入唐代以下文學史的發展內涵，即不應將佛教文化摒除不論。目前學界關於詩僧與僧傳這兩個範疇的研究成果仍相當有限，不但歷代詩僧研究尚待開發；梅花意象與中國禪宗文學淵源深厚，詩僧詠梅創作，乃至集前人詩句來傳達己意或悟境的集句詩，都有待系統性的爬梳。其次，狂僧在敘事文學中的形象轉化，乃至從明清小說文本溯源，對千姿百態的瘋癲和尚形象進行歷史考索，亦有待更細密的文本比對分析。

　　其次，唐代除了有佯狂僧侶以游戲神通混跡市朝，隨緣點化之外，晚唐五代狂草書僧蠭起，像懷素（725-785）、辯光、高閑、懷濬等，形成草書的高峰期。狂僧的狂草書風所開展的藝術精神，其實是禪的本質精神的一種延伸與展現。懷濬草書「筆法天然」❷，性憨狂，且「知來藏往，皆有神驗。」❸其狂草不僅是一種書風，

---

❶　孫昌武，《佛教與中國文學》（臺北：東華書局，1989年），前言，頁7。
❷　〔宋〕贊寧撰，范祥雍點校，《宋高僧傳》卷22〈晉巴東懷濬傳〉，頁562。
❸　李昉等編，《太平廣記》，卷98，頁656。

更是新的書法創作方式的展現，創作過程帶有強烈的表演性質。❹
從狂僧和狂草兩者之間精神層面的契合處來看，可見遵循理性邏輯
思維法度擴張至極，對藝術創作的束縛無以復加之後，自然會產生
反彈效應。狂草無論形式或精神上，正好將書僧法度訓練之極限往
上提升，而在冥神癲狂的精神狀態下，達到藝術心靈的任運揮灑。
所以，關於唐代以來狂僧的出現，以及與時代文化藝術的關係，是
值得繼續探討的問題。

　　另外，當代女性意識抬頭，佛教女性影響力和重要性不容忽
視，對於女性禪師、在家女眾的修行生活的相關記載之搜索整理，
有助於呼應當代宗教性別平等的反省和自覺。凡此無不揭示佛教在
中國文學涉入的軌跡，亦即相對於過去文學史慣性認知的典律作品
研究已達飽和，以及在當代學術研究自覺於典律移轉的必要性之
下，文學與宗教關係的研究仍有廣闊的發展空間等待開發。是以禪
宗文學豐富多姿的創意精神，無論在任何文藝領域所開展的精彩樣
貌，更有必要真正被看見。

---

❹　熊秉明謂禪僧狂草是對禪境的一種體現。參見氏著，《中國書法理論體系》
　　（臺北：雄獅出版社，1999 年），頁 189。至於，禪宗與草書的結合，是另
　　一層面的問題，於此暫且不論。

附　錄

附錄一　八指頭陀年譜簡編暨時代大事

西元	中國紀年	八指頭陀行迹	時代大事
1851	咸豐元年	陰曆十二月初三，生於湖南湘潭石潭黃姓農家，名讀山。父諱宣杏，母胡氏，嘗禱白衣大士夢蘭而生讀山。	
1857	咸豐七年	七歲。母亡，諸姐皆嫁，與幼弟寄食鄰家。	
1861	咸豐十一年	一十歲。始就塾師讀《論語》，因貧未終篇。	
1862	同治元年	十二歲。父喪，弟以幼依族父。讀山無所得食，為農家牧牛。	
1863	同治二年	十三歲。塾師周雲帆為之教讀，讀山則為師灑掃炊爨。	
1864-1867	同治三至六年	十四歲至十七歲。周師病故，去某富豪家伴讀，被奴役訶叱，憤而離去。後從某老闆學手藝，鞭	沙俄繼強割烏蘇江以東、以北一百萬平方公里土

		撻尤甚，昏死數次。	地後，又強割西部四十四萬平方公里國土。
1868	同治七年	十八歲。投湘陰法華寺出家，禮東林長老為師。師賜名敬安，字寄禪。冬，詣南嶽祝聖寺，從賢楷律師受具足戒。	
1869	同治八年	十九歲。赴衡陽岐山仁瑞寺（今湖南衡南縣境）首參恒志來和尚，隨眾參禪，並充苦行諸職。寺中精一律師喜吟詩，寄禪深受其影響。	
1871	同治十年	二十一歲。在岐山參禪，至巴陵省視舅氏，登岳陽樓，得「洞庭波送一僧來」句，郭菊蓀先生謂有神助，授以《唐詩三百首》，遂學詩。	前年，湖南境內大饑，湘潭朱亭（今株州縣境）哥老會起義。是年沙俄侵占伊犁。
1873	同治十二年	二十三歲。岐山參禪，補做《祝髮示弟》詩。曾溯湘江北上，過空舲岸、杜公亭，小住長沙麓山寺參詩僧笠雲長老，後船入洞庭湖，從君山返棹。是年存詩二十九首。	
1874	同治十三	二十四歲。自岐山去湘陰法華	是年日軍侵佔臺

	年	寺，從本師東林老僧。秋曾遊寧 鄉溈山、湘陰神鼎山、屈子祠。 此年存詩三十二首。	灣。
1875	光緒元年	二十五歲。春住湘陰祖寺。夏秋 離開湖南，東遊吳越。曾重遊岳 陽樓，登黃鶴樓，於楓橋夜泊， 在鎮江金山寺結夏，參大定密源 禪師。經蘇州，曾小住常州天寧 寺。此年存詩十五首。	是年因沙俄屢次 侵犯新疆，左宗 棠受命督辦新疆 軍務。
1876	光緒二年	二十六歲。春從常州到杭州，遍 遊靈峰、岳廟、西湖等名勝古 跡，多有吟詠。冬住錫寧波，從 呂文舟、胡魯封、徐酏仙、與了 法師等人遊，結社吟唱。此年存 詩四十四首。	是年七月，左部 克復烏魯木齊。
1877	光緒三年	二十七歲。住寧波。曾遊三茅山 普安寺，並小住。又遊鎮海靈芝 山、四明山阿育王寺、慈溪驃騎 山。春、夏、秋均往來於太白山 天童寺，並曾於玲瓏岩結茅閉 關。秋在阿育王寺佛舍利塔前燒 二指並剜臂肉燃燈供佛，自此號 「八指頭陀」。此年存詩六十一 首。	

1878	光緒四年	二十八歲。住寧波。全年往返於天童山、三茅山、伏龍山、鎮海、餘姚等地，遍參諸寺。此年存詩三十一首。	是年元月，左宗棠部收復新疆。
1879	光緒五年	二十九歲。春住跨塘禪院，遍遊天童寺、茅山寺、阿育王寺，航海到普陀。重陽前後在寧波，冬住天童。此年存詩四十四首。	
1880	光緒六年	三十歲。住寧波旅泊庵。五月作〈嚼梅吟自敘〉。冬初遊鄞湖。年底欲歸長沙，未果。此年存詩五十六首。	
1881	光緒七年	三十一歲。春住寧波，夏遊雪竇，冬掛錫阿育王寺。《嚼梅吟》詩集在寧波刊刻，四明諸詩人多為之題跋。此年存詩三十一首。	
1882	光緒八年	三十二歲。正月過白雲禪寺，春因病住天童。夏初再遊雪竇、阿育王寺。曾往曹娥江謁孝女廟。秋初下山訪明州太守，曾因事至杭州。秋冬往天台山，登天姥峰、華頂峰，訪寺觀瀑。此年存詩五十八首。	

1883	光緒九年	三十三歲。春住天童，習定玲瓏巖。清明後下山弔詩友徐酡仙。《嚼梅吟》補遺部份以〈哭社友徐酡仙四首〉為結。秋冬，曾於太白山、雪竇山小住。明州知府宗湘文請為仗錫山寺住持，堅辭。此年存詩二十八首。	
1884	光緒十年	三十四歲。三遊雪竇，曾去南京。回天童，與日本和尚岡千仞遊玲瓏岩。八月，自四明歸長沙，小住麓山寺，後卜築南嶽烟霞峰。此年存詩十六首。	是年八月，法艦襲擊臺灣基隆及福建閩江口。消息傳至寧波，頭陀正臥病於延慶寺，憤怒之極，思謀禦敵之法不得，欲出見敵人，以徒手奮擊，為友所阻。旋歸湘。
1885	光緒十一年	三十五歲。住南嶽。春回湘潭石潭，省先塋。夏，避暑長沙碧浪湖，與友人雅集上林寺，遊麓山寺。此年存詩三十一首。	
1886	光緒十二年	三十六歲。住南嶽。六月十五，王闓運集諸名士開碧湖詩社，頭	

		陀受邀參加。九月，復至長沙，赴王闓運、郭嵩燾招集之碧湖重陽會。秋曾北上武昌，登黃鶴樓，重遊金山、焦山，過潤州。冬還山。此年存詩三十一首。	
1887	光緒十三年	三十七歲。住南嶽。初春至長沙遊碧湖亭，赴碧湖集會。季春歸山。四月偕王闓運等遊碧湖。秋陪友人從長沙返棹，上空舲岩，登祝融峰，尋方廣寺，遊福嚴寺、磨鏡臺、懶殘岩。又曾住岐山禮恒志和尚塔。晚秋登長沙碧湖樓齋集。冬在麓山寺。此年存詩八十首。詩作益富。	
1888	光緒十四年	三十八歲。春住長沙，堅辭上林寺法席。沿湘水去九嶷山探勝。過衡陽，上南嶽，秋回長沙。此年存詩五十七首。陳伯嚴、羅順循將其同治十二年至光緒十四年作品刪定，編成詩集五卷刊刻，王闓運兩序之，頭陀亦於此年作〈詩集自述〉。	是年鄭州黃河決堤，康有為上書請求變法圖強。
1889	光緒十五年	三十九歲。為衡陽大羅漢寺住持。與鄧白香遊江寧。六月船發	

		衡陽，七月乘輪船從長沙過洞庭抵武昌，遊黃鶴樓、禰衡墓、伯牙臺，即下九江、湖口，上小孤山、九華山。與俞恪士、陳伯嚴、曾重伯、吳雁舟等暢遊金陵，稱「白門佳會」。秋下浙江寧波，重遊天童，冬遊雪竇，十二月二十八，由浙歸大羅漢寺。此年存詩三十二首。	
1890	光緒十六年	四十歲。為大羅漢寺住持。正月至長沙，曾住神鼎、上林等寺。九月在麓山寺修法華三昧。深秋歸衡山精廬。此年存詩二十七首。	
1891	光緒十七年	四十一歲。大羅漢寺住持。三月至岐山，與諸芘芻結期坐禪，作〈岐山中興恒志來和尚道狀〉，五月歸本寺。此年存詩二十首。	
1892	光緒十八年	四十二歲。大羅漢寺住持。二月至南嶽清涼寺，謝卻太守招住上封寺。深春過湘鄉曾國藩里居，旋下長沙。夏返南嶽。冬，昭陵道俗請主獅子峰龍華講席，高山寺僧請為住持，均辭卻。此年存	

		詩二十三首。	
1893	光緒十九年	四十三歲。住南嶽，為上封寺住持。遊方廣寺、高臺寺、己公岩等，又至朱亭、衡陽。為清涼寺撰碑文。此年存詩三十五首。	
1894	光緒二十年	四十四歲。為上封寺住持。二月初，與王闓運等遊長沙浩園，於碧湖賦詩。深春回山，夏又赴長沙。曾避暑高臺寺，過廣濟寺。五月欲去廬山，未果。夏大旱，奉湖南巡撫吳大澂令往黑龍潭求雨，願以死解民憂。冬，上封寺退院，入大善寺。此年存詩三十一首。	是年，西太后六十歲，賜岐山仁端寺藏經等，明年二月，恭賚還山。七月，日寇侵略朝鮮。八月，清廷對日宣戰。九月，日軍佔領平壤，至十二月，日軍侵佔旅順，進至海域。十一月，孫中山在檀香山成立興中會。
1895	光緒二十一年	四十五歲。為大善寺住持。春，擬出國，未果。秋，大善寺退院，去寧鄉溈山密印寺禮拜祖席。十月初四，接密印寺住持。冬，與王闓運諸詩社文士集長沙	是年二月，日軍侵佔威海衛，北洋海軍全軍覆沒。四月，李鴻章去日本簽訂

		浩園，十二月於上林寺為易佩紳壽。此年存詩十五首。	《馬關條約》。五月，康有為上書「拒和、遷都、變法」，組織「強學會」。六月，日寇又侵略臺灣。湖南因巡府吳大澂自請統湘軍子弟北上抗日，是年維新派陳寶箴來湘接任。該年全省大旱，以瀏陽、醴陵、衡山為最。
1896	光緒二十二年	四十六歲。為山密印寺住持。夏秋曾遊芙蓉山、青龍峽、雲霧山、香嚴岩等處。深秋上嶽麓山，小住長沙，仍回為山。臘月欲與易實甫遊廬山，不果。年底又在長沙。比年存詩詞五十五首。	是年醴陵、衡山等縣持續大旱。
1897	光緒二十三年	四十七歲。為山密印寺住持。初夏遊溫泉。六月於長沙浩園銷夏，初秋回為山。八月朔，住白	是年長沙出版《湘學報》，開設時務學堂。

		霞寺，此年存詩六十七首。	
1898	光緒二十四年	四十八歲。住湘陰神鼎山。二月，曾在長沙為巡撫陳寶箴誦經。四月又集長沙。秋大病臥山寺。本師東林和尚圓寂。病癒又赴長沙，會晤中日戰爭之倖存者。此年存詩九十二首，感時傷事，詩風轉入沉雄老成。葉德輝將其光緒十五年至二十四年作品編成卷六至卷十，為之續刻，半年而就，自此詩名聞海內。	是年二月，譚嗣同、唐才常，設南學會於長沙，三月辦《湘報》。六月，光緒帝下詔定國是，推行維新變法。九月二十一，西太后發動宮廷政變，囚禁光緒。
1899	光緒二十五年	四十九歲。住湘陰神鼎山。三月赴長沙浩園雅集賦詩。夏，主席萬福禪林，曾過湘陰屈子祠。此年存詩四十七首。	是年九月，美國國務卿海約翰提出「門戶開放」聲明。
1900	光緒二十六年	五十歲。湘陰萬福禪林住持。往來長沙湘陰間。此年存詩六十七首。	是年八月，八國聯軍進犯北京，十四日北京失陷，西太后挾光緒西走。
1901	光緒二十七年	五十一歲。夏為長沙上林寺住持。九月於碧湖參加展重陽會。十月去谷山掃本師東林和尚墓。	是年奕劻、李鴻章與俄、英、美、法等十一國

		此年存詩五十五首。	公使簽訂喪權辱國的《辛丑條約》。
1902	光緒二十八年	五十二歲。二月，浙江寧波天童寺首座幻人率兩序班首前來長沙，禮請頭陀為該寺住持。還里，拜辭先塋。春辭上林寺法席赴天童。五月，從四明經南京、洞庭歸長沙。不久又從長沙過黃州赤壁回天童住持。此年存詩五十二首。其詩集已由日本和尚購買，傳播四島。	是年二月，梁啟超在日本創辦《新民叢報》。四月，章太炎等在日本發起「中夏亡國242年紀念」，蔡元培等在上海發起成立「中國教育會」。
1903	光緒二十九年	五十三歲。天童寺住持。五月赴上海，又從俞恪士招去南京後湖，與名士相互唱酬。後由南京回天童結夏，請玉泉祖印法師講《楞嚴經》。冬，又下南京，旋歸山。此年存詩一百一十八首。	
1904	光緒三十年	五十四歲。天童寺住持。四月還湘。秋放棹江南，八月下旬與諸文人小集上海。九月過杭州，籌辦僧學堂，與松風等陪日本伊藤賢道法師泛舟西湖。晚秋還天	是年二月，日俄戰爭爆發。八月，英軍攻陷拉薩。

		童。冬，病居山寺，報紙謠其已航海詣東京皈依日本佛教，作詩嗤之。此年存詩七十九首，《白梅詩》刊行於世，被稱為「白梅和尚」。	
1905	光緒三十一年	五十五歲。天童寺住持。全年在山。夏為僧眾開講《禪林寶訓》。此年存詩二十七首。	是年八月，同盟會於東京召開成立大會。十一月《民報》創刊。十二月，陳天華為抗議日帝罪行，憤而投海。
1906	光緒三十二年	五十六歲。天童寺住持。春至上海，登潤州玉山，遊焦山、金山。四月返天童，為寧波師範、育德學堂師生作祝詞，抒愛國之懷。六月渡海訪普陀。八月與友小集上海，九月回天童。三月初，弟子成貧病交加，逝於南京毗盧寺，此年存詩五十首。	是年湖南霪雨綿綿，江水氾濫，死者無數。江淮洪水一片，頭陀作〈江北水災〉致哀。
1907	光緒三十三年	五十七歲。天童寺住持（任期六年已滿，僧眾留其再任）。春下維揚，過梅花嶺謁史閣部墓，登北固山，遊鎮江金、焦二山，過	

		常州天寧寺，遊蘇州虎丘，到鄧尉，泛舟太湖。廣作山水遊覽詩紀勝。六月至上海，文人小集。初秋回天童。此年存詩六十六首。	
1908	光緒三十四年	五十八歲。天童寺住持。年初在寧波籌辦僧教育會，杭州白衣寺松風和尚為辦僧學而殉命，弔之。二月經南京返長沙，小憩，三月回天童。六月，與易實甫會於上海，陪其同遊普陀山。返寧波小住，十月中還山。年底下南京，除夕前取道姑蘇回天童，為「保教扶宗，興立學校」而奔走不歇。寧波僧教育會成立，推為會長，首先在寧波創辦僧眾小學、民眾小學，為我國佛教辦學之始。八月，同盟會會員棲雲和尚（俗姓李，曾留學日本，追隨徐錫麟、秋瑾回國，隱伏僧寺進行革命活動）在吳江被捕入獄。頭陀向江蘇巡撫疏通保釋。此年存詩一百零六首。	是年陰曆十月二十一、二十二，光緒帝、西太后先後死去。
1909	宣統元年	五十九歲。天童寺住持。二月在	是年湘北大水，

		寧波乘船至官橋浦，由二六市行至羅江。後小住杭州白衣寺。夏回山。秋赴上海會晤陳伯嚴。秋冬住持天童。此年存詩五十七首。	湘南蟲旱，全省飢饉。
1910	宣統二年	六十歲。天童寺住持，兼住寧郡西河營之觀音寺。正月至南京，小住毗盧寺。回山後又往上海為徒普悟封龕。六月回寧波，小憩接待寺。七月，冷香塔建成。八月至南京，與俞恪士、陳伯嚴等交遊，九月還山。年底復去南京。此年存詩一百三十二首。	是年四月，長沙發生「搶米」風潮，各縣饑民暴動。六月、十月，立憲派又兩次請願。
1911	宣統三年	六十一歲。天童寺住持，兼住寧郡觀音寺。初春到杭州，小住白衣寺。八月，養病上海留雲寺。暮秋回寧波，後回山。此年存詩三十九首。	是年四月，黃興指揮廣州黃花崗起義。五月，清內閣成立，宣佈「鐵路國有」，長沙群眾奮起爭路。六月，四川成立保路同志會。九月，四川保路同志軍大舉起義。十月十

			日，武昌新軍起義，佔領武昌。到十一月，湖南、浙江等十四省宣告獨立，成立革命軍政府。袁世凱為總理大臣，受命組閣。十二月二日，革命軍攻克南京。
1912	中華民國元年	六十二歲。仍為天童寺住持。二月，遊寶華山，登拜經臺，至姑蘇、常州。三月登浙江茅山。有毗盧寺主席之請，卻之。四月，各地佛教徒代表集於上海留雲寺，籌組中華佛教總會，公推為首任會長，設本部於上海靜安寺，設機關部於北京法源寺。曾返天童小住。九月，和樊山等於上海靜安寺作展重陽會。當時各地有奪僧產、毀佛像之事發生，春上，頭陀曾赴南京謁見臨時總統孫中山，請予保護。四月，臨時參議院決定臨時政府遷往北	是年元旦，孫中山在南京宣誓就任臨時政府大總統。二月十二日，宣統帝下詔退位。二月十五日，南京臨時參政院選舉袁世凱為臨時大總統。四月一日，孫中山解去臨時大總統職，後臨時政府由南京遷北京。八月，同盟

| | | 京，故頭陀於九月北上。客法源
寺。抵京第九日，和嗣法弟子道
階前往內務部會見禮俗司司長杜
關，根據《約法》要求政府下令
各地禁止侵奪寺產，反被侮辱，
憤而辭出。當晚回法源寺，胸膈
作痛，示寂。享壽六十二歲。僧
臘四十五。北京各界七十三人創
議追悼，屆期到者達千人。道階
等奉龕南歸，葬於天童寺前青龍
岡冷香塔苑。此年存詩五十七
首。民國八年，楊度搜集彙刻成
《八指頭陀詩集》十卷、《續
集》八卷、《文集》一卷，並為
之作序。 | 會改組，成立中
國國民黨。 |

參考資料：

梅季編，〈八指頭陀年表〉，《八指頭陀詩文集》，頁 546-557。

釋大醒，〈清代詩僧八指頭陀年譜〉，《海潮音》第 15 卷第 7 期
（1934.7），頁 150-159。

附錄二　《宋高僧傳》佯狂僧侶一覽表

序號	卷數	科別	傳主	頁數
1	4	義解	元曉	78
2	4	義解	附傳大安	78
3	12	習禪	惟靖	293
4	18	感通	河禿	444
5	18	感通	法喜	446
6	18	感通	檀特	443
7	18	感通	萬迴	454
8	18	感通	欽師	447
9	19	感通	附傳徐果師	479
10	19	感通	阿足	482
11	19	感通	封干	483
12	19	感通	附傳木貢師	483
13	19	感通	寒山子	483
14	19	感通	附傳拾得	483
15	19	感通	辛七師	489
16	19	感通	和和	490
17	19	感通	廣陵	490
18	19	感通	明瓚	491
19	20	感通	普化	510
20	20	感通	難陀	512
21	20	感通	普滿	523
22	20	感通	些些	524

23	20	感通	附傳食油師	524
24	20	感通	義師	525
25	20	感通	清觀	526
26	21	感通	常遇	542
27	21	感通	隱峰	547
28	21	感通	附傳鵾鳩和尚	547
29	21	感通	上座亡名	549
30	21	感通	契此	552
31	22	感通	懷濬	562
32	22	感通	狂僧	565
33	22	感通	附傳曹和尚	565
34	22	感通	師簡	568
35	22	感通	王羅漢	569
36	22	感通	點點師	570
37	23	遺身	束草師	590
38	23	遺身	師蘊	600
39	25	讀誦	法照	636
40	25	讀誦	附傳寶八郎	642
41	26	興福	代病師	669
42	27	興福	智廣	687
43	29	雜科聲德	智一	717
44	29	雜科聲德	神鼎	720
45	29	雜科聲德	泓師	721
46	29	雜科聲德	歡喜	727

說明：所標頁碼為北京中華書局范祥雍點校本之頁碼。

附錄三　《宋高僧傳》、《景德傳燈錄》、《禪林僧寶傳》同時見載禪僧表

書名 　　　卷數 禪師	宋高僧傳	景德傳燈錄	禪林僧寶傳
1.　曹山本寂（840-901）	13	17	1
2.　玄沙師備（835-908）	13	18	4
3.　羅漢桂琛（867-928）	13	21	4
4.　清涼文益（885-958）	13	24	4
5.　石霜慶諸（807-888）	12	15	5
6.　宏覺　膺（835-902）	12	17	6
7.　洛浦　安（834-898）	12	16	6
8.　天台德韶（891-972）	13	25	7
9.　圓通緣德（898-977）	13	26	8
10.　龍牙居遁（835-923）	13	17	9
11.　永明智覺（904-976）	28	26	9
12.　重雲　暉（873-956）	28	20	10
共 12 人			

參考柳田聖山：《禪の文化・資料篇——禪林僧寶傳譯注》，頁
　　118-120。

附錄四 《祖堂集》與《景德傳燈錄》中的女性文本一覽表

一、《祖堂集》中的女性文本

(一)尼

序號	卷數	傳主	對話者	答話者
01	2	第二十八祖達摩和尚	達摩和尚	尼總持
02	5	龍潭和尚	龍潭和尚	尼
03	10	安國和尚	安國和尚	轉涅槃經尼
04	15	鄧隱峰和尚	鄧隱峰和尚	鄧隱峰和尚妹出家尼
05	18	紫胡和尚	紫胡和尚	劉鐵磨尼
06	19	俱胝和尚	俱胝和尚	實際尼

(二)婆

序號	卷數	傳主	對話者	答話者
01	9	羅山和尚	大為山和尚	鄭十三娘
02	16	黃蘗和尚	黃蘗和尚	阿婆
03	18	趙州和尚	趙州和尚	老婆

(三)女

序號	卷數	傳主	對話者	答話者
01	16	龐居士	龐居士	龐居士之女
02	17	大慈和尚	大慈和尚	女人
03	20	灌溪禪師	灌溪禪師	末山師姑（了然）

二、《景德傳燈錄》中的女性文本

㈠尼

序號	卷數	傳主	對話者	答話者
01	3	菩提達磨	菩提達磨	尼總持
02	5	慧能大師	慧能大師	尼無盡藏
03	8	五台山隱峰禪師	隱峰禪師	師有妹為尼
04	10	衢州子湖巖利蹤禪師	利蹤禪師	劉鐵磨尼
05	11	韶州靈樹如敏禪師	如敏禪師	有尼送瓷缽
06	11	婺州金華山俱胝和尚	俱胝和尚	實際尼
07	11	筠州末山尼了然	了然尼	灌溪閑和尚
08	12	幽州譚空和尚	譚空和尚	有尼欲開堂說法
09	14	澧州龍潭崇信禪師	崇信禪師	尼眾問如何得為僧去
10	19	漳州保福院從展禪師	從展禪師	覺師姑尼
11	23	襄州洞山守初宗慧大師	宗慧大師	尼問車住牛不住時如何

附一：卷四天台山雲居禪師法嗣有「尼明悟」，但無機緣語。

附二：卷十六河中府棲巖山大通院存壽禪師：「度弟子四百人，尼眾百數。」

㈡婆

序號	卷數	傳主	對話者	答話者
01	8	浮盃和尚	浮盃和尚	凌行婆
02	10	趙州從諗禪師	從諗禪師	台山婆
03	27		婆子	老宿
04	27		婆子	雲遊僧

（三）女

序號	卷數	傳主	對話者	答話者
01	8	襄州居士龐蘊	龐居士	女兒靈照
02	14	鄧州丹霞天然禪師	丹霞天然	取菜女子

主要參考文獻

• 文獻分類體例說明如下：

一、參考文獻先分為：一、佛教文獻，二、傳統文獻，三、現代論
　　著。

二、佛教文獻先分《大正藏》、《卍續藏》，按卷冊順序排列；次
　　為校注本，按文本年代先後排列。

三、傳統文獻先分經、史、子、集，次按文本年代先後排列。

四、現代論著包含：㈠專書、學位論文，㈡期刊論文，㈢外文論
　　著。每一次類中，按作者姓氏筆畫簡繁為序。

一、佛教文獻

姚秦 鳩摩羅什譯，《金剛般若波羅密經》，《大正藏》第 8 冊。

唐 實叉難陀譯，《華嚴經》，《大正藏》第 10 冊。

姚秦 鳩摩羅什譯，《維摩詰所說經》，《大正藏》第 14 冊。

劉宋 求那跋陀羅譯，《楞伽阿跋多羅寶經》，《大正藏》第 16 冊。

姚秦 鳩摩羅什譯，《大方廣圓覺修多羅了義經》，《大正藏》第
　　17 冊。

唐 般剌蜜帝譯，《大佛頂如來密因修證了義諸菩薩萬行首楞嚴
　　　　經》，《大正藏》第 19 冊。

劉宋 佛陀什、竺道生等譯，《五分律》，《大正藏》第 22 冊。

龍樹菩薩造，姚秦 鳩摩羅什譯，《大智度論》，《大正藏》第 25
　　　　冊。

彌勒菩薩說，唐 玄奘譯，《瑜伽師地論》，《大正藏》第 30 冊。

唐 玄奘譯，《成唯識論》，《大正藏》第 31 冊。

隋 吉藏，《中觀論疏》，《大正藏》第 42 冊。

唐 法海集，《南宗頓教最上大乘摩訶般若波羅蜜經六祖惠能大師
　　　　於韶州大梵寺施法壇經》，《大正藏》第 48 冊。

元 宗寶編，《六祖大師法寶壇經》，《大正藏》第 48 冊。

梁 慧皎，《高僧傳》，《大正藏》第 50 冊。

唐 道宣，《續高僧傳》，《大正藏》第 50 冊。

宋 贊寧，《宋高僧傳》，《大正藏》第 50 冊。

宋 道原，《景德傳燈錄》，《大正藏》第 51 冊。

宋 契嵩，《傳法正宗論》，《大正藏》第 51 冊。

明 玄極輯，《續傳燈錄》，《大正藏》第 51 冊。

唐 道世，《法苑珠林》，《大正藏》第 53 冊。

日 安澄，《中論疏記》，《大正藏》第 65 冊。

不詳，《大梵天王問佛決疑經》（一卷本），《卍續藏》第 1 冊。

宋 惠洪，《禪林僧寶傳》，《卍續藏》第 79 冊。

宋 祖琇，《僧寶正續傳》，《卍續藏》第 79 冊。

宋 普濟，《五燈會元》，《卍續藏》第 80 冊。

宋 惠洪，《林間錄》，《卍續藏》第 87 冊。

宋 普濟，《五燈會元》，《卍續藏》第 138 冊。

宋 惠洪，《林間錄後集》，《卍續藏》第 148 冊。

唐 釋寒山，《寒山子詩集》，臺北：臺灣商務印書館，1965 年。

南唐 靜、筠二禪師，《祖堂集》（大韓民國海印寺版），京都：
　　花園大學禪文化研究所，1994 年。

柳田聖山主編，《祖堂集索引》上中下三冊，京都：京都大學人文
　　科學研究所，1980-1984 年。

南唐 靜、筠編，張華點校，《祖堂集》，鄭州：中州古籍出版
　　社，2001 年。

宋 惠洪，《石門文字禪》，臺北：臺灣商務印書館，1981 年。

宋 胡仔，《苕溪漁隱叢話後集》，臺北：長安出版社，1978 年。

宋 重顯頌古、克勤評唱，《佛果圜悟禪師碧巖錄》，臺北：天華
　　出版社，1993 年。

宋 贊寧著，范祥雍點校，《宋高僧傳》，北京：中華書局，1982
　　年。

宋 道原，《景德傳燈錄》，臺北：彙文堂出版社，1987 年。

禪文化研究所編，《景德傳燈錄索引》上下冊，京都：京都禪文化
　　研究所，1993 年。

宋 普濟，《五燈會元》，臺北：文津出版社，1991 年。

元 中峰禪師，《中峰禪師梅花百詠》，臺北：新文豐出版社，

1985 年。

明 瞿汝稷編，《指月錄》，北京：北京出版社，2000 年。

明 德清直解、慈雲隨錄，《大方廣圓覺經直解隨錄》，臺北：大
　　乘精舍，1986 年。

明 憨山著，《楞嚴經通義》，臺北：釋迦佛印經會，2000 年。

清 釋敬安撰，梅季點輯，《八指頭陀詩文集》，長沙：嶽麓書
　　社，1990 年。

清 釋敬安，《八指頭陀襍文》，上海：上海古籍出版社，1995 年。

清 釋敬安撰，張伯楨刊，《寄禪遺詩一卷》，臺北：新文豐出版
　　社，1989 年。

清 釋敬安撰，《八指頭陀詩集》、《八指頭陀詩集續集》、《八
　　指頭陀雜文》，收入《續修四庫全書》第 1575 冊，北京
　　法源寺刻本影印，上海：上海古籍出版社，2003 年。

喻昧庵輯，《新續高僧傳四集》，臺北：廣文書局，1977 年。

釋德介，《天童寺志》，寧波天一閣書畫社據天童寺 1920 年刊本
　　影印，1980 年。

釋蓮萍，《天童續志》，寧波天一閣書畫社據天童寺 1920 年刊本
　　影印，1980 年。

徐自強主編，《中國歷代禪師傳記資料彙編》上中下，北京：全國
　　圖書館文獻縮微複製中心，1994 年。

藍吉富主編，《禪宗全書》，臺北：文殊出版社，1990 年。

二、傳統文獻

魏 何晏，《論語集解》，十三經注疏分段標點本，臺北：新文豐出版社，2001 年。

宋 朱熹，《論語集注》，文淵閣四庫全書，第 197 冊。

唐 姚思廉等，《梁書》，臺北：鼎文出版社，1980 年。

五代 劉昫，《舊唐書》，臺北：鼎文書局，1985 年。

宋 歐陽修、宋祁撰，《新唐書》，臺北：鼎文書局，1998 年。

宋 薛居正等著，《舊五代史》，臺北：鼎文書局，1995 年。

宋 歐陽修著，《新五代史》，臺北：鼎文書局，1998 年。

元 脫脫，《宋史》，北京：中華書局，1997 年。

清 趙爾巽等，《清史稿》，北京：中華書局，1977 年。

清 郭慶藩撰，王孝魚點校，《莊子集釋》，北京：中華書局，1961 年。

唐 韓愈著，錢仲聯編，《韓昌黎詩繫年集釋》，臺北：學海書局，1985 年。

唐 劉禹錫，《劉賓客集》，景印文淵閣四庫全書，第 1077 冊。

唐 孟郊著，邱燮友、李建崑注，《孟郊詩集校注》，臺北：新文豐出版社，1997 年。

唐 皎然，《杼山集》，上海：上海古籍出版社，1992 年。

唐 皎然著，李壯鷹校注，《詩式校注》，濟南：齊魯書社，1987 年。

唐 李昉等編，《太平廣記》，北京：中華書局，2006 年。

唐 段成式，《酉陽雜俎》，北京：中華書局，1985 年。

唐 張讀，《宣室志》，臺北：藝文印書館，1965 年。

唐 牛僧孺，《玄怪錄》，臺北：文史哲出版社，1989 年。

唐 李復言，《續玄怪錄》，臺北：文史哲出版社，1989 年。

唐 張鷟，《朝野僉載》，北京：中華書局，1997 年。

唐 戴孚，《廣異記》，北京：中華書局，1992 年。

唐 劉恂，《嶺表錄異》，北京：人民文學出版社，1999 年。

五代 杜光庭，《錄異記》，臺北：中文出版社，1980 年。

宋 王溥，《唐會要》，百部叢書集成，臺北：藝文印書館，1969 年。

宋 王溥，《五代會要》，臺北：世界書局，1960 年。

宋 朱熹撰，蔣立甫校點，《楚辭集注》，上海：上海古籍出版
　　　社，2001 年。

宋 范成大，《石湖梅譜》，百部叢書集成，臺北：藝文印書館，
　　　1965 年。

宋 林逋，《林和靖集》，臺北：學海出版社，1974 年。

宋 曉瑩，《羅湖野錄》，臺北：臺灣商務印書館，1981 年。

宋 嚴羽著，郭紹虞校釋，《滄浪詩話校釋》，臺北：里仁出版
　　　社，1985 年。

宋 范成大，《石湖梅譜》，原刻景印百部叢書集成，臺北：藝文
　　　印書館，1967 年。

宋 羅大經，《鶴林玉露》，臺北：臺灣開明書局，1975 年。

元 方回選評，李慶甲集評點校，《瀛奎律髓彙評》，上海：上海

古籍出版社，2005 年。

元 郭豫亨，《梅花字字香》，古逸叢書三編之六，北京：中華書局，1984 年。

元 韋珪，《梅花百詠》，古逸叢書三編之七，北京：中華書局，1984 年。

明 函可，嚴志雄點校，《千山詩集》，臺北：中研院文哲所出版，2008 年。

清 楊謙，《梅里志》，《續修四庫全書·史地地理類》，第 716 冊，上海：上海古籍出版社，1997 年。

清 王闓運，《湘綺樓詩集》，臺北：世界書局，1985 年。

清 王闓運，《湘綺樓日記》，臺北：臺灣學生書局，1964 年。

清 鄧之誠撰，周駿富輯，《清詩紀事》，臺北：明文書局，1985 年。

清 陳夢雷編，《古今圖書集成·博物彙編·草木典·梅部》，臺北：鼎文書局，1979 年。

清 曾國荃，《湖南通志》，臺北：華文書局，1967 年。

清 黃宗羲，《南雷文定》，四部備要本，臺北：臺灣中華書局，1971 年。

清 徐世昌編，《晚晴簃詩匯》，上海：上海古籍出版社，2002 年。

清 王國維，《宋元戲曲史》，上海：上海古籍出版社，2008 年。

清 聖祖御定，《全唐詩》，北京：中華書局，1990 年。

清 龔自珍撰，王佩諍校，《龔自珍全集》，上海：上海古籍出版社，1999 年。

清 紀昀等，《武英殿本四庫全書總目提要》，臺北：臺灣商務印書館，1983 年。

清 董誥等編，陸心源補輯拾遺，《全唐文及拾遺》，臺北：大化出版社，1987 年。

汪辟疆著，高拜石校注，周駿富補，《光宣詩壇點將錄校注》，臺北：明文書局，1985 年。

錢仲聯主編，《清詩紀事》，南京：鳳凰出版社，2004 年。

張維屏，《國朝詩人徵略》，上海：上海古籍出版社，1995 年。

傅璇琮等編，《全宋詩》，北京：北京大學出版社，1998 年。

何文煥輯，《歷代詩話》，臺北：漢京文化事業有限公司，1993 年。

何文煥輯，《續歷代詩話》，臺北：藝文印書館，1983 年。

丁福保輯，《歷代詩話續編》，臺北：木鐸出版社，1993 年 9 月。

丁福保編，《清詩話》，臺北：明倫出版社，1971 年。

丁福保輯，《續清詩話》，臺北：木鐸出版社，1993 年 9 月。

郭紹虞選編，《清詩話續編》，臺北：藝文印書館，1985 年。

臺靜農著，《百種詩話類編》，臺北：藝文印書館，1974 年。

魯迅輯校，《古小說鉤沈》，北京：人民出版社，1999 年。

魯迅輯校，《唐宋傳奇集》，北京：人民文學出版社，1999 年。

三、現代論著

㈠專書、學位論文

丁 敏，《佛教神通：漢譯佛典神通故事敘事研究》，臺北：法鼓

文化出版社，2007 年。

丁平一，《湖南維新運動史：1895 年至 1898 年》，臺北：漢忠文化出版，2000 年。

丁平一，《湖湘文化傳統與湖南維新運動》，長沙：湖南人民出版社，1998 年。

小野川秀美著，林明德等譯，《晚清政治思想研究》，臺北：時報文化出版社，1982 年。

于凌波，《中國近代佛門人物誌》，臺北：慧炬出版社，1994 年。

于凌波，《釋迦牟尼與原始佛教》，臺北：東大圖書公司，1993 年。

王夢鷗，《唐人小說研究》一集到四集，臺北：藝文印書館，1997 年。

王夢鷗，《唐人小說校釋》上下，臺北：正中書局，1994 年。

王國良，《魏晉南北朝志怪小說研究》，臺北：文史哲出版社，1984 年。

王國良，《六朝志怪小說考論》，臺北：文史哲出版社，1988 年。

王景琳，《中國古代僧尼生活》，臺北：文津出版社，1992 年。

王靖宇，《中國早期敘事文論集》，臺北：中央研究院文哲所籌備處出版，2001 年。

王德威，《想像中國的方法：歷史、小說、敘事》，北京：新華書店，1998 年。

王晴佳、古偉瀛，《後現代與歷史學——中西比較》，臺北：巨流出版社，2000 年。

王廣西，《佛學與中國近代詩壇》，開封：河南大學出版社，1995年。

王　樾，《晚清佛學與近代政治思潮──以《大同書》、《仁學》、《齊物論釋》為核心之析論》，臺北：淡江大學中文所博士論文，2004年。

王海林，《佛教美學》，合肥：安徽文藝出版社，1992年。

王　立，《心靈的圖景：文學意象的主題史研究》，上海：學林出版社，1999年。

王曉音，《唐代詩歌創作苦吟現象研究》，西安：陝西師範大學碩士論文，2001年。

王爾敏，《明清社會文化生態》，臺北：臺灣商務印書館，1997年。

王爾敏，《晚清政治思想史論》，桂林：廣西師範大學出版社，2005年。

王　影，《中國歷代梅花詩抄》，深圳：海天出版社，2008年。

巴壺天，《禪骨詩心集》，臺北：東大圖書公司，1990年。

巴赫金著，李兆林、夏忠憲等譯，《巴赫金全集》，河北教育出版社，1998年。

中國古典文學研究會主編，《文學與佛學的關係》，臺北：臺灣學生書局，1994年。

中村元著、陳俊輝譯，《東方民族的思維方法》，臺北：結構群出版社，1989年。

平野顯照著，張桐生譯，《唐代文學與佛教》，世界佛學名著譯

叢，臺北：華宇出版社，1986 年。

卡塔仁波切，《證悟的女性》，臺北：眾生出版社，1998 年。

布洛克著，周婉窈譯，《史家的技藝》，臺北：遠流出版社，1989
年。

史丹利·外因斯坦（Stanley Weinstein）著，釋依法譯，《唐代佛
教：王法與佛法》，臺北：佛光出版社，1999 年。

冉雲華，《從印度佛教到中國佛教》，臺北：東大圖書公司，1995
年。

皮朝綱，《禪宗的美學》，高雄：麗文文化公司，1995 年。

成復旺，《神與物游——論中國傳統審美方式》，臺北：商鼎文化
出版社，1992 年。

任繼愈主編，《中國佛教史》，北京：中國社會科學出版社，1981
年。

朱漢民主編，《湖湘學術與文化研究》，長沙：湖南大學出版社，
2005 年。

朱光潛，《文藝心理學》，臺南：大夏出版社，1988 年。

米克·巴爾（Mieke Bal）著，譚君強譯，《敘述學：敘事理論導
論》，北京：中國社會科學出版社，1995 年。

伍國慶，《天籟詩禪：八指頭陀韻事》，長沙：岳麓書社，2009 年。

艾柯（Eco, Umberto）等編，王宇根譯，《詮釋與過度詮釋》，香
港：牛津大學出版社，1995 年。

佐藤達玄著，釋見憨等譯，《戒律在中國佛教的發展》，嘉義：香

光書鄉出版社，1997 年。

李潤生，《僧肇》，臺北：東大圖書公司，1989 年。

李明芳，《僧肇中觀思想研究》，臺北：中國文化大學哲學所博士論文，2001 年。

李曰剛，《中國詩歌流變史》，臺北：文津出版社，1987 年。

李豐楙，《六朝隋唐仙道類小說研究》，臺北：臺灣學生書局，1986 年。

李豐楙，《文學、文化與世變：第三屆國際漢學會議論文集（文學組）》，臺北：中研院中國文哲所出版，2002 年。

李豐楙、廖肇亨編，《聖傳與詩禪：中國文學與宗教論文集》，臺北：中研院中國文哲所出版，2007 年。

李坤寅，《釋迦牟尼佛傳記的神話性初探：以八相成道為例》，臺北：輔仁大學宗教所碩士論文，2002 年。

李斌城等，《隋唐五代社會生活史》，北京：中國社會科學出版社，1998 年。

李紀祥，《時間、歷史、敘事：史學傳統與歷史理論再思》，臺北：麥田出版社，2001 年。

李　淼，《禪宗與中國古代詩歌藝術》，高雄：麗文文化出版公司，1993 年。

李玉珍，《唐代的比丘尼》，臺北：臺灣學生書局，1989 年。

李建崑，《中晚唐苦吟詩人研究》，臺北：秀威科技公司，2005 年。

余英時，《中國知識階層史論》，臺北：聯經出版社，1980 年。

呂澂等，《人物與儀軌》，臺北：木鐸出版社，1987 年。

呂　澂，《印度佛學思想概論》，臺北：天華出版社，1987 年。

呂　澂，《中國佛學思想概論》，臺北：天華出版社，1992 年。

呂　澂，《中國佛教人物與制度》，臺北：彙文堂出版社，1987 年。

汪辟疆，《汪辟疆說近代詩》，上海：上海古籍出版社，2001 年。

岑學呂編，《虛雲和尚年譜》，臺北：臺灣商務印書館，1983 年。

阮光民，《亂世詩僧──寄禪大師》，高雄：佛光出版社，2001 年。

何懷碩，《孤獨的滋味》，臺北：立緒出版社，1998 年。

杜潔祥主編，《中國佛寺史志彙刊》，臺北：明文出版社，1980 年。

杜繼文、魏道儒，《中國禪宗通史》，江蘇：江蘇古籍出版社，
　　　1995 年。

吳汝鈞，《游戲三昧：禪的實踐與終極關懷》，臺北：臺灣學生書
　　　局，1993 年。

吳孟義，《《太平廣記》報應類故事研究》，臺北：銘傳大學應用
　　　中文所碩士論文，2005 年。

吳言生，《禪宗詩歌境界》，北京：中華書局，2002 年。

吳宏一，《清代詩學初探》，臺北：臺灣學生書局，1986 年。

吳　曉，《詩歌與人生──意象符號與情感空間》，臺北：書林出
　　　版社，1995 年。

吳家茜，《高啟梅花詩探微：兼論歷代梅花詩之發展》，高雄：中
　　　山大學中文所碩士論文，2004 年。

宗薩蔣揚欽哲，《近乎佛教徒》，臺北：商周出版社，2007 年。

周裕鍇，《禪宗語言》，杭州：浙江人民出版社，1999 年。

周裕鍇，《中國禪宗與詩歌》，高雄：麗文文化公司，1994 年。

周裕鍇，《文字禪與宋代詩學》，北京：高等教育出版社，1998
年。

周明初，《晚明士人心態及文學個案》，北京：東方出版社，1997
年。

周維強，《亂世詩僧八指頭陀：寄禪大師傳》，高雄：佛光出版
社，1995 年。

邱高興，《一枝獨秀：清代禪宗隆興》，瀋陽：遼寧人民出版社，
1997 年。

忽滑谷快天著，朱謙之譯，《中國禪學思想史》，上海：上海古籍
出版社，2002 年。

阿部肇一著，關世謙譯，《中國禪宗史——南宗禪成立以後的政治
社會史的考證》，臺北：東大圖書公司，1988 年。

林能士，《清季湖南的新政運動》，臺大文史叢刊 37，1972 年。

林鎮國，《空性與現代性：從京都學派、新儒家到多音的佛教詮釋
學》，臺北：立緒出版社，1999 年。

牧田諦亮著，余萬居譯，《中國佛教史》，臺北：華宇出版社，
1985 年。

柯靈烏著，陳明福譯，《歷史的理念》，臺北：桂冠圖書出版公
司，1992 年。

洪啟嵩、黃啟霖編，《楊仁山文集》，臺北：文殊出版社，1987

年。

洪啟嵩、黃啟霖編，《歐陽竟無文集》，臺北：文殊出版社，1988
　　年。

洪修平，《中國禪學思想史》，臺北：文津出版社，1994 年。

紀華傳，《江南古佛：中峰明本與元代禪宗》，北京：中國社會科
　　學出版社，2006 年。

俞建章、葉舒憲，《符號：語言與藝術》，臺北：久大文化出版
　　社，1992 年。

柳田聖山，《禪與中國》，北京：三聯書店，1988 年。

南懷瑾，《禪與道概論》，臺北：老古文化出版社，1968 年。

侯傳文，《佛經的文學性解讀》，臺北：慧明文化出版社，2002
　　年。

胡伊青加著，成窮譯，《人：游戲者──對文化中游戲因素的研
　　究》，貴陽：貴州人民出版社，1998 年。

胡亞敏，《敘事學》，武昌：華中師範大學出版社，1994 年。

胡健財，《《大佛頂首楞嚴經》「耳根圓修」之研究》，臺北：國
　　立政治大學中國文學系博士論文，1996 年。

柳田聖山著，吳汝鈞譯，《中國禪思想史》，臺北：臺灣商務印書
　　館，1992 年。

高辛勇，《形名學與敘事學理論──結構主義的小說分析法》，臺
　　北：聯經出版社，1987 年。

高雄義堅私著，陳季青等譯，《宋代佛教史研究》，臺北：華宇出

版社，1987 年。

海登·懷特（Hayden White）著，張京媛編譯，《新歷史主義與文
　　　學批評》，北京：北京大學出版社，1993 年。

夏廣興，《佛教與中古小說》，高雄：佛光出版社，2001 年。

涂豔秋，《僧肇思想探究》，臺北：東初出版社，1995 年。

涂爾幹著，芮傳明、趙學元譯，《宗教生活的基本形式》，臺北：
　　　桂冠圖書公司，1992 年。

馬丁著，伍曉明譯，《當代敘事學》，北京：北京大學出版社，
　　　1990 年。

郝春文，《唐五代宋初敦煌僧尼的社會生活》，北京：中國社會科
　　　學出版社，1998 年。

孫昌武，《佛教與中國文學》，臺北：東華書局，1989 年。

孫昌武，《詩與禪》，臺北：東大圖書公司，1994 年。

孫廣德，《晚清傳統與西化的爭論》，臺北，臺灣商務印書館，
　　　1995 年。

麻天祥，《晚清佛學與近代社會思潮》，臺北：文津出版社，1992
　　　年。

許順富，《湖南身世與晚清政治變遷》，長沙：湖南人民出版社，
　　　2004 年。

郭朋等，《中國近代佛學思想史稿》，成都：巴蜀書社，1989 年。

郭　朋，《宋元佛教》，福州：福建人民出版社，1985 年。

郭　朋，《明清佛教》，福州：福建人民出版社，1982 年。

郭　焱，《近代湖湘文化概論》，長沙：湖南師範大學出版社，
　　　1996 年。

曹剛華，《宋代佛教史籍研究》，上海：華東師範大學出版社，
　　　2006 年。

康韻梅，《唐代小說承衍的敘事研究》，臺北：里仁書局，2005 年。

陳　垣，《釋氏疑年錄》，臺北：天華出版社，1983 年。

陳　垣，《中國佛教史籍概論》，臺北：新文豐出版社，1983 年。

陳　垣，《清初僧諍記》，張曼濤主編，《《中國佛教史論集》
　　　（六）明清佛教史篇，臺北：大乘文化出版社，1976
　　　年。

陳桂市，《《高僧傳》神僧研究》，新竹：清華大學中文所博士論
　　　文，2007 年。

陳淑敏，《《太平廣記》中神異故事之時間觀》，臺北：臺灣大學
　　　中文所碩士論文，1990 年。

陳永革，《佛教弘化的現代轉型——民國浙江佛教研究》，北京：
　　　宗教文化出版社，2003 年。

陳兵、鄧子美，《二十世紀中國佛教》，臺北：現代禪出版社，
　　　2003 年。

陳　燕，《清末民初的文學思潮》，臺北：華正書局，1993 年。

湯用彤，《漢魏兩晉南北朝佛教史》，臺北：臺灣商務印書館，
　　　1991 年。

湯用彤，《魏晉玄學論稿》，收在《魏晉思想》乙編三種，臺北：

里仁書局，1995 年。

湯用彤，《隋唐佛教史稿》，臺北：木鐸出版社，1988 年。

湯一介，《郭象與魏晉玄學》，北京：北京大學出版社，2000
年。

黃河濤，《禪與中國藝術精神的嬗變》，北京：商務印書館，1994
年。

黃啟江，《北宋佛教史論稿》，臺北：臺灣商務印書館，1997 年。

黃啟江，《泗州大聖與松學道人：宋元社會菁英的佛教信仰與佛教
文化》，臺北：臺灣學生書局，2009 年。

黃啟江，《一味禪與江湖詩：南宋文學僧與禪文化的蛻變》，臺
北：臺灣商務印書館，2010 年。

黃宣範，《語言哲學：意義與指涉理論的研究》，臺北：文鶴出版
社，1983 年。

黃進興，《聖賢與聖徒：歷史與宗教論文集》，臺北：允晨出版
社，2001 年。

黃敏枝，《宋代佛教社會經濟史論集》，臺北：臺灣學生書局，
1989 年。

黃連忠，《禪宗公案體相用思想之研究——以《景德傳燈錄》為中
心》，臺北：臺灣師範大學國文所博士論文，2000 年。

黃敬家，《贊寧《宋高僧傳》敘事研究》，臺北：臺灣學生書局，
2008 年。

黃敬家，《唐代詩禪互涉現象——文學發展史的側面考察》，臺

北：花木蘭出版社，2010 年。

楊　義，《中國敘事學》，嘉義：南華管理學院，1998 年。

楊曾文，《唐五代禪宗史》，北京：中國社會科學出版社，1999 年。

楊曾文，《中國佛教史論——楊曾文文集》，北京：中國社會科學
　　　出版社，2002 年。

曾祖蔭，《中國佛教與美學》，臺北：文津出版社，1994 年。

張汝綸，《意義的探究：當代西方釋義學》，臺北：谷風出版社，
　　　1988 年。

張曼濤主編，《中國佛教史論集（二）隋唐五代篇》，臺北：大乘
　　　文化出版社，1978 年。

張曼濤主編，《中國佛教史論集（六）明清佛教史篇》，臺北：大
　　　乘文化出版社，1976 年。

張曼濤主編，《中國佛教寺塔史志》，臺北：大乘文化出版社，
　　　1979 年。

張曼濤主編，《佛教與中國思想及社會》，臺北：大乘文化出版
　　　社，1978 年。

張曼濤主編，《佛教與中國文學》，臺北：大乘文化出版社，1981
　　　年。

張錫坤等，《禪與中國文學》，長春：吉林文史出版社，1992 年。

張節末，《狂與逸：中國古代知識分子的兩種人格特徵》，北京：
　　　東方出版社，1995 年。

張伯偉，《禪與詩學》，臺北：揚智出版社，1995 年。

張朋園，《湖南近代化的早期進展》，長沙：嶽麓書社，2002 年。

張之洞，《張文襄公全集》，臺北：文海出版社，1971 年。

張宏生，《江湖詩派研究》，北京：中華書局，1995 年。

雅克·馬利坦著，劉有元等譯，《藝術與詩中的創作性直覺》，北京：三聯出版社，1989 年。

程亞林，《近代詩學》，長沙：湖南人民出版社，2000 年。

程　杰，《宋代詠梅文學研究》，合肥：安徽文藝出版社，2002 年。

程　杰，《梅文化論叢》，北京：中華書局，2007 年。

程　杰，《中國梅花審美文化研究》，成都：巴蜀書社，2008 年。

覃召文，《禪月詩魂：中國詩僧縱橫談》，北京：三聯書店，1994 年。

彭楚珩著，《歷代聖僧傳奇、八指頭陀》，臺北：婦女與生活社，2002 年。

鈴木大拙，《禪與藝術》，臺北：天華出版社，1990 年。

詹京斯（Jenkins, Keith）著，賈士蘅譯，《歷史的再思考》，臺北：麥田出版社，1996 年。

葉有林，《明代神魔小說中的法術研究》，臺北：中國文化大學中文所碩士論文，2000 年。

葉慶炳等編，《清代文學批評資料彙編》，臺北：成文出版社，1979 年。

葉舒憲，《閹割與狂狷》，上海：上海文藝出版社，1999 年。

赫魯伯（Robert C. Holub）著，董之林譯，《接受美學理論》，臺北：駱駝出版社，1994年。

福科著，劉北成等譯，《瘋癲與文明：理性時代的瘋癲史》，臺北：桂冠出版社，1992年。

廖肇亨，《中邊·詩禪·夢戲——明末清初佛教文化論述的呈現與開展》，臺北：允晨文化出版社，2008年。

熊秉明，《中國書法理論體系》，臺北：谷風出版社，1987年。

鄧子美，《中國近代化與傳統佛教》，上海：華東師範大學出版社，1996年。

鄭方坤，《清朝詩人小傳》，臺北：廣文書局，1971年。

蔡英俊，《比興物色與情景交融》，臺北：大安出版社，1986年。

蔡榮婷，《《景德傳燈錄》之研究——以禪師啟悟弟子之方法為中心》，臺北：文殊雜誌社，1986年。

蔡鴻生，《清初嶺南佛門事略》，廣州：廣東高教出版社，1997年。

劉苑如，《身體·性別·階級：六朝志怪的常異論述與小說美學》，臺北：中研院中國文哲所出版，2002年。

劉宜芳，《《酉陽雜俎》神異故事研究》，臺南：成功大學中文所碩士論文，1999年。

劉　康，《對話的喧聲——巴赫汀文化理論述評》，臺北：麥田出版社，1995年。

歐陽漸，《歐陽竟無文集》，臺北：文殊出版社，1988年。

歐陽宜璋，《碧巖集的語言風格研究——以構詞法為中心》，臺

北：圓明出版社，1994 年。

歐陽宜璋，《趙州公案語言的模稜性研究》，臺北：政治大學中文所博士論文，2001 年。

賴慶芳，《南宋詠梅詞研究》，臺北：臺灣學生書局，2003 年。

盧蕙馨等主編，《宗教神聖：現象與詮釋》，臺北：五南圖書公司，2003 年。

鍾　笑，《八指頭陀禪詩研究》，新竹：玄奘大學中文所碩士論文，2009 年。

謝明勳，《六朝小說本事考索》，臺北：里仁出版社，2003 年。

薛惠琪，《六朝佛教志怪小說研究》，臺北：中國文化大學中文所碩士論文，1993 年。

彌爾頓·英格（Yinger, J. Milton）著，高丙中等譯，《反文化：亂世的希望與危險》，臺北：桂冠文化出版社，1995 年。

蕭麗華，《唐代詩歌與禪學》，臺北：東大圖書公司，1997 年。

蕭曉陽，《湖湘詩派研究》，蘇州：蘇州大學博士論文，2006 年。

蕭翠霞，《南宋四大家詠花詩研究》，臺北：文津出版社，1994 年。

藍吉富，《佛教史料學》，臺北：東大圖書公司，2001 年。

藍吉富，《楊仁山與現代中國佛教》，臺北：文殊出版社，1987 年。

藍吉富編，《中華佛教百科全書》，臺北：中華佛教百科全書基金會，1994 年。

魏道儒，《宋代禪宗史論》，高雄：佛光山文教基金會印行，2001 年。

魏崇新，《狂狷人格》，武漢：長江文藝出版社，1996年。

鎌田茂雄著，關世謙譯，《中國佛教史》，高雄：佛光山出版社，
　　1985年。

羅麗婭，《論八指頭陀的禪詩》，武漢：華中師範大學中國古代文
　　學碩士論文，2003年。

羅　鋼，《敘事學導論》，昆明：雲南人民出版社，1994年。

嚴迪昌，《清代詩歌發展史》，臺北：文津出版社，1994年。

嚴迪昌，《清詩史》，臺北：五南圖書公司，1998年。

釋太虛，《太虛大師全書》，臺北：善導寺佛經流通處，1980年。

釋東初，《中國佛教近代史》，臺北：東初出版社，1987年。

釋印順，《中國禪宗史》，臺北：正聞出版社，1994年。

釋印順，《中觀論頌講記》，臺北：正聞出版社，1992年。

釋印順，《印度佛教思想史》，臺北：正聞出版社，1993年。

釋聖嚴，《明末佛教研究》，臺北：東初出版社，1987年。

釋永明，《佛教的女性觀》，高雄：佛光書局，1990年。

釋恆清，《菩提道上的善女人》，臺北：東大圖書公司，1995年。

顧吉辰，《宋代佛教史稿》，鄭州：中州古籍出版社，1993年。

龔　雋，《禪學發微：以問題為中心的禪思想史研究》，臺北：新
　　文豐出版社，2002年。

龔　雋，《禪史鉤沈──以問題為中心的思想史論述》，上海：三
　　聯書店，2006年。

J·希利斯·米勒（J. Hillis Miller）著，申丹譯，《解讀敘事》，

北京：北京大學出版社，2002 年。

Sandy Boucher，葉文可譯，《法輪常轉：女性靈修之路》，臺北：立緒出版社，1997 年。

(二)期刊論文

丁　敏，〈佛教經典中神通故事的作用及其語言特色〉，《佛學與文學：佛教文學與藝術學術研討會論文集》，臺北：法鼓文化出版社，1998 年，頁 23-57。

丁　敏，〈論唐代詩僧產生的原因〉，《獅子吼》24：1，1985.1，頁 18-21。

丁　敏，〈試論佛家「空」義在中國詩歌的表現〉，《中華學苑》第 45 期，1995.3，頁 259-288。

丁　敏，〈當代中國佛教文學研究初步評介：以臺灣地區為主〉，《佛學研究中心學報》第 2 期，1997.7，頁 233-280。

元弼聖，〈僧肇之二諦義及其影響──「不真空論」為中心〉，《正觀雜誌》第 3 期，1997.12，頁 169-207。

王方宇，〈八大山人病顛與佯狂〉，《故宮文物月刊》9：6＝102，1991.9，頁 16-23。

毛文芳，〈晚明「狂禪」探論〉，《漢學研究》第 19 卷第 2 期，2001.12，頁 171-200。

王爾敏，〈晚清政治思潮之動向〉，《中研院近史所集刊》第 3 期，1972.7，頁 59-88。

王開林，〈洞庭波送一僧來——八指頭陀的傳奇人生〉，《佛教文化》2001 年，頁 86-90。

史帝夫·海因著，呂凱文譯，〈禪話傳統中的敘事與修辭結構〉，《中印佛學泛論——傅偉勳教授六十大壽祝壽論文集》，臺北：東大圖書公司，1993 年，頁 179-202。

古正美，〈佛教與女性歧視〉，《當代》第 11 期，1987.3，頁 27-35。

伏嘉芬，〈試論清代湖湘詩壇之特色〉，《湖南文獻》第 21 卷第 4 期，1993.10，頁 11-16。

成中英，〈禪的詭論與邏輯〉，《中華佛學學報》第 3 期，1990.4，頁 185-207。

江燦騰，〈中國近代佛教改革運動興起的背景〉，《中國近代佛教思想的諍辯與發展》，臺北：南天書局，1998 年，頁 401-416。

江慶柏，〈清代詩僧別集的典藏及檢索〉，《中國典籍與文化》1997 年第 2 期，頁 15-17。

朱　萍，〈中西古典文學中的瘋顛形象〉，《中國比較文學》2005 年第 4 期，頁 124-152。

朱曉海，〈論鮑照〈梅花落〉〉，《文與哲》第 1 期，2002.12，頁 419-447。

李豐楙，〈慧皎高僧傳及其神異性格〉，《中華學苑》第 26 期，1982.12，頁 123-137。

李曰剛，〈晚清嶺南詩派之流變〉，《中國詩季刊》第 8 卷第 4 期，1977.12，頁 1-49。

李舜臣、歐陽江琳，〈《四庫全書總目》中的詩僧別集批評〉，《武漢大學學報（人文科會版）》第 59 卷第 5 期，2006.9，頁 571-575。

李岱松，〈近代詩僧八指頭陀〉，《佛教文化》2006 年第 4 期，頁 88-89。

李炳海，〈淨土法門盛而梅花尊──宋代梅花詩及其與佛教的因緣〉，《東北師大學報（哲學社會科學版）》1995 年第 4 期，頁 61-67。

李玉珍，〈佛學之女性研究──近二十年英文著作簡介〉，《新史學》第 7 卷第 4 期，1996.12，頁 199-221。。

李玉珍，〈比丘尼研究──佛教與性別研究的交涉〉，《婦女與性別研究通訊》第 62 期，2002.3，頁 11-16。

何崇恩，〈詩僧八指頭陀〉，《香港佛教》第 257 期，1981.10，頁 12-14。

何土林，〈詩學「清空」與佛學空宗〉，《廣西教院學報》，1995.2，頁 42-47。

吳言生，〈楞嚴三昧印禪心──續論《楞嚴經》對禪思禪詩的影響〉，《唐都學刊》15 卷 2 期，1999.4，頁 38-43。

吳言生，〈禪宗的詩學話語體系〉，《哲學研究》，2001.3，頁 20-28。

周純一，〈濟公形象之完成其社會意義〉，《漢學研究》8：1，
　　1990.6，頁 535-556。

周裕鍇，〈以俗為雅：禪籍俗語言對宋詩的滲透與啟示〉，《四川
　　大學學報》，2000 年第 3 期，頁 73-80。

周裕鍇，〈夢幻與真如——蘇、黃的禪悅傾向與其詩歌意象之關
　　係〉，《文學遺產》2001 年第 3 期，頁 68-75。

周裕鍇，〈詩中有畫，畫中有詩——略論《楞嚴經》對宋人審美觀
　　念的影響〉，《四川大學學報》2005 年第 4 期，頁 68-
　　73。

林子青，〈清代佛教〉，《菩提明鏡本無物：佛門人物制度》，臺
　　北：法鼓文化出版社，2000 年，頁 317-336。

林子青，〈八指頭陀與笠雲芳圃〉，《南洋佛教》第 220 期，
　　1987.8，頁 3-5。

林朝成、張高評，〈兩岸中國佛教文學研究的課題之評介與省思
　　——以詩、禪交涉為中心〉，《成大中文學報》第 9 期，
　　2001.8，頁 135-156。

胡鈍俞，〈八指頭陀詩選評〉，《夏聲月刊》第 150 期，1977.5，
　　頁 9-14。

紀映雲，〈論高啟梅花詩的精神意蘊〉，《內蒙古社會科學》第
　　24 卷第 4 期，2003.7，頁 78-81。

哈斯朝魯，〈詩情澎湃的人生——論八指頭陀的禪詩〉，《內蒙古
　　民族大學學報（社會科學版）》，第 30 卷第 1 期，

2004.2，頁 50-56。

哈斯朝魯，〈「白梅和尚」的詠梅詩〉，《世界宗教文化》2006
　　年第 1 期，頁 50。

胡鈍俞，〈八指頭陀詩選評〉，《夏聲月刊》第 150 期，1977.5，
　　頁 9-14。

荊　成，〈游戲精神與澄明之境：佛教與中國傳統詩學的「存在深
　　度模式」〉，《東方叢刊》，1996.2，頁 60-71。

凌建侯，〈從狂歡理論視角看瘋癲形象〉，《國外文學》2007 年
　　第 3 期，頁 105-112。

馬克瑞，〈審視傳承——陳述禪宗的另一種方式〉，《中華佛學學
　　報》第 13 期，2000.5，頁 281-298。

高柏園，〈試析論禪宗話頭之義理結構及其發展〉，《中國文化月
　　刊》第 61 期，1984.11，頁 60-76。

夏廣興，〈隋唐五代小說采摭佛典題材探微〉，《佛經文學研究論
　　集》，上海：復旦大學出版，2004，頁 440-494。

孫昌武，〈漢文佛教文學研究概況及其展望〉，《漢學研究之回顧
　　與前瞻》上，林徐典編，北京：中華書局，1995，頁
　　130-138。

孫海洋，〈八指頭陀詩風初探〉，《船山學刊》1998 年第 1 期，
　　頁 30-34。

耿　法，〈愛國詩僧八指頭陀〉，《文學自由談》，2007.10，頁
　　43-44。

章亞昕編著，〈八指頭陀：最後的神話人物〉，《八指頭陀評傳、作品選》，北京：中國文史出版社，1998 年，頁 3-46。

麻天祥，〈第九章詩禪敬安的禪詩和衛教愛國思想〉，《晚清佛學與近代社會思潮》，臺北：文津出版社，1992 年，頁 213-242。

曹剛華、張美華，〈試論宋代佛教史學對後世文獻撰述的影響〉，《古籍整理研究學刊》2006 年第 1 期，頁 69-72, 85。

陳善偉，〈晚清佛學與政治〉，《當代》第 77 期，1992.9，頁 140-5。

馮毓孳，〈中華佛教總會會長天童寺方丈寄禪和尚行述〉，原載於《海潮音》第 13 卷第 12 期（1932.12），頁 683-686。收入梅季點輯，《八指頭陀詩文集》，頁 521-525。

黃景進，〈唐代意境論初探〉，《文學與美學》第二集，臺北：文史哲出版社，1991 年，頁 143-168。

黃景進，〈嚴羽及其詩論重探〉，《中華學苑》第 31 期，1985.6，頁 33-136。

黃景進，〈「以禪喻詩」到「詩禪一致」──嚴滄浪與王漁洋詩論之比較〉，《古典文學》第四集，1982.12，頁 107-135。

黃永健，〈八指頭陀和他的詩作〉，《歷史月刊》第 200 期，2004.9，頁 127-137。

黃運喜，〈舊唐書與佛教史事記載〉，《獅子吼》第 27 卷第 8 期，1988.8，頁 30-33。

黃啟江，〈泗州大聖僧伽傳奇新論──宋代佛教居士與僧伽崇拜〉，

《佛學研究中心學報》第 9 期，2004.9，頁 177-220。

黃緯中，〈中晚唐的草書僧〉，《晚唐的社會與文化》，臺北：臺灣學生書局，1990，頁 493-508。

黃東陽，〈顛狂的真相——《濟公全傳》所呈顯濟公「狂行勸喻」之思維模式及其社會意義〉，《新世紀宗教研究》，第 7 卷第 2 期，2008.12，頁 58-79。

張朋園，〈近代湖南人性格試釋〉，《中研院近史所集刊》第 6 期，1977.6，頁 145-158。

曾霽虹，〈四庫續四庫著錄清代湘詩人著作及生平考詠〉（一）（二），《國立中央圖書館館刊》第 5 卷第 3、4 期，頁 11-28；第 6 卷第 1 期，頁 20-32。

程中山，〈清詩紀事成猶未——陳融《清詩紀事》初探〉，《漢學研究》26：3，2008.9，頁 263-289。

程　杰，〈梅與水、月：一個詠梅模式的發展〉，《江蘇社會科學》，2000 年第 4 期，頁 112-118。

程　杰，〈林逋詠梅在梅花審美認識使上的意義〉，《學術研究》，2001 年第 7 期，頁 105-109。

程　杰，〈宋代詠梅文學的盛況及其原因與意義〉（上）（下），《陰山學刊》第 15 卷第 1 期，2002.2，頁 29-33；第 15 卷第 2 期，2002.4，頁 14-18。

楊萌芽，〈碧湖雅集與陳三立早年在湖湘的交游〉，《洛陽師範學院學報》2007 年第 4 期，頁 69-72。

楊惠南，〈「實相」與「方便」──佛教的「神通觀」〉，《宗
　　　教、靈異科學與社會研討會論文集》，中研院社會學研究
　　　所籌備處出版，1997 年，頁 127-145。

楊惠南，〈論禪宗公案中的矛盾與不可說〉，《臺灣大學哲學評
　　　論》第 9 期，1986.1，頁 139-153。

楊新瑛，〈禪宗公案的基本法則及語言價值〉，《慧炬雜誌》第
　　　242-243 期，1984.9，頁 8-12。

傅成綸，〈禪宗話頭之邏輯的解析〉收錄於牟宗三《理則學》附
　　　錄，臺北：正中書局，1986.12，頁 287-298。

溫金玉，〈中國社會的劇變與近現代佛教的轉型〉，覺醒主編，
　　　《佛教與現代性：太虛法師圓寂六十週年紀念文集》，上
　　　海：宗教文化出版社，2008 年，頁 69-82。

蒲慕州，〈神仙與高僧──魏晉南北朝宗教心態試探〉，《漢學研
　　　究》第 8 卷第 2 期，1990.12，頁 149-176。

廖自力，〈敬安的佛學思想──中國近代佛學思想家〉，《普門雜
　　　誌》第 133 期，1990.10，頁 13-19。

廖雅婷，〈廬山天然禪師梅花詩初探〉，《中正大學中文所研究生
　　　論文集刊》第 3 期，2001.5，頁 65-88。

熊　明，〈論六朝雜傳對史傳敘事傳統的突破與超越〉，《遼寧大
　　　學學報》（哲學社會科學版）第 28 卷第 6 期，2000，頁
　　　61-65。

歐純純，〈林和靖詠梅詩對後世相關詩題創作的影響〉，《東海大

學文學院學報》第 44 期，2003.7，頁 90-107。

禚夢庵，〈林和靖及其詩〉，《夏聲月刊》第 145 期，1976.12，頁 17。

劉漢初，〈姜夔詞的情性與風度——從〈卜算子〉梅花八詠說起〉，《彰化師大國文學誌》第 12 期，2006.6，頁 193-220。

劉婉俐，〈神聖與瘋狂：藏傳佛教的「瘋行者」傳統 vs. 傅柯瘋狂病史的權力論述〉，《中外文學》第 32 卷第 10 期，2004.3，頁 145-171。

劉婉俐，〈智慧的女性：藏傳佛教女性上師傳記與佛教女性身份認同議題〉，《中外文學》第 28 卷第 4 期，1999.9，頁 188-211。

劉苑如，〈雜傳體志怪與史傳的關係——從文類觀念所作的考察〉，《中國文哲研究集刊》第 8 期，1996.3，頁 365-400。

劉苑如，〈形見與冥報：六朝志怪中鬼怪敘述的諷喻———個「導異為常」模式的考察〉，《中國文哲研究集刊》第 29 期，2006.9，頁 1-45。

劉苑如，〈重繪生命地圖——聖僧劉薩荷形象的多重書寫〉，《中國文哲研究集刊》第 34 期，2009.3，頁 1-51。

錢茂偉，〈由記事而敘事：中國早期史學的文本化歷程〉，《東吳歷史學報》第 14 期，2005.12，頁 141-172。

薛順雄，〈八指頭陀「聽月寮」詩詮〉，《東海中文學報》第 9 期，1990.7，頁 117-123。

蕭麗華，〈近五十年（1949-1997）臺灣地區中國佛教文學研究概況〉，《中國唐代學會會刊》第 9 期，1998.11，頁 131-141。

蕭曉陽，〈釋敬安詩歌的藝術：澄明之境中的詩音與詩畫〉，《名作欣賞》2007 年第 8 期，頁 131-135。

蕭曉陽，〈湖湘詩派與近代宋詩派之關係〉，《船山學刊》2007年第 3 期，頁 50-53。

蕭曉陽，〈湖湘詩派的創作傾向〉，《雲南大學學報》（社科版）第 6 卷第 4 期，2007.4，頁 85-89。

藍日昌，〈傅翕宗教形像的歷史變遷〉，《弘光學報》第 33 期，1999.4，頁 203-231。

顏崑陽，〈淺談宋詞中三個梅花意象：美人姿態、隱者風標、貞士情操〉，《明道文藝》第 64 期，1981.7，頁 90-97。

羅宗濤，〈唐代女詩人作品中的花〉，《政治大學學報》第 69期，1994.9，頁 1-16。

關志昌，〈詩僧八指頭陀的故事〉，《傳記文學》第 46 卷第 5期，1985.5，頁 77-80。

蘇美文，〈菩提樹與革命僧：清末民初僧人與革命之探討〉，《新世紀宗教研究》第 4 卷第 3 期，2006.3，頁 94-146。

嚴志雄，〈忠義、流放、詩歌──函可禪師新探〉，嚴志雄、楊權點校，《函可千山詩集》，臺北：中研院文哲所，2008年，頁 1-56。

嚴志雄，〈體物、記憶與遺民情境——屈大均一六五九年詠梅詩探
　　　　究〉，《中國文哲研究集刊》第 21 期，2002.9，頁 62。

釋太虛，〈中興佛教寄禪安和尚傳〉，藍吉富主編，《禪宗全書·
　　　　雜集部》，北京：北京圖書館出版社，2004 年。

釋大醒，〈清代詩僧八指頭陀年譜〉，《海朝音》第 15 卷第 7
　　　　期，1934.7，頁 150-159。

釋大醒，〈清代詩僧八指頭陀評傳〉，《海潮音》第 14 卷第 12
　　　　期，1933.12，頁 809-817；第 15 卷第 2-3 期，1934.2-
　　　　03，頁 95-107，113-119。

釋東初，〈民國肇興佛教新生〉，《中國佛教史論集（七）：民國
　　　　佛教篇》，臺北：大乘文化出版社，1978 年，頁 13-58。

釋恆清，"CHINESE BHIKSUNIS IN THE CHAN TRADITION"
　　　　（〈禪宗女性觀〉），《臺大哲學論評》第 15 期，
　　　　1992.1，頁 181-207。

龔鵬程，〈晚清詩論：雲起樓詩化摘抄〉，《中國學術年刊》第
　　　　10 期，1989.2，頁 413-459。

龔　雋，〈僧肇思想辯正——《肇論》與道玄關係的再審查〉，
　　　　《中華佛學學報》第 14 期，2001.9，頁 135-158。

Heine. S 著，呂凱文譯，〈禪話傳統中的敘事與修辭結構〉，《中
　　　　印佛學泛論——傅偉勳教授六十大壽論文集》，臺北：東
　　　　大圖書公司，1993，頁 179-202。

Victor Turner & Edithe Turner 原著，劉肖洵譯，〈朝聖：一個「類

中介性」的儀式現象〉《大陸雜誌》第 66 卷第 2 期，
1983.2，頁 51-69。

㈢外文論著

丸田教雄　1973〈宋僧贊寧佛教史觀〉，《龍谷大學佛教文化研究
　　　　　　　　所紀要》第 12 期，頁 143-147。

石井修道　1987《宋代禪宗史の研究：中國曹洞宗と道元禪》，東
　　　　　　　　京：大東出版社。

古賀英彥　1977〈唐代禪家點描：師資、言詮、修行〉，《禪文化
　　　　　　　　研究所紀要》，京都：禪文化研究所，頁 221-
　　　　　　　　246。

平井俊榮　2001〈神異と習禪──《高僧傳》見中國佛教受容一斷
　　　　　　　　面〉，《駒澤大學佛教學部論集》第 32 期，頁
　　　　　　　　1-26。

安藤智信　1971〈宋高僧傳著者贊寧の立場〉，《印度學佛教學研
　　　　　　　　究》第 19 號，頁 325-329。

里道德雄　1991〈婆子考：禪宗的女性〉，《東洋學論叢》第 44
　　　　　　　　冊，頁 1-23。

岩本　裕　1980《佛教と女性》，東京：株式會社第三文明社。

林傳芳　　1971〈清末民初における中國の廢佛毀釋について〉，
　　　　　　　　《印度学仏教学研究》第 20 卷第 2 期，頁 291-
　　　　　　　　294。

林傳芳　1979《中國仏教史籍要說》上，京都：永田文昌堂。

長谷部幽蹊　1987《明清佛教研究資料：文獻之部》，名古屋：駒田印刷社。

牧田諦亮　1953〈君主獨裁社會に於ける佛教團の立場（上）——宋僧贊寧を中心として〉，《佛教文化研究》第3期，頁63。

牧田諦亮　1955〈宋代における佛教史學の發展〉，《印度學佛教學》第3卷第2期，頁249-251。

牧田諦亮、井上四郎編　1977　《宋高僧傳索引》上中下，京都：平樂寺出版社。

柳田聖山　1988《禪の文化・資料篇——禪林僧寶傳譯注》，京都：京都大學人文科學研究所。

柳田聖山　2000《初期禪宗史書の研究》，東京：法藏館。

船本和則　1983〈梁唐高僧伝における神異と狂と禪〉，早稻田大學哲學會《フィロソフィア》（《哲學年誌》今名 *Philosophia*）第71冊。

船本和則　1980〈風狂の思想：禪宗成立以前の狂觀〉，《早稻田大學大學院文學研究科紀要別冊・史學編》第6冊，頁22-32。

深浦正文　1970《佛教文學概論》，京都：永田文昌堂。

望月信亨編　1977《望月佛教大辭典》，臺北：地平線出版社。

須山長治　1978〈梁唐宋高僧伝考察——習禪者と達摩系禪僧〉，

《印度學佛教學研究》26 卷 2 號，頁 188-189。

鈴木哲雄　1985《唐五代禪宗史》，東京：山喜房佛書林出版社。

鈴木哲雄　2002《宋代禪宗の社會的影響》，東京：山喜房佛書林
　　　出版社。

Albert Welter, 1999

　　　"A Buddhist Response to the Confucian Revival: Tsan-ning (贊
　　　寧) and the Debate over Wen in the Early Sung", Peter N.
　　　Gregory and Daniel A. Getz, Jr. eds., *Buddhism in the Sung*,
　　　Honolulu: U. of Hawaii Press, p.21-61.

Benjamin Penny, 2002

　　　Religion and Biography in China and Tibet, Richmond: Curzon.

John R. McRae, 1986

　　　*The Northern school and the formation of early Ch'an
　　　Buddhism*, Honolulu: University of Hawaii Press.

James Burnell, Robinson, 1996

　　　"The Live of Indian Buddhist Saints: Biography, Hagiography
　　　and Myth" *Tibetan Literature: Studies in Genre*. Ed. By Jose
　　　Ingacio Cabezon and Roger R. Jackson. New York: Snow Lion,
　　　p57-69.

Juliane Schober, 1997

　　　*Sacred Biography in the Buddhist Traditions of South and
　　　Southeast Asia*, Honolulu: U. of Hawaii Press.

James Burnell Robinson, 1996

"The Lives of Indian Buddhist Saints: Biography, Hagiography and Myth" *Tibetan Literature: Studies in Genre.* Ed. By Jose Ingacio Cabezon and Roger R. Jackson. New York: Snow Lion, p.57-69.

James Burnell Robinson, 1996

"The Lives of Indian Buddhist Saints: Biography, Hagiography and Myth" *Tibetan Literature: Studies in Genre.* Ed. By Jose Ingacio Cabezon and Roger R. Jackson. New York: Snow Lion, p.57-69.

Chogyam Trungpa, 1991

Crazy Wisdow, Ed. By Sherab Chödzin, Boston: Shambhala.

釋慈怡主編，《佛光大辭典》，高雄：佛光出版社，1989 年。

國立臺灣大學文學院佛學數位圖書館暨博物館

http://buddhism.lib.ntu.edu.tw/BDLM/index.htm

中華電子佛典線上藏經閣（CBETA）：

http://www.cbeta.org/index.htm

後 記

　　從踏入中國文學系讀書至今，忽忽已過二十個年頭。而從碩士論文浸淫於佛教文學研究領域，也超過了十五個年頭。這本書的出版，僅是漫漫研究長路的一個里程的完成和另一個里程的起點。

　　本書共十四萬餘字，分為八章，可說是這幾年從事禪宗文學與文化研究的具體成果，除去第一章前言和第八章結論之外，皆先發表於學術期刊或研討會，經重新修訂、增刪、潤飾和補充之後，才有了此書。

　　第二章，晚清詩僧八指頭陀及其苦吟精神，和第三章，詩寄禪耶禪寄詩？——八指頭陀詩中的入世情懷與禪悟意境，原題〈八指頭陀詩中的入世情懷與禪悟意境〉，發表於《成大中文學報》第二十九期（2010.7）。為令章節標目清朗而富於邏輯推序，筆者將八指頭陀生平，其所處文化環境，以及創作時的苦吟精神，從〈八指頭陀詩中的入世情懷與禪悟意境〉的內容中獨立為一章，並增補內容，強調其創作時的苦吟精神特質，而將關於頭陀詩作的主要內涵之探究，另獨立為一章。又為了與本書各章皆以主、副標題貫串的格式統一，並貼合八指頭陀以詩寄禪，以禪入詩的精神，乃在原題

前加上「詩寄禪耶禪寄詩」一語。第四章，空際無影，香中有情：八指頭陀詠梅詩中的禪境，發表於《法鼓佛學學報》第七期（2010.12）。以上兩文為國科會九十八學年度專題研究計畫的部分成果。

第五章，幻化之影：唐代狂僧垂跡的形象及其意涵。筆者博士論文《贊寧《宋高僧傳》敘事研究》，第八章第一節曾以四五千字簡略述及《宋高僧傳》中的佯狂神異書寫，關於狂僧的論述，諸多師長鼓勵繼續作更系統的探究，因此，筆者乃就此主題，發展為完整的單篇論文。此文曾宣讀於中央研究院中國文哲所主辦之「沈淪、懺悔與救度：中國文學的懺悔書寫」國際學術研討會，經修訂後，發表於《臺大佛學研究》第二十期（2010.12）。九十九學年度國科會專題研究計畫則繼續進行唐代狂僧從筆記小說到佛教僧傳的書寫轉變之探究。第六章，禪師形象的三種呈現方式：以《宋高僧傳》、《景德傳燈錄》與《禪林僧寶傳》為例。此文為國科會九十六學年度專題研究計畫的部分研究成果，發表於成功大學中文系印行之《宗教與文化學報》第十四期（2010.6）。第七章，智慧的女性形象：禪門燈錄中禪婆與禪師的對話，原發表於臺灣大學文學院發行之《佛學研究中心學報》第九期，經重新修訂，增補章節而成篇。

此書之結集，要感謝　王師開府和　蕭師麗華不斷地鼓勵和鞭策，遠在臺中的父母家人的體諒和關心，幾位好友的支援和協助，筆者所任教之臺東大學華文系許主任和諸位同仁的提攜和切磋，以

及這幾年的研究助理羿伶、盈萱和雅筑的協助。特別感謝國科會專題研究計畫，九十六年到九十七年，「北宋僧傳的兩種系統模式：傳統僧傳與禪宗僧傳敘事策略比較」；九十八年「滿山梅雪，清磬一聲：八指頭陀詠梅詩中的禪境研究」；九十九年「從筆記小說到佛教聖傳：唐代狂僧形象文學性與宗教性的轉化」，這四年來所提供的研究經費補助。同時，感謝國科會專題研究計畫的審查委員，以及各篇論文發表於學術期刊時，審查委員所提供的寶貴意見和發展方向的提示，讓學殖尚淺，還在調整研究方向的筆者，能仗著這些支持和鼓舞不斷前進。其次，感謝中研院中國文哲所和國科會人文中心分別提供國內訪問學人和訪問學者暑期進修的機會，此二研究機構便捷的研究處所和豐富的藏書資源，讓筆者在教學之餘，仍能繼續從事所喜愛的佛教文學研究。當然，更要感謝學生書局再次鼎力出版拙著。

　　此書多數篇章是在臺灣東南海隅蟄居中完成，雖然因為研究資料查考，經常必須奔波於臺北、臺東，然而，從研究室望出去，放眼望不盡的太平洋，總能讓心靈感到釋然而寬闊。課餘之暇，尤其喜歡趨車前往鹿野高臺，俯視群山環繞，河谷相映的美景；到三仙臺海邊，靜坐傾聽太平洋的海潮上岸後，從鵝卵石的罅漏中退潮所發出的空明聲響，宛如海潮天籟，所有人世憂惱，彷彿隨這清響，沒入大海，剩下一念不起，安詳寂靜。

　　這一兩年，少年時引領我趨入佛法智海的　懺公師父，碩士論文指導教授　張夢機老師相繼棄世，自己的人生也進入豈能無惑的

哀樂中年階段，天涯海角，煢煢獨立，悠悠忽忽，如夢如幻。學術的海洋廣袤浩瀚，我這小舟以僅有的雙槳和臂力，前進的游蹤，些許錯亂，尚祈學界方家，法眼垂教。

黃敬家　誌于日昇之鄉寓居

2010 年秋分

國家圖書館出版品預行編目資料

詩禪・狂禪・女禪：中國禪宗文學與文化探論

黃敬家著. – 初版. – 臺北市：臺灣學生，2011.01
面；公分

ISBN 978-957-15-1501-2 (平裝)

1. 禪詩 2. 佛教文學 3. 詩評 4. 僧伽

224.513   99019147

詩禪・狂禪・女禪：中國禪宗文學與文化探論

著　作　者：黃　　　　敬　　　　家
出　版　者：臺　灣　學　生　書　局　有　限　公　司
發　行　人：楊　　　　雲　　　　龍
發　行　所：臺　灣　學　生　書　局　有　限　公　司
　　　　　　臺北市和平東路一段七十五巷十一號
　　　　　　郵　政　劃　撥　帳　號：00024668
　　　　　　電　話　：（0 2）2 3 9 2 8 1 8 5
　　　　　　傳　眞　：（0 2）2 3 9 2 8 1 0 5
　　　　　　E-mail：student.book@msa.hinet.net
　　　　　　http：//www.studentbooks.com.tw

本 書 局 登
記 證 字 號：行政院新聞局局版北市業字第玖捌壹號

印　刷　所：長　欣　印　刷　企　業　社
　　　　　　中 和 市 永 和 路 三 六 三 巷 四 二 號
　　　　　　電　話　：（0 2）2 2 2 6 8 8 5 3

定價：平裝新臺幣三六〇元

西　元　二　〇　一　一　年　元　月　初　版